班组安全教育丛书

# 班组 HSE

# 基础知识与操作实务

（第二版）

荆 波 编著

中国石化出版社

**内 容 提 要**

本书从班组的角度介绍了 HSE 管理体系的基本知识和实用的操作技巧，内容涵盖班组安全管理概述、HSE 管理体系基本知识、HSE 操作实务、国内外 HSE 管理经验以及典型事故案例。本书内容通俗易懂，操作步骤详细具体，易于实施和运作，对提高班组安全管理水平有一定的指导和借鉴作用，也可适用于各类企业安全管理人员及其他管理人员阅读。

**图书在版编目(CIP)数据**

班组 HSE 基础知识与操作实务/荆波编著. —2 版.
—北京:中国石化出版社,2015.1(2023.1 重印)
(班组安全教育丛书)
ISBN 978-7-5114-3135-6

Ⅰ. ①班… Ⅱ. ①荆… Ⅲ. ①班组管理—安全管理
Ⅳ. ①F406.6

中国版本图书馆 CIP 数据核字(2014)第 290672 号



**中国石化出版社出版发行**
地址:北京市东城区安定门外大街 58 号
邮编:100011 电话:(010)57512500
发行部电话:(010)57512575
http://www.sinopec-press.com
E-mail:press@sinopec.com
北京艾普海德印刷有限公司印刷
全国各地新华书店经销
*
880×1230 毫米 32 开本 8.5 印张 235 千字
2015 年 1 月第 2 版 2023 年 1 月第 2 次印刷
定价:36.00 元

# 前　言 Preface

当前随着我国经济的快速发展，安全工作的重要性日益凸显，国家对安全生产工作高度重视，对安全生产、清洁生产提出严格要求，企业、员工对安全的需求也不断提高，持续加强安全生产工作是国际交往和企业持续发展的强烈需求，安全发展、绿色清洁生产、以人为本的理念成为广泛共识。但是目前安全形势仍然比较严峻，各类事故仍然频发，重特大事故时有发生，造成重大人员伤亡和巨大的经济损失。据不完全统计，80% 的事故发生在班组，班组安全管理水平的高低直接影响一个企业安全管理水平的好坏。班组是企业的基本组成单元，是企业最小的管理单元。在企业安全管理中，班组具有重要的基础地位，发挥着举足轻重的作用。为了提高企业的安全管理水平，就必须进一步加强班组的安全管理水平。为此，2005 年笔者编著了《班组 HSE 基础知识与操作实务》一书，本书从班组的角度介绍了当前比较前沿的 HSE 管理体系的基本知识和实用的操作技巧，对提高班组安全管理水平有一定的指导和借鉴作用，也可适用于各类企业安全管理人员及其他管理人员阅读，由衷地希望本书能够对企业班组的安全管理起到促进作用。

随着社会的发展和进步，企业对安全生产的要求越来越严，对班组的安全管理水平提出了更高的要求，本书在原有内容的基础上，进行了修订、补充和完善，以满足读者的需要。

由于作者水平有限，书中难免有许多错误的地方，敬请各位专家、读者批评指正。

# 目 录 Contents

# 第一章　班组安全管理概述

## 第一节　班组概述

### 一、班组的涵义

班组这一概念应用是非常广泛的，而且由来已久。

班组其涵义从广义上讲，指各类组织中最基层、最基本的组织单元，几乎涵盖了当今各行各业、各种组织。例如：企事业单位中的班组、学校中的班组、军队中的班、各种长期或临时性学习班组等等。学校中的班是指一定标准的编组，如：甲班、乙班、进修班等。

军队中班的概念可追溯到中国古代。我国古代兵法家根据才能划分的将帅的六种等级，自下至上依次是：十夫之将、百夫之将、千夫之将、万夫之将、十万人之将、天下之将。其中，诸葛亮曾说："察其奸，伺其涡，为众所服，此十夫之将。"这里的十夫之将就相当当今军队中的班长这一级别。在当今军队中，班是指由若干士兵编成的军队最基层一级组织，隶属于排，是最基层的战术小分队。

从狭义上讲，指存在于各类企事业单位中的班组。在企业中广泛存在着各式各样的班组，类别和性质都各有特点，差别较大。具体地讲，企业中班组是指为完成工作等目的按一定标准组成的基层组织。企业中的班组是企业中最基层、最基本的管理单元，是一个企业大厦中的基石，支撑起企业的基础架构。本书以企业班组为研究单元，阐述企业班组相关的安全管理知识。

### 二、企业班组的地位和作用

企业中班组的地位和作用是极其重要的。班组是企业的细胞，是企业的基本组成单位。企业的各项运营生产工作最终都要通过班组去落实，各项任务都要依靠班组去完成，所以班组是企业各项工作的落脚点。俗话说，万丈高楼平地起。一个企业由小到大，由弱到强，不断发展壮大都离不开班组在其中发挥巨大作用。常言道，基础不牢，地动山摇。夯实基础工作，都是指夯实班组的基础工作。因为班组是最小单元，它的基础工作打牢了，由此必然会提高一个队、一个车间、一个厂矿、一个公司的工作，而相反，如果一个企业不是由下而上打牢基础工作，是从高层到基层，那么随着层级的递增，管理力度和贯彻力度会逐步衰减，往往会出现落实在纸上，行动在会上，以会议落实会议，以文件贯彻文件，收效甚微。由此可见，班组的地位和作用是何等重要，从某种意义上讲，其地位和作用怎么强调都不为过。

班组在企业中居于基础地位，是其他组织结构中的基础。通过各种方法把班组构建的坚强有力，在企业中就会更好地发挥凝聚力和核心竞争力。

班组是企业管理的基础单元。班组是公司各项规章制度和具体工作的最终实施单位。要实现企业生产经营管理规范化，首先要实现班组管理单元的规范化，并通过班组管理来落实，提高业务和安全技能，防止事故发生，同时降低成本。另外，班组是进行队伍建设、提高员工素质的基本平台，通过这个平台可以使员工凝聚在一起，团结在一起把本职工作做好。

班组在企业中的作用无疑是巨大的。它起着贯彻落实各种法律法规、规章制度、操作规程和上级各种要求的作用。无论是法律法规还是上级要求能否得到正确贯彻落实，都取决于班组的执行能力。如果一个班组管理水平低，那么它的执行能力就差，上级的正确意图就无法得到全面贯彻落实，无法正确全面地完成各项任务，那么企业的整体计划和发展要求就会落空，甚至引发事故影响企业的的正常发展。

企业中如此，军队中的班也是如此，每一个班都要认真贯彻上级命令，甚至主动出击，发挥意想不到的巨大作用。抗日战争中著名的狼牙山五壮士就是这样一个例子，一个班的五个战士出色地完成了上级交给的阻击任务，甚至不惜付出生命的代价，这说明他们充分理解和贯彻了上级的意图，并实现了这一目标，所以，在战争中，每一场战争的胜利都是一个个战斗班的冲锋陷阵换来的，一个班的作用有时在一个战斗中发挥着举足轻重的作用，有时甚至可以决定一场战斗的胜负。企业中的班组所发挥的作用丝毫不亚于战争中军队的战斗班所发挥的作用，所以在企业管理中应该高度重视和加强班组的基础工作和建设。

在现实中，班组的地位和作用还没有被充分认识，在有的企业中班组的管理往往被忽略，因为有的管理层认为工人干好活就行了，在企业中把一个班长仅仅当成企业中的一个领头干活的小头目，在认识上是很低层次的，也是很不全面的，在这种思想认识下，必然会带来班组管理水平的落后，进而影响企业的发展。

## 三、班组的种类

由于企业规模和工作性质的繁杂决定了班组的种类繁多，形式多样，各有差别。因其纷繁复杂，划分班组的标准也各有不同，从不同标准和不同角度划分就会有不同的结果，所以介绍几种按通常情况下的标准进行划分的类型。

(1)企业班组按工作性质分为生产性班组和服务性班组。例如：制造企业中的班组属于生产性班组；商店、宾馆等服务性企业中的班组则为服务性班组。

(2)按其经济性质可分为国企班组、民营企业班组、乡镇企业班组、股份制企业班组和外资企业班组等。

(3)按企业中生产分工的性质可以分为一线(前线)班组和保障性(后勤)班组。例如：在企业中负责在第一线生产或制造的班组属于一线(前线)班组，负责生活、物资保障、运输等支持服务性的班组则属于保障性班组。

(4)按工作区域或环境划分为海洋工作班组和陆地工作班组；平原地区班组和高原地区班组；城市工作班组和农村乡镇工作班组；繁华地区工作班组和偏远地区工作班组。

(5)根据组建标准和时间长短可以分为常规班组和临时性班组。常规班组指企业中常设的较固定的班组，如：生产班组、维修班组等；临时性班组指为完成一个临时性工作而组成的班组，临时性工作完成后一般将撤销这类班组，如：救援过程中临时成立的救援班组、为完成一个维修或安装任务临时组成的班组等。

(6)根据工作专业化程度分专业(高科技)班组和一般生产班组，企业中大部分班组为一般性生产班组，还有专业技术性班组，分工更加细化和专业，便于工作的协调和深入管理。

另外还有按性别分为男子班组、女子班组和混合型班组，一般是由于工作环境、精细程序或劳累、艰苦程度不同决定了有的工作有性别的差异。以上介绍了几种有代表性的分类方法，针对班组还有一些其他类型的分类，在此就不再一一阐述了。

## 四、班组的岗位设置

一个班组的班组长在称谓上大部分称班长，有的称组长，也有的称为系长，在本质上应都属于班组长这一管理层次。一个班组在岗位设置上一般设班长一名，根据规模大小可设置副班长一名，协助班长工作。比如人数比较多的班组，有的多达 12 个人，根据情况可设立副班长岗位，目前一般较少设立副班长。

除此之外一般还设有大班、值班岗位、专职制造岗位等，总体上一个班组设立的岗位不会太多，根据生产和工作流程方便生产和工作管理的原则进行设置，一般不会超过七个类别的岗位，如果岗位设立太多会增加班组管理难度，影响工作效率。如工作确实需要，应考虑与其他班组协作完成工作任务，以减少班组内的岗位设置。一个班组内的人数一般不宜过多，少则两人以上可设立班组，例如有的野外工作值班岗位只有两个人，就应设立一个班组。多则没有准确的规定，但按惯例一般不超过 12 个人，但也有在特殊情况下，人数也会超过这个数字，甚至达到几十人。从管理学和管理幅度的角度一个班组人数一般不超过七个人较为合适，便于更有效提高班组的管理绩效。

## 五、班组安全管理的目的、作用及重要意义

一个班组的管理一般应包括生产管理、安全管理、人员管理等方面。班组安全管理是班组管理工作中的一部分，与其他方面密不可分，是基础的管理工作，与其他管理工作是相辅相承的，具有举足轻重的地位，安全管理的好坏是衡量一个班组管理水平高低的重要标准。安全管理水平低的班组或不重视安全管理的班组其总体管理水平必然是落后的，也就存在发生事故的潜在隐患。

班组安全管理的目的和目标，是夯实基础管理工作，实现安全生产，防止事故的发生，避免造成人身伤害，提高班组的整体管理水平。

据不完全统计，80%的生产事故发生在班组。其许多都是因为违章或人的不安全行为造成的。一旦发生事故，又会给直接工作环节的员工带来人身伤害，给企业造成巨大损失。班组安全管理水平的好坏直接影响企业的安全管理水平，只有在班组日常工作中减少不安全因素和行为，及时消除潜在的隐患，才能控制和减少事故的发生，才能做到真正意义上的可持续稳定发展。其重要意义在于充分保证了企业的各种合理要求得到顺利贯彻落实，达到完成计划和安全生产的目的，为企业的发展提供安全保障。

## 六、班组安全管理的方针

班组的安全管理工作是企业安全管理工作的一个重要组成部分。我国安全工作的方针是“安全第一，预防为主，综合治理”，班组的安全管理工作的方针同样应是贯彻“安全第一，预防为主，综合治理”的方针，并在具体的各项工作中认真落实。

安全工作只有在班组得到很好地落实，转化为班组的行动，才能有效防止各类事故的发生，保护员工的生命健康。

## 七、班组安全生产工作的特点

(1)班组内的工作相对其他工作风险性高，危险性大。班组员工在工作过程中直接面对工作过程中的危险因素和隐患，因此发生事

故的机率高，造成自身或他人伤害的可能性大。

(2)班组面对具体的工作环节，工作量大，同时也是各种新工艺、新技术的直接应用和使用单位。在已进入信息化时代，经济全球化的大背景下，新工艺、新技术层出不穷，新产品日新月异，更新换代速度很快，这就给班组提出了更高的要求。在新工艺和新技术的投产和应用过程中，会带来许多操作和管理制度上的变更，需要不断地学习和熟练掌握，否则就有可能因为对新工艺、新技术认识不足、操作不熟而引发事故。

(3)班组内人员流动性大。新工人、转岗员工较多，许多实习的员工都要在班组进行见习锻炼，其中相当多的人刚刚走上工作岗位，工作经验不足，操作技能差，对岗位工作的操作熟练程度不够，危险性认识不足，有的高风险行业甚至会形成“一新对两新”的局面，即“新工人对新工艺、新技术“，有的无现成的经验可以借鉴，加之人员调入调出，有的调动比较频繁，都会给班组的安全管理增加难度。

(4)人员素质和安全意识高低不齐。班组是最基层的工作组织，一般在人员的综合素质上不如其他部门和单位。比如劳动密集型企业的生产班组员工无论知识层次和业务技能一般较低。如小煤矿从事一线生产的煤矿工人，农业机械化企业一线制造班组的人员构成大部分是初中或高中文化的工人，建筑企业一线施工班组大部分是农民工，有人形象地比喻昨天还在山上放羊，今天就来企业当工人直接从事生产，没有经过系统的培训考核就上岗，而又从事着许多劳动量大，危险性高的职业，极易是造成班组事故频发，另外部分企业城市下岗职工再就业时业务技能也相对较低等等。由此，班组内人员素质差别较大，安全意识高低不齐，甚至相对较低，自我保护和防范意识不足。

(5)注重对班组员工不断有效地培训和学习能力的培养是安全生产的重要保障。班组内员工业务技能和安全技能只有不断提高，并保持一种积极向上的学习能力，能够不断接受新鲜事物，才能满足企业发展的需要。

## 八、我国班组安全管理走过的历程

我国班组安全管理历经风风雨雨，坎坷和起伏，从不健全、不完善逐步走向完善。其发展历程大致可分为三个阶段。

第一阶段：自1949年新中国成立到“文化大革命”前。在这一阶段，国家百废待兴，在此之前的班组安全管理工作还是一片空白，经过对私有企业改造，企业班组的安全管理工作主要是指国有企业班组的安全管理工作。这个时期的特点是对班组如何开展安全管理工作刚刚开始初步认识，处于起步阶段，但对其规律性和制度建设未达到一定的高度。

第二阶段：“文化大革命”十年动乱从开始到结束的时期。在这一阶段由于国家经济秩序比较混乱，班组的安全管理工作处于停滞，甚至出现倒退。这是班组发展中的低谷时期。刚刚起步和出现生机的班组安全管理工作被扼杀或停滞不前。

第三阶段：十年动乱结束后至今。班组安全管理工作逐步得到重视和发展创新，许多安全管理方法在企业中得到应用，总体上出现了良好的发展势头。班组内员工整体素质有了较大幅度的提高，但在经济性质不同的各类企业中班组安全管理的水平发展还很不平衡，水平高低不齐，还有许多发展空间和提高的余地。班组未来的发展还有许多工作需要系统化和进一步总结创新，与时俱进，适应时代的要求，应用先进的管理理念和技术，提高管理水平。

## 九、班组安全管理目前存在的问题及对策

当前我国经济处于快速发展的时期，各种经济类型不同的企业都得到了很大程度的发展，加之在经济全球化，我国加入了WTO（世界贸易组织）以来，为企业提供了一个广阔发展的平台，企业不断走向国际化，参与到国际市场的竞争中，竞争加剧和社会转型阶段发展不平衡。目前班组在安全管理方面还存在一些问题，这些是在发展过程中出现的，还需要我们不断去改进和完善。

班组安全管理工作当前主要存在的问题有：

(1)企业对班组安全管理的工作重视程度参差不齐。由于我国当前还处在事故高发期，重特大事故时有发生，事故频发的势头还没有得到有效遏制，企业对班组安全管理无论从认识、投入、资源配置上还略显不足。由于企业负责人安全意识的差异和对这一问题认识的偏差，对这项工作的重视程度互不相同，有的企业基本上不重视，不管理，不要求，开展过班组长安全培训的企业并不占多数，更谈不上系统化的管理了。

(2)从理论和实践两方面距离时代的要求、保护员工生命健康的要求都还有一定差距，都还需要进一步总结、完善和提高。从理论角度上看，在这方面的理论研究和总结还远远不够，有的还非常肤浅，结合实践也不是非常紧密，对班组实践缺乏指导性。从实践角度上看，由于各企业的差异和信息沟通的阻碍，目前没有形成普遍意义上较通行的班组标准安全管理模式，即使各企业结合自身特点创新的一些方法也有待丰富和完善。

(3)班组安全管理水平还较低，不够规范。有的班组低水平管理、老毛病、坏习惯比比皆是，“三违”(违章指挥、违章操作、违反劳动纪律)的现象时有发生，有章不循，制度修订不及时或不健全，为事故的发生埋下隐患。

(4)班组内员工安全意识和安全技能还较低。有的班组内员工在上岗前没有经过安全培训，班组长也没有经过培训和考核，对当前的安全法律法规、操作规程不熟悉，员工安全意识和安全技能差，盲目工作或蛮干，不清楚工作的危险因素和危险性。

虽然目前班组在安全管理方面还存在一定的问题，但我们应当看到，这些问题在改革与发展过程中正在逐步得到解决，有的问题开始引起了国家和企业的重视。

安全工作本身就是全员参与，全社会参与的一项工作。所以在解决班组这些问题的过程中，首先应当提高全员的认识和意识，其中包括领导的认识，同时还应当自上而下制定一些发展的规划和计划，组织实施，着力解决实际问题。在企业中将班组安全管理工作纳入议事日程，将班组工作列入安全检查的重点范围，树立“培训不到位就是最大的安全隐患”的理念，开展切实有效的安全培训和教育，对违章现象严肃处理，提高班组的安全管理水平，为企业的健康稳定发展提供一个良好的基础。

## 第二节 班组长概述

### 一、班组长的地位和作用

前面提到班组在企业中居于基础地位，那么班组长无疑是这一基层组织的带头人，如果将班组比喻成企业的细胞，那么班组长就是企业组织中的细胞核，是班组的“主心骨”。作为兵头将尾，班组长的岗位和职务在企业的组织架构体系中处于最基层、最低一个层级，虽然位置低，但班组长的地位是非常重要的，在组织体系中他们向上支撑起队长、车间主任、分厂厂长、经理，依次向上推进，直到一个企业的最高领导层。他们是组织体系的根基，起到了支撑的的作用，具有举足轻重的地位。

班组长在企业中起到了承上启下的作用，负有贯彻落实上级指令的责任。班组长是基层班组的指挥者和班组工作建设的组织者。通过班组长要将一个企业的要求和目标最终落实在每一个员工身上，落实在每一项具体工作中，落实在每一项具体的操作步骤上。班组长在最基层起到贯彻执行上级任务的作用，能否准确、全面落实到位，班组长的作用能否正确发挥是非常重要的。另外，班组长在班组中还可以起到模范带头作用，有效带动班组内全体员工更好地完成工作任务。

因此，虽然班组长职务不高，但所起的作用却是很大的，应当予以高度重视，不能忽视和忽略。

### 二、班组长的任职资格

班组长的任职资格因企业性质和工作的不同而各有不同，目前还没有统一的标准。虽然没有统一的规定，但是应当满足企业发展需要的最低要求。一般情况下，从身体条件、学历要求、技能要求和专业资格四个方面进行选拔。身体条件指身体健康满足工作需要，个别企业的特殊岗位对身体可能会有特殊的要求；学历要求，一般情况下高中以上毕业即可，个别实践经验丰富的员工学历要求还可降低，学历要求不是太高，因为是基层岗位注重实际的工作技能和实践经验。技能要求，是主要的一个指标，用来考查实践技能是否能够胜任本职工作，应当选拔出技能好、业务能力和组织能力强，威信高的员工；专业资格主要指包括岗位通常情况需要具备的资格，还包括该岗位所必需的其他专业资格证书，例如：变电班组就需要变电运行工特种作业证书。

班组长具备了这些资格，企业还应当进行班组长岗位培训，并考核合格后才能上岗，做到持证上岗。

## 三、班组长应具备的素质

一个合格的班组长应具备什么样的素质呢？首先应对当今形势和外部环境有一定清醒的认识。

目前国家的各领域、各层次的改革日益深化，尤其经济全球化和中国加入 WTO 以后，各种经济成分和性质的企业如雨后春笋蓬勃发展。改革、就业、竞争等各方面压力越来越大，而一个企业之所以能够长远发展，没有一个安全的环境是无法实现的。如果企业经常出现事故，就会造成恶劣的负面影响。当前，一个效益好的企业来之不易，一个能长远发展的企业来之不易，一份有稳定收入的工作来之不易，这其中班组就发挥着重要作用，一个合格的班组长应首先具备珍惜工作岗位，爱岗敬业的思想。

未来国家各行业的公平竞争的环境正在逐步建立，而且竞争越来越激烈，国家、企业为岗位成才创造了较好的环境。比如许多媒体宣传报道的劳动模范青岛港桥吊队队长徐振超就是一个例子。他立足本职，钻研业务，由一名职工到班长到队长，技术精湛，多次打破世界记录，成为了企业的品牌，受到国家领导人接见和表彰。上海有一个高级技师李斌，参加工作时仅是一名技校毕业生，但他刻苦学习，努力钻研业务，现在是高级技师，获得“全国五一劳动奖章”，年收入超过10万元，另外还有许多优厚的待遇。这些例子都说明立足岗位，做好本职工作就会取得不平凡的成绩。

作为一个班组的领头雁，应有立足岗位，钻研业务，切实履行职责，树立良好的职业道德和职业精神，力争岗位成才的观念。

古人曾提出将帅应具备的六种品质，《潜夫论 · 劝将篇二十一》：“将者，智也、仁也、敬也、信也、勇也、严也。”即要求将领机智、仁爱、谦虚、诚信、勇敢、威严。这对当今班组长也很有借鉴意义。

具体来说，一名合格的班组长应具备的良好素质包括：

(1)有良好的品德。思想素质高，有良好职业道德，以及积极进取、努力向上的思想意识。试举一例，有的班组工作的环境比较恶劣，班组长基本上都是技校生，几年下来，有的班组长不能忍受退缩了，调走了；有的班组长努力工作，现在走上了技术员、副队长的岗位。干工作干好也干，干坏也是干，为什么不能在有限的工作时间里尽量把本职工作做好呢？所以没有良好的品德和职业道德，无论做什么工作也不会做好。

(2)业务素质过硬，有较好的业务技能，熟练掌握所从事的岗位范围内的技术。要想做一名称职的班组长，就应该刻苦学习业务技术知识，苦练业务技能，才能树立起自己的威信。

(3)具备一定的法律素质和制度意识。了解法律法规的要求和标准、制度的规定，便于在工作中执行。

(4)切实履行自己的岗位职责和安全职责，充分发挥工作积极性。

(5)具备一定的组织能力，带出过硬的班组，提高班组整体管理水平和业务技能。

(6)工作身先士卒，既当战斗员，又当指挥员，当好安全的教官和现场技术员，做遵章守纪的模范，起到带头作用。

(7)养成好学的习惯，不仅掌握业务内的知识，也掌握业务外方方面面的知识，开拓视野。

(8)树立正确的安全观念。应当有：生命第一，以人为本的观念，只有安全才能生产，安全也有效益的观念；持续改进安全工作，安全工作没有最好，只有更好的观念。

(9)健全和应用一套好的制度。制度可以是上级统一制定的，也可以是班组内部根据工作特点制定的，原则是可操作性强，不在多，在于有实效。对好的做法要发扬和奖励，对违反规定的事情和失误要批评和惩罚。

(10)善于学习和总结。学习企业内和企业外好的经验做法，经常性总结好的做法和经验，改掉不合规定的行为。始终保持如履薄冰的思想状态，善于从事故和不安全事件中吸取教训。孔子说，每日三省吾身，说的也是这个道理。有人这样比喻，经历是最痛苦的学习方法，模仿是最容易的学习方法，沉思是最聪明的学习方法。事事都要经历以后才长记性，付出的代价往往是无法弥补的。

(11)掌握安全管理的工作方法并认真执行。俗话说，亲望亲好，邻望邻好。班组长肯定希望每一个员工都能安全全全，不发生事故。所以就要从“我要安全”达到“我会安全”。

一个合格和出色的班组长具备的素质可能是多方面的，只有在工作中不断充实和丰富自己，才能跟上时代的步伐，在激烈的竞争中不被淘汰。

## 四、班组长目前存在的问题及对策

由于社会、企业等各方面的原因，目前班组长的工作还存在一些不足，其原因有企业对此项工作还不够重视，当然也有班组长本身还存在问题。这些问题应当引起我们的高度重视，着力加以解决。

(1)班组长在上岗前没有经过系统的培训和考核。没有做到持证上岗，有的班组长对班组内的情况不熟悉。

(2)班组长安全管理水平较低，现场管理有章不遁现象较为普遍。班组交接班制度不严格，“三违”现象没有根本上杜绝，班组长没有起到监督管理的作用，更谈不上制止和纠正违章。

有的在生产条件不具备的情况下，为了抢时间、抢进度，防范措施不到位的情况下，简单临时处理甚至不做处理就盲目生产。

(3)没有规范、有效的班组安全活动，或者流于形式，班组内安全资料记录不全，甚至有的根本没有结合实际建立安全资料记录。

(4)有的班组长安全知识不足，业务能力不高，威信较低；有的安于现状，不思进取，检查不细，整改问题不落实。业务技能不高，对流程、设备不熟悉，必然在安排工作时出现偏差，无法考虑工作怎样做科学、安全、省力、省时。有的班组长是硬干蛮干的高手，却不善于动脑筋巧干。

(5)有的班组长组织能力欠缺，只知自己埋头苦干，不能有效地把本班组人员组织在一起更好地完成工作。

(6)缺少自身的和对员工的安全教育和培训。班组安全教育是“三级”安全教育重要的一个环节，而在有的班组这项工作没有有效地开展，有的甚至根本就没开展。

(7)班前会效果不好，或流于形式，只是讲“要注意安全，要穿戴好劳保用品”等套话，却不讲实际工作中应采取的安全措施、注意事项等。“五同时”制度落实不到位，没有建立有效工作的PDCA[计划(Plan)、执行(Do)、检查(Check)、改进(Act)的简称]循环。

(8)工作存在侥幸心理。有的班组长为了图省事，简化相关工作程序或步骤，认为以前一直是这样干的，既没被发现，也没有出事，于是就认为违章不会出问题，存有侥幸心理。

针对存在的问题，企业应当将提高班组长的素质和建立一套规范的有效的班组长管理制度予以考虑，从选任、培训、考核、检查监督等配套措施，促进班组长水平的提高，通过班组长进一步提高班组的安全管理水平。

## 第三节　班组长职责

### 一、班组长的职责

班组长的工作职责也就是岗位职责，是企业管理制度中重要的一部分。一个规范运作的企业应当明确一个班组长所应负的职责，班组长在上岗前应当清楚自己的职责，以利于在工作中履行。班组长职责也不拘泥于以下几个方面，可结合不同的岗位实际，予以增加和修改。

**(一)工作责任方面**

全面负责本班组的工作安排和运行，对本班组的正常工作负责。

**(二)工作执行方面**

(1)严格执行法律法规、标准、操作规程、安全生产规章制度要求。

(2)认真执行和传达上级各种指令、要求、会议精神。

**(三)安全责任方面**

落实岗位安全职责，杜绝“三违”现象，落实各项工作安全防范措施，确保各项工作的安全实施。

**(四)班组建设方面**

严格管理，健全制度，组织本班组内各项工作，提高班组整体管理水平。

班组的安全职责因其包括在班组长的职责之中，内容较多，在下文详细阐述。班组长的职责可不拘泥于以上几个方面，还可结合岗位实际，予以增加和修改。

## 二、班组长的安全职责

有的企业班组的安全职责包括在班组长的职责之中，有的企业实行一岗双责，岗位职责和安全职责同时实行。下文单独阐述安全职责。班组长安全职责不拘泥于以下所列几个方面，还可结合岗位实际，予以增加和修改。

班组长的安全职责一般应包括以下内容：

**(一)安全责任方面**

班组长是班组安全生产的第一责任人，对本班组的安全生产负责，兼任本班组安全员。简言之，就是“第一责任人”。

**（二）安全制度方面**

严格执行安全生产的各项规章制度，制止违章行为。

**（三）安全教育方面**

(1)组织员工学习各项安全生产规章制度和操作规程，开展岗位练兵活动。

(2)负责对新工人和转岗、调入人员进行安全教育。

**（四）隐患治理方面**

对本班组存在的隐患、问题及时汇报，及时整改，落实隐患治理防范措施。

**（五）安全检查方面**

(1)定期安全检查，发现不安全因素及时消除并上报。

(2)检查监督班组员工正确使用劳保用品，检查保养消防、救生、逃生设施，确保灵活好用。

(3)做好直接工作环节及其他工作的安全检查监督和监护，落实各项安全防范措施。

**（六）落实安全“五同时”制度**

组织并参加班组安全日及安全活动，召开班前班后会，做到班前讲安全，班中检查安全，班后总结安全，落实“五同时”制度。

**（七）班组管理**

(1)负责班组建设，提高班组管理水平，保持生产现场整齐、清洁。

(2)落实交接班制度，对各项变更清楚明白。明确本班内人员工分工、各设施负责人。

(3)建立和健全安全资料，并认真填写。

**（八）应急演习**

不断修订完善应急预案，定期组织班组内应急演练，对突发事件能够及时按应急预案处理。

班组长的安全职责一般应包括以上内容，为了制定和实施的方便，可结合企业的特点予以合并、简化，利于在企业中得到贯彻实施。

# 第四节 国内外班组安全管理经验简介

## 一、国外班组安全管理简介

各个国家由于社会制度、经济制度和发展水平不同，在企业班组安全管理方面也各有不同。班组管理的方法虽然各有千秋，但是无论是哪种方法收到实效的管理办法都是适合本企业的具体情况而不断创新发展起来的。因此，我们应广泛了解和借鉴国外班组发展过程中的经验教训，吸收其文明发展的成果，为我所用，改进我们不足的地方，更好地提高我国企业班组管理水平。

韩国三星班组“目标管理”及其他管理经验简介如下：

韩国三星集团是一家著名的跨国公司，员工16万人，年销售额1000亿美元以上，在世界500家大公司中曾名列16位。该公司近年来发展速度之快，产品涵盖之广、市场份额之大、出口创汇之巨都是超出人们想象的。公司之所以能够快速发展，与卓有成效的班组管理是分不开的。

其班组管理核心是形式多样，具有民主性，注重实际效果，注重人的自觉性、主动性与创造性的发挥。班组开展的各类管理活动，都与企业的方针、目标及重点工作相联系，充分体现了人人爱岗位，人人爱企业的精神。由于班组开展的各项管理活动形式多样又非常灵活，给人们一种浓厚的、真切的、充满生机和活力的感受。其中目标管理就是富有成效的管理方法之一。

班组管理在目标管理上是以表格的形式开展的。公司先将班组的目标确立在历史最好的水平上，每天进行检查，每月进行综合评定。如果在某天或某月达到目标后，班组及时地将所实现的目标值填入目标管理图内，并注明班组达到此目标所做的重点工作。企业的厂长也在该表格内签上自己的名字，并写上几句勉励的话。这样，使班组在取得成绩后，能及时得到领导的鼓励，以激励班组向更高的目标奋斗。

目标管理中还包括开展了“降低成本费用活动”。在生产现场可以看到班组绘制的成本控制图。在这个图中，有控制成本费用的主要项目，有每个人的实施目标，有具体的目标值。在班组内开展的全员设备管理也是班组管理的主要内容之一。他们有着完整的设备维护保养制度，并对设备实行重点管理。重点管理就是对容易影响产品质量的设备或容易出现故障的设备实行重点监控，使设备在大生产中处于良好运行状态。凡重点设备都有非常明显的提示牌，以提示员工对设备监管的频度和内容。

另外，注重岗位技能培训。在三星所属工厂的班组里都有专职教师，这个专职教师负责对所有员工在操作技能上的指导、帮助、学习、提高，他们的责任是培养出更多的“师资”水平的员工。他们开展的星级教师制分为“四星”，也就是说，凡班组员工取得 4 个星级时，那就证明你具有了专职教师的资格，可以对三星、二星、一星的员工进行操作指导和帮助。他们这项活动的开展，极大地调动了全体员工的学习热情和向 4 星级奋斗的积极性。在班组开展合理化建议活动，让创新意识深入人心。合理化建议有个人提出的，也有组成“合理化建议小组”后提出的，他们将合理化建议贴在墙上，并将建议的内容拍成照片，配上文字，并有改进前后的可行性分析，非常生动。凡是合理化建议被采纳，就给予奖励。在有的下属公司每个员工一个月平均 4 次向上级提合理化建议，可见职工热爱企业的程度。

组织公益活动和集体活动，增强凝聚力。班组在完成生产任务后，也利用空余时间参加社会公益活动，很近似我们国家的“学雷锋”活动。其内容有：植树、值勤、到敬老院做好事及参加与社会有关的其他活动。从中增强对社会的责任感和展示员工的人性美和道德观。班组集体活动有旅游、聚会、联欢、体育比赛等内容，而且将每次活动的内容拍成照片，贴在“班组园地”里，让大家共享那美好、难忘的集体生活。由于集体活动的丰富性，锻炼了三星班组的团队精神，培养了人和人之间友善和谐的关系，就是这些集体活动培养了员工对集体的责任感。

三星班组的其他管理活动也很有特点，比如：综合评定员工的“累计分考核制”，全面质量管理，以及提倡环境舒畅和气氛融洽的民主管理等，都在班组管理中发挥着重要作用，使班组这个企业最小的生产组织单位在企业管理中变成了积极活跃、富有创造力的群体。

## 二、我国班组安全管理方法简介

我国国内一些优秀企业在班组管理方面取得长足的进步，同时也摸索出一些比较成熟有效的做法，在此选取部分管理方法做一简要介绍供借鉴。

### （一）班组“流动红旗”法

有的企业在班组之间开展劳动竞赛或定期评比活动来加强班组建设。开展活动前制定详细的检查评比细则和奖惩标准，通过活动的开展促进班组加强基础工作，对班组建设成绩突出的予以物质奖励，并悬挂“流动红旗”进行精神鼓励，定期进行评比，达不到标准的将撤销“流动红旗”。通过这一方法，调动班组做好基础工作的积极性，增强荣誉感，更好地发挥工作的潜力。

### （二）“6S”管理法

“6S”管理法在有的企业得到了应用，收到了一定的效果。这一方法最早也是从国外引进，在我国企业进行创新和丰富。“6S”是指整理、整顿、清扫、清洁、素养、安全，强调以提高人的素养为目的，在受到制度约束的同时养成好的习惯，提高人的素养，就会大事小事关心，主动工作。具体做法可以先成立 6S 行动小组，制定具体执行计划，包括活动时间安排、检查人、奖惩办法、组织实施、执行检查和评比。

### （三）班组“零违章、零隐患”管理法

在企业开展班组“零违章、零隐患”活动，号召职工争当零违章职工，创建零违章班组。组织实施前制定详细的运行计划和考核标准，实施过程中及时组织检查监督，活动结束后，进行评选和奖励，并将这一活动做为一项经常性工作开展。

开展创建安全模范班组活动，通过建立班务会，推行班组安全

活动，开展全员安全技能培训，培训考核合格后方可上岗等措施建设安全标准化班组。

**(四)“1234”管理法**

“1234”管理法即：追求一个目标，夯实两个基础，提高三个能力，实施四个步骤。

一个目标指制定操作性强的班组管理目标，这是实现班组管理规范化的前提。

两个基础指一是加强制度建设基础。建立班组制度是班组建设的重要组成部分，健全完善的班组制度是做好班组工作的基础，是加强班组工作的条件，是促进班组建设的有力保证。制度建设关注三个问题：①制订制度必须从工作实际出发，必须体现制度的实用性、可行性和严谨性。②必须在工作中进行思考，敢于提出意见和建议，针对环境的改变及时调整不适宜的方面，坚持持续改进。③必须全员贯彻严格执行。二是加强基础素质建设。班组建设的绩效最终由人员的素质来体现，包括班组长的素质和班组成员的素质，不能出现短板。

三个能力指一是业务指导能力。班组长必须具备较强的现场指挥能力和业务指导能力，通过自身业务水平不断提高，带动班组整体业务水平的提升。二是协调组织能力。要使班组成为团结的集体，具有较强凝聚力的集体。三是开拓创新能力。通过业务技术创新、工作方式方法改进推动班组管理水平的提高，促进企业整体经营管理水平的提高。

四个步骤指一是配备高素质的班组长。提高班组建设水平，关键是选拔和培养具有一定文化程度、年龄适宜、技术熟练、责任心强、会管理、能团结人的班组长。二是建立健全一整套适合班组建设和运行的规章制度。三是进行系统的教育和培训。四是做好人才开发。在培养的基础上，建立班组长梯队建设机制。

**(五)海尔独创的OEC管理模式**

海尔独创的OEC管理模式收到了良好的效果，为企业创造了财富，它的这种管理方法应用在每个员工的身上。

OEC 是英文 overall every control and clear 的缩写，意为全方位地对每天、每人、每事进行清理控制。

全面质量管理当中，最重要的一个原则就是“三全”的原则，即全面的、全方位的、全过程的。全面质量管理主要是全员参与的管理，在整个质量管理过程中，海尔采取了日清管理法。

为了便于在国际上交流，也把它叫做“OEC 管理法”，提炼为“日事日毕，日清日高”：今天的工作必须今天完成；今天完成的事情必须比昨天有质的提高；明天的目标必须比今天更高。每个人的每个目标每天都有所提高，这就可以使整个工作有条不紊地、不断地进行。因为海尔的每个员工都有一张“三 E 卡”。所谓“三 E 卡”就是每个人、每天、每件事，即英文“everyone、everyday、everything”。每个员工干完了当天的工作后，必须填写这张卡片，填写完之后，他的收入就跟这个卡片直接挂钩。这张日清卡，把整个的工作大目标分解落实到每个人身上。比方说制造冰箱共有 156 道工序，545 个责任区，这些都落实到每个人头上。企业的冰箱仓库一共有 1964 块玻璃，每一块玻璃都有一个责任人，这就使得整个质量能够保证。

OEC 管理中的一个重要内容就是事事、物物都有人管，并有人监督检查管理的效果，以保证整个企业每一环节的运行不出偏差疏漏。

在车间入口处和作业区显眼的地方，一块 60cm 见方的图案赫然醒目。红线框着的白方块上印着一对特别显眼的绿色大脚印。这是海尔现场管理的“6S”大脚印。站在“6S”脚印往前方一看，视线正对着高悬的一块大牌子，上面写着“整理、整顿、清扫、清洁、素养、安全”几个大字。这就是“6S”的内容。这 6 个词的英文拼写第一个字母都是 S，因此简称“6S”。“6S”脚印旨在提醒上下岗的员工，其责任区是否按照“6S”要求做了，符合不符合“6S”标准。每日班后，班长都站在此处，总结当日“6S”及其他工作指标完成情况。班前会班长站在脚印上讲评昨日“6S”工作和当日要求，并且要将昨日“6S”较差的员工请在脚印上检讨自己的工作。

海尔生产线上的每个员工工资是根据质量责任价值券和“三 E”

卡每天计点到位的。在车间，一个质检员在检查了一台冰箱后，在一个小本子上写下记录，然后递给上一道工序的工人。每个班组人手一册《质量价值券手册》。海尔把以往生产过程中出现过的所有问题，整理分析汇编成册，针对每一个缺陷，明确规定了自、互、专检三个环节应负的责任价值，质检员检查发现缺陷后，当场撕价值券，由责任人签收，每个缺陷扣多少钱全都印在质量手册上。对操作工互检发现的缺陷，经质检人员确认后，当场予以奖励，同时对漏检操作工和质检员进行罚款。质量价值券分红券和黄券，红券用于奖励，而黄券用于处罚。

质量价值券在生产过程中的实行，使海尔上下工序建立起严格的质量监督机制，每个工人把下道工序当作用户，质量指标日益提高。在海尔每个车间都设有“车间日清栏”，每天的质量、劳动纪律、工艺、文明生产、设备物耗的情况在栏内一览无遗，一清二楚，质量状况在日清单上每两小时公布一次。

十个重点工序都设有质量控制台。156 个质量控制点都有质量跟踪单，海尔的产品从第一道工序到出厂都建立了详细档案。海尔人称，我们的每台冰箱都如一个出生的孩子，有他的出生记录。到了用户手里，如果发生了问题，哪怕是一个门封条，也可以凭着“出生记录”找到责任人和原因。

在海尔，你随时都可以听到“日清”这个词，无论是工人还是科室干部，都把“日清”挂在嘴上。工人持有“三 E 卡”，每日奖罚数据都在上面的“日清”栏内反映出来，根据“三 E 卡”考核，工人自计日薪，每个人对自己每日的工作都有明确的了解，管理人员则每人都建立“日清”台账。在海尔，任何一个环节都不可能发生当日事当日未完成的情况。

每日寻找差距，以求第二天干得更好——这是海尔模式独创性中非常重要的一点，正是这一点推动着管理运作过程使企业处于不断向上的良性循环中。

海尔的每位管理人员和工人在“日清”的基础上都自觉地追求“明天我是否能做得更好？”而公司推出的“优秀员工”、“合格员工”、

“试用员工”三工并存制以及金奖、银奖、铜奖、希望奖等一系列从物质到精神的激励，又进一步推动着“日高”。

海尔人对以前的管理方式进行了总结，得出了这样一个结论：仅仅对事后结果进行奖罚与纠偏无法保证企业在生存竞争中处于永远向上的优势。必须使企业的每位员工都对每天的工作目标、绩效以及出现的问题和原因、责任都十分清楚，企业则以自我纠偏为主，监督考核为辅来实施控制目标的实现和发展。

因此，OEC 管理方法的核心就是将过去对结果的管理转为对瞬间状态的控制，达到精细化、零缺陷，基础管理归根结底是对人的管理，实现管理的最高层次——自主管理，海尔的管理并不是为了达到某个数字标准，而是提升整个企业的凝聚力，增强每个员工的责任感，真正达到自主管理。

### （六）“三标”标准化管理法

“三标”是指标准化岗位、标准化班组、标准化现场。通过“三标”标准化管理法的实施，实现班组的规范化管理。一般实施过程中包括成立相应的组织、制定确立“三标”标准和考核标准、按标准实施、检查考核评比、整改提升几个阶段。

标准化岗位的实施标准中尤其要包括岗位人员的应知应会知识及必须掌握的技能条件，并有针对性地进行培训和考核。针对不同班组或水平不一的班组，实施标准化班组标准中可分别确立不同达标标准，班组结合实际开展达标升级工作。

在标准化现场管理过程中，也可以与现场目视化管理方法相结合。目视化管理是指通过安全色、标签、标牌等方式，明确人员的资质和身份、工器具和设备设施的使用状态，以及生产作业区域的危险状态的一种现场安全管理方法，目的是提示危险和方便现场管理。具体实施内容一般包括工器具目视化管理、设备设施目视化管理、生产作业区域目视化管理。

不断坚持实施这一方法，并持续改进，对企业班组现场管理水平的提高能起到很好的促进作用。这一管理方法在企业应用过程中收到了良好效果。

### （七）表单化管理法

一些企业在企业管理中实施应用了表单化管理的方法，提升了制度的执行力和效果。

制度规范的作用在于它能直接规范员工行为。制度是管理的基础，通过修编规章制度、加强基础管理建设是企业常用的方法。然而，一个与之相关联的问题长期困扰着管理者，人们在呼吁、探索制度“落地”途径的同时，随着制度逐年修编累积，文本制度内容见增不见减，数量见多不见少。加之，企业不时以行政方式发布的各种规定、通知、决定等规范性文件接踵而至，一些文件经逐级转发，越来越缺乏个性，表现在标题不同、文体相像、语气接近、反复强调、内容雷同，导致制度执行过程中出现弱化现象。各级管理者都抱怨现行制度不是不够用而是太多，多得难以执行。令执行者要么望而生畏，不堪重负，敬而远之，要么我行我素，产生懈怠。

在文本制度中，尽管反复出现诸如“严禁”、“必须”、“不许”、“追究”等警示性语句，而不规范的生产行为依然屡禁不止，时有发生。所以，管理需要制度，更需要有效的制度形式。做好基础管理工作不仅要求科学、及时地修编制度，更要探索有效执行的制度形式，解决制度如何“落地”的问题，否则，制度就只能被束之高阁，成为摆设。

表单化管理是解决上述问题的最好方法，破解了执行制度“怎么做”的问题。一张张简单明了的表单，以直观的图形或简洁的文字将文字制度执行中的关键节点以表单的方式予以体现。表单的制定过程本身就体现了对制度的理解和对过往经验的总结，它是制度的另一种表现形式。

表单化管理是以工作表单为载体，将文本制度要求作为表单的执行内容和顺序，所以表单不过是制度规范的一种表现形式。通过讨论编制表单和实施工作表单，把大量文字制度溶入到表单中，以表单体现制度和反映工作流程。由于表单具有简单、明了、可操作性强等特点，按照表单中的项目和步骤执行，就是遵章实施的过程。实行表单化管理，员工工作时，只需要严格执行表单，照表单既定的步骤和内容执行就可以了，不需要靠记忆和对文本制度的理解执行，使复杂问题简单化，能够得到“想违章”都难的效果。通过制定表单、执行表单，避免了由于对文本制度理解上的差异，规范了员工行为，大大提高了班组和员工的执行力。

# 第二章　HSE 管理体系基本知识

## 第一节　概　述

健康（Health）、安全（Safety）、环境（Environment）管理体系（简称 HSE 管理体系）是目前国际上石油行业通行的一种管理体系，是 20 世纪后期在国际石油天然气行业逐步发展和完善起来的管理体系，它总结同行业管理过程中的经验教训和体系的优缺点，是突出预防为主、全员参与、持续改进的管理体系。它的应用对提高企业管理水平和竞争力有着举足轻重的作用。随着经济全球化进程和中国加入世界贸易组织（WTO），HSE 管理体系逐渐成为各类国内企业进入国际市场的通行证，作用日显重要，特别是在石油石化行业得到广泛应用，对提高安全管理水平，保护员工健康和防止海洋污染，均发挥了巨大作用，为可持续发展提供了有力的保障。

### 一、HSE 管理体系的产生

"HSE"这个概念首先在 20 世纪 80 年代提出。它的产生的背景条件是基于企业安全管理水平较低，事故频发，管理上存在漏洞。当时国际上几次特大事故引起了人们对安全工作的反思，推动了安全工作创新和体系的建立。如：1987 年瑞士的 SANDOZ 大火，1988 年英国北海油田的帕玻尔·阿尔法平台事故，1989 年的 EXXON 公司 VALDEZ 泄油都造成了重大人员伤亡和财产损失，引起了国际工业界的极大关注。

人们认识到，为了避免重大事故的再次发生，必须采取更加有

效的管理措施和方法。

下面介绍一下其中对 HSE 管理理体系产生深远影响的英国阿尔法平台爆炸事故。1988 年 6 月 6 日英国北海帕玻尔 · 阿尔法平台发生爆炸事故，造成平台 167 人死亡，平台倾覆，损失巨大，这是海上石油作业迄今为止最大伤亡事故。英国政府组织了由卡伦爵士率领的官方调查。对这起海上平台的事故原因和安全管理状况进行了为期两年的彻底调查，得出了一系列结论，为改进海上的安全管理水平提出了 106 条建议。报告不仅对安全管理体制有了新的认识，而且制定了新的海上安全法规体系和建立了新的管理模式。建议后被英国政府全部采纳，并要求石油作业公司建立完整的安全评估管理体系和安全状况报告制度。

壳牌公司则首先制定出自己的安全管理体系(SMS)，并在公司范围内，实施了海上作业安全状况报告程序。在实施过程中，通过摸索把健康、安全和环境形成一个整体的管理体系。在 1991 年，壳牌公司颁布了健康、安全和环境(HSE)方针指南。1991 年在荷兰海牙召开了第一届石油天然气勘探开发的健康、安全与环境国际会议，HSE 这一概念逐步得到大家认识。HSE 管理体系由此开始实施，逐渐发展起来。

HSE 管理体系在工业发展过程中产生，是在人们对加强企业安全管理工作，避免事故发生的需求下逐步产生的，是企业可持续发展的需求下，人类社会进步的表现。

## 二、HSE 管理体系的发展

### (一)国外 HSE 管理体系发展情况

1. 在国外知名企业中的发展

以壳牌石油公司的发展为例。1992 年，壳牌石油公司出版的 EP92 - 01100，形成安全管理体系(SMS)。

1994 年 9 月，壳牌石油公司 HSE 委员会制定的“HSE 管理体系”经壳牌石油公司领导管理委员会(COMMITTEE OF MANAGING DIRECTORS)批准正式颁发；与此同时，油气开发安全、环保国际会议在印度尼西亚的雅加达召开，这次会议影响面很大，有全球各大石油公司和服务厂商的参与，HSE 的活动通过这次会议在全球范围内迅速展开。

1995 年，壳牌石油公司将英国政府调查报告所提出的 SUS 和 SC（安全状况报告），EP92－0100 出版的安全管理体系，石油作业公司的经验和危害管理的技术集于一体，采用与 ISO9000 和英国标准（BS）5750 质量保证体系相一致的原则，充实了健康、安全、环境这三项内容，形成了完整的一体化的 HSE 管理体系（HSE－MS）EP95－0000，这是石油行业长期以来安全管理体系经验积累和丰富发展的产物。

这一标准很快在一些西方石油公司中制订和执行，国际标准化组织（ISO）的 TC67 分委会随之也在成员国家的推动下，着手从事这项工作。ISO/TC67 是负责石油天然气工业材料、设备和海上结构标准化的技术委员会，其秘书处设在美国石油学会，中国是该委员会的成员国。1996 年 1 月 ISO/TC67 分委会发布了《石油和天然气工业健康、安全与环境（HSE）管理体系》（ISO/CD14690 标准草案），虽然该标准目前尚未经国际标准化组织批准正式公布，但已得到了世界各主要石油公司的认可，成为石油石化行业企业进入国际市场的入场券。世界各大石油公司如：美国杜邦公司、美国菲利普斯中国有限公司、壳牌公司、BP 集团、挪威国家石油公司等都建立了并实施了 HSE 管理体系，均收到了较好的效果。该体系在世界石油石化这一高危行业得到普遍的应用和推广。

2. 在国际社会及组织间的发展

20 世纪 90 年代初，一些发达国家率先开展了实施职业安全健康管理体系的活动，职业安全健康管理开始进入系统化阶段。进入 20 世纪 90 年代后期，一些国家的政府和行业协会开始编制一系列职业安全健康管理体系的标准和导则。如：1996 年英国颁布了 BS8800《职业安全卫生管理体系指南》国家标准。美国工业卫生协会制定了关于《职业安全卫生管理体系》的指导性文件。

1997 年澳大利亚、新西兰提出了《职业安全卫生管理体系原则、体系和支持技术通用指南》草案。

1999 年日本厚生工业安全卫生协会提出了《职业安全卫生管理体系导则》。挪威船级社(DNV)制订了《职业安全卫生管理体系认证标准》。

1999 年英国标准协会、挪威船级社等 13 个组织提出了职业安全卫生评价系列，即(Occupational Health and Safety Manage ment Systems - Specification)：OHSAS18001《职业安全卫生管理体系—规范》、OHSAS18002《职业安全卫生管理体系—OHSAS18001 实施指南》。

2001 年 12 月，国际劳工组织(ILO)12 月正式发布职业安全健康管理体系导则。该导则的发布，成为全球推进职业安全健康管理体系的重大标志。

**(二)我国 HSE 管理体系的发展**

在我国石油勘探开发的实践活动中，历来重视安全工作，很早就提出了“安全第一、预防为主”的管理方针。但是，第一次较为系统地接触到 HSE 管理理念，是在 1994 年印度尼西亚雅加达召开的第二届油气开发安全、环保国际会议上，中国石油天然气集团公司作为会议的发起人和资助者派代表团参加了会议，通过会议深刻体会到建立与实施 HSE 管理体系、遵循国际惯例、行业标准、树立“全员、全过程、全方位、全天候”HSE 管理理念对我国石油天然气工业发展的重要意义。与此同时，我国的承包商队伍在开发外部市场，参与国际合作和激烈的市场竞争的过程中，深切地意识到企业投标资格预审中，HSE 管理体系“一票否决制”的重要性。

随着我国石油工业对外开放的步伐不断加大，中国石油石化行业自身强烈感到，其管理方式也要与国际接轨。

1996 年 1 月，ISO/TC67 的 SC6 分委会发布了 ISO/CD14690《石油天然气工业健康、安全与环境管理体系》，中国石油石化企业关注、翻译并转化了 ISO/CD14690 标准。

1997 年 2 月，中国石油天然气总公司对该标准进行了转化后，于 1997 年 6 月 27 日正式颁布了 SY/T 6276—1997《石油天然气工业健康、安全与环境管理体系》(1997 年 9 月 1 日实施)。1997 年 6 月 28 日颁布了 SY/T 6280—1997《石油地震队健康、安全与环境管理规范》和 SY/T 6283—1997《中国石油天然气钻井健康、安全与环境管理体系指南》(1997 年 11 月 1 日实施),自 1998 年开始,在总公司所属企业内全面推广和实施 HSE 管理体系,经过多年实践,管理体系标准进行了修订发布。

中国石油化工集团公司 2001 年 2 月 8 日发布了 Q/SHS 0001. 1—2001《中国石化安全、环境与健康(HSE)管理体系》, Q/S HS 0001. 2—2001《油田企业安全、环境与健康(HSE)管理规范》, Q/SHS 0001. 6—2001《油田企业基层队 HSE 实施程序编制指南》(试行)和 Q/SHS 0001. 10—2001《职能部门 HSE 职责实施计划编制指南》,《炼油化工企业安全、环境与健康(HSE)管理规范》、《施工企业安全、环境与健康(HSE)管理规范》、《销售企业安全、环境与健康(HSE)管理规范》、《施工企业工程项目 HSE 实施程序编制指南》等一系列标准,形成了系统的 HSE 管理体系标准。该标准于 2001 年 3 月 1 日正式实施。中国石油化工集团公司根据自身特点,将体系要素设定为 10 个,并结合企业实际情况,将 HSE 的中文顺序规定为安全、环境与健康。自 2002 年开始,中国石油化工集团公司所属全部企业推行了 HSE 管理体系。

2001 年 5 月,中国石油完成了质量、健康、安全与环境管理体系一体化研究工作,提出了质量、健康、安全与环境一体化管理模式。该管理体系的实施标志着我国石油石化工业步入了崭新的 HSE 管理发展时代。

国家为加强安全管理工作,借鉴国外先进管理经验于 1999 年 10 月原国家经贸委颁布了《职业安全卫生管理体系试行标准》。许多企业通过了职业安全卫生管理体系认证。

2001 年 12 月,原国家经贸委依据我国职业安全健康法律法规,结合其颁布并实施《职业安全卫生管理体系试行标准》所取得的经验,参考国际劳工组织《职业安全健康管理体系导则》(ILO - OSH 2001),制定并发布了《职业安全健康管理体系指导意见》和《职业安全健康管理体系审核规范》，国家标准化委员会制定了《职业健康安全管理体系规范》（GB/T 28001—2001），是我国关于职业安全健康管理体系的国家标准，并于2011年修订发布新版标准，这必将进一步推动我国职业安全健康管理工作向科学化、规范化方向发展。

为进一步加强安全生产工作，规范企业安全生产行为，自2010年以来我国陆续开展安全生产标准化达标评级工作，并针对不同企业相应出台一系列评审标准。安全标准化达标评审包括内审和外审。企业安全标准化达标，主要目的是提升企业安全管理水平，最大程度上减少安全事故的发生，降低企业安全风险。

## 三、HSE 管理体系的发展趋势

经过近些年的发展，HSE 管理体系在国际上的发展呈现以下趋势：

（1）国际贸易与交往中 HSE 成为企业通向世界市场的通行证。建立和持续改进 HSE 管理体系已成为国际上企业安全管理的大趋势。HSE 管理体系从石油企业向其他类型的企业推广。

（2）HSE 管理体系的建立和审核逐步走向标准化。随着各公司 HSE 的深入开展，必然会带来体系的不断完善，从而推动体系的统一和标准化，国际上还将会出台和通过一系列的相关标准，进一步规范和深化体系的应用。

（3）以人为本、持续改进的思想充分得到贯彻和体现。该体系注重保护员工健康，注重从以人为本的角度出发，贯穿于各项工作的始终。

（4）HSE 管理体系与质量管理体系的一体化。为节约成本，减少繁琐的程序，在有的公司已开始一体化的工作，但目前应用还不普遍，尚处在摸索阶段。

随着企业和人们对 HSE 管理体系认识的提高和工作的逐步开展，HSE 管理体系在我国呈现出良好的发展势头。我国三大石油石化集团——中石油、中石化、中海油集团公司都推行了这一体系，而且还有许多企业推行了职业安全卫生管理体系。我国在这一领域与国外差距并不很大，目前已开展的认证工作，也是走在世界前列的。由于该体系本身的特点，必然会在我国进一步得到发展、深化和不断完善。

越来越多的企业认识到推广这一管理体系对企业安全管理的重要意义，特别是我国现在正处于事故的高发阶段，企业在寻找一条减少事故，保障安全的方法和途径，这一体系的切实推行有着重要的意义。因此，在我国这一体系会进一步得到应用和推广，同时在有的企业也在探索和试行 QHSE 管理体系，即：质量管理体系与 HSE 管理体系一体化。

## 四、HSE 管理体系的涵义

HSE 管理体系是一种科学有效的企业管理体系，是事前通过开展危害识别与评价，确定在各项活动中可能存在的危害及后果的严重性，从而采取有效的防范措施和应急预案来防止事故的发生或把风险降到最低的程度，以减少人员伤害、财产损失和环境污染的有效管理体系。同时也是一种不断完善发展创新的管理体系，它始终贯穿着事前预防、持续改进的理念。HSE 管理体系是将实施健康、安全与环境管理的组织机构、职责、程序、培训和资源等要素有机组成的整体，这些要素通过系统的运行模式融合在一起，注重事前预防和风险分析，体现以人为本的原则，遵循 PDCA(计划、实施、检查、改进)管理模式，将社会和企业可持续发展纳入企业管理中的一种系统管理方法。

HSE 是健康、安全与环境的英文缩写。

H—健康(Health)，健康是指人体没有疾病、心理和精神上保持一种完好状态。对劳动者来讲，健康是最基本的要求。随着生产力发展和经济水平的提高，人们对健康的要求也随之提高。

S—安全(Safety)，安全是指在活动过程中，努力改善劳动条件、消除不安全因素，从而避免生产安全事故的发生，使组织的活动在保证员工的身体健康、生命安全和企业财产不受损失的前提下顺利进行。

E—环境(Environment)，环境是指与人类密切相关，影响人类生活和生产活动的各种自然力量或作用的总和，包括各种自然因素的组合以及与人类及自然因素之间相互形成的生态关系的组合。构成环境的基本要素有空气、水、土地、自然资源及生命物质等一切自然物质，以及相互依存、相互转化的关系和作用。

## 五、HSE 管理体系的特点

HSE 管理体系有其固有的特点，具体地讲有如下几个特点：

(1)先进性。HSE 体系所宣传和贯穿始终的理念是先进的，如：从员工的角度出发，注重以人为本，注重全员参与等，方法先进、可行、多样，目前这一体系，在职业安全卫生领域是走在世界前列的，是前沿的管理体系，易于企业结合实际应用和创新。

(2)系统性。HSE 管理体系本身就是一个大系统，通过这一系统，使各要素有机组合，并由此形成各种体系文件，包括手册、程序文件、作业文件等，构成了一个层次分明、相互联系的文件体系。其系统性是体系的固有特点，条理清晰，密切联系，有机组合，否则就无法构成一个有效的体系，也就没有生命力。

(3)预防性。危害辨识、风险分析与评价是 HSE 管理体系的精髓所在，充分体现了我们经常所讲的“预防为主”的方针。实施有效的风险分析评价和控制措施可实现对事故的超前预防和生产作业的全过程控制，真正起到预防事故，保护员工健康的作用。

因此，该体系从制度上、从体系运行上规范了企业中的预防性安全工作，言之有物，不再是空洞的说教，充分体现了预防性的特点。

(4)可持续改进和长效性。HSE 管理体系的一个基础理念是实现持续改进，这是一个组织管理体系不断强化的过程，周而复始地进行“策划、实施、监测、评审”活动，形成 PDCA 循环，形成了长效机制，使健康、安全与环境表现不断改进，呈现出螺旋上升的状态。

(5)自愿性。HSE 标准本身是推荐执行标准，非强制性标准，建立 HSE 管理体系非政府要求，而是企业在国际国内市场的驱动下自觉自愿的行为，建立 HSE 管理体系也是企业管理自身生存、发展要求，使企业的管理走上科学化、规范化轨道，逐步建立起现代企业管理制度并实现与国际惯例的衔接；同时建立 HSE 管理体系可树立良好的企业形象，更好地保护员工和社会利益，因此越来越多的企业主动地开始推行并进行认证工作。

国际石油公司推行 HSE 管理方面有许多成功的经验，在其推行过程中有一些共同的特点：

(1)HSE 管理体系标准相似，建立的方法相似。

(2)公司的最高领导层思想上高度重视，自身认识比较高。

(3)各级领导承诺为可持续发展作出贡献。

(4)HSE 管理体系和理念贯穿于各项工作，各个角落。

(5)坚持开展风险评估与控制。

(6)把员工的培训放在重要位置，建立起规范的培训程序。

(7)建立了完善的审核与评审制度。

(8)HSE 的行为模式和理念成为企业文化的重要组成部分。

(9)HSE 管理绩效的好坏与公司形象密切相关。

(10)认真细致地开展法律、法规辨识，把遵守和贯彻现行的法律、法规作为一个重要内容。

(11)有效的奖惩机制是推行 HSE 管理体系的保障。

国际石油公司一些有效的成功做法，非常值得我们国内企业消化吸收和借鉴。

## 六、HSE 管理体系的适用范围

HSE 管理体系可以适用范围比较广泛。目前主要在石油石化行业等高危行业得到了应用，其他一些企业也在尝试应用。该体系可以适用于所有领域和行业的企业，如制造业、服务业企业等。该体系总体上在我国还在起步和发展阶段，各个企业应用的水平高低不齐，也有一定的差别。这也为进一步推广提供了广阔的空间，应用和发展前景较大。

## 七、HSE 管理体系的理念

HSE 管理体系所体现的许多管理理念是先进的，也是值得在企业的管理中进行深入推行的原因所在。主要体现了以下管理思想和理念：

### (一)注重领导承诺的理念

企业对社会的承诺、对员工的承诺、领导对资源保证和法律责任的承诺，是 HSE 管理体系顺利实施的前提。领导承诺是由以前的被动改变方式转变为主动承诺的方式，是管理思想的转变。承诺由企业最高管理者在体系建立前提出，在广泛意见的基础上，以正式文件(手册)的方式对外公开发布，以利于相关方的监督。

承诺要传递到企业内部和外部相关各方，并逐渐形成一种自主承诺改善条件、提高管理水平的企业思维方式和文化。

### (二)体现以人为本的理念

企业在开展各项工作和管理活动过程中，始终贯穿着以人为本的思想，在保护人的生命的前提下，使企业的各项工作得以顺利进行。人的生命健康是无价的，工业生产过程中不能以牺牲人的生命为代价来换取产品。

### (三)体现预防为主、事故是可以预防的理念

我国安全生产的方针是“安全第一，预防为主，综合治理”。许多企业在贯彻这一方针的过程中并没有规范化和落实到实处，而 HSE 管理体系始终贯穿了对各项工作事前预防的理念，贯穿了所有事故都是可以预防的理念。美国杜邦公司的成功经验是“所有的工伤和职业病都是可以预防的”，“所有的事件及小事故或未遂事故均应进行详细调查，最重要的是通过有效的分析，找出真正的起因，指导今后的工作”。事故的发生往往由人的不安全行为、机械设备的不良状态、环境的因素和管理上的缺陷等引起。企业中虽然沿袭了一些好的做法，但没有系统化和规范化，缺乏连续性，而 HSE 管理体系系统地建立起了预防的机制，如果能切实推行，就能建立起长效机制。

### (四)贯穿持续改进、可持续发展的理念

HSE 管理体系贯穿了持续改进和可持续发展的理念。也就是人们常说的，没有最好，只有更好。体系建立了定期审核和评审的机制。每次审核要根据不符合项实施改进，不断完善。这样，使体系保持始终持续改进的趋势，不断改正不足，坚持和发扬好的做法，按 PDCA 循环上升，实现企业的可持续发展。

### (五)体现全员参与的理念

常言道，安全工作是全员的工作，是全社会的工作。HSE 管理体系中就充分体现了全员参与的理念。在确定各岗位的职责时要求全员参与，在进行危害辨识时要求全员参与，在进行人员培训时要求全员参与，在进行审核时要求全员参与，通过广泛的参与，使 HSE 理念深入每一个员工的思想，进而提高全员的 HSE 意识，并转化为每一个员工的日常行为。

## 八、推行与实施 HSE 管理体系的优点和作用

(1)能够有效地贯彻国家的可持续发展战略。

(2)可促进我国各类企业进入国际市场。

(3)可预防和减少各类事故的发生，保护员工身体健康。

(4)可减少企业的成本，节约能源和资源。

(5)可提高企业健康、安全与环境管理水平。

(6)可树立良好的企业形象。

## 九、我国企业推行与实施 HSE 管理的必要性

### (一)国际社会发展趋势和惯例的要求

随着中国加入 WTO，国际合作的机会日益增多，国际合作的领域日趋广泛，汲取与学习国外石油公司共同认可的健康、安全与环境管理体系标准，迅速与国际接轨，首先成为我国石油工业的必然选择。不然的话，我国的石油工业在国际市场的激烈竞争中被淘汰。因此，我国的石油企业率先推行了 HSE 管理体系，其他部分企业在国际交往中正逐步认识到建立体系的重要性，并开始实施。

**(二)国家法律法规的要求**

国家相关法律法规和以人为本的政策，要求企业注重安全工作和员工健康，并制订了一系列的安全生产标准推行这一体系。一个企业首先应当在遵守国家法律和保护员工生命健康的前提下开展企业的活动，所以促使企业找到一条有效的途径来贯彻和达到这一要求，通过建立 HSE 管理体系可以有效地做到这一点。

**(三)企业可持续发展的要求**

只有企业有一个安全稳定的环境，企业才可能实现可持续发展，很难想象一个事故频发的企业会不断地发展壮大。推行这一体系是企业自身可持续发展不断做大做强的需求。

**(四)员工的要求**

每个企业的职工，都希望有一个安全舒适的工作环境，没有职业病和各类事故的发生。作为社会和公众，希望我们的石油勘探开发活动对他们的日常生活和生存环境没有任何影响和危害。因此，通过实施健康、安全与环境管理体系标准，才能满足员工与公众的期望。

另外，推行该体系还有许多优点和作用，都促使我国企业在企业管理过程中积极推行 HSE 管理体系，以提高企业的整体管理水平。

## 第二节　HSE 管理体系基本概念

### 一、术语

术语是对某一学科、专业或应用领域内所使用的一般性概念所作的准确而统一的描述，以使人们对某些有关概念形成共同的认识从而奠定相互交流、相互理解和开展工作的基础。对一术语所表示的含义的统一和标准化，有助于某一领域所使用概念的普及和认同，避免出现人们因对同一概念的不同理解而产生差异导致交流的阻碍和沟通的不便，无法标准化和系统化。

## 二、HSE 管理体系基本术语

HSE 管理体系中的一些基本术语或者名词，有其通用的含义或者特定的含义。为了准确理解和把握这些概念的含义，结合国家推行职业安全卫生标准和有关企业推行 HSE 管理体系的企业标准，对相关基本术语的概念作如下简单的介绍。

事故：造成死亡、疾病、伤害、损坏或其他损失的意外事件。

事件：导致或可能导致事故的情况。

危害(危险源)：可能导致伤害或疾病、财产损失、工作环境破坏或这些情况组合的根源或状态。

危害辨识(危险源辨识)：识别危害(危险源)的存在并确定其性质的过程。

重大危险源：长期地或临时地生产、加工、搬运、使用或储存危险物质，且危险物质的数量等于或超过临界量的单元。辨识依据是物质的危险特性及其数量。

风险：某一特定危险情况发生的可能性和后果的组合。

风险评价：评估风险大小以及确定风险是否可容许的全过程。

可承受风险：根据企业的法律义务和健康、安全与环境方针，已降至企业可接受程序的风险。

安全：免除了不可接受的损害风险(危险)的状态。

资源：实施安全、环境与健康管理体系所需的人员、资金、设施、设备、技术和方法等。

组织：具有自身职能和行政管理的企业、事业单位或社团。

绩效：企事业单位根据健康、安全与环境管理体系要求和方针、目标，在控制和消除危害方面所取得的成绩和达到的效果。

审核：判别管理活动和有关计划是否符合体系，这些计划是否得到有效实施。

要素：在进行安全、环境与健康管理中的关键因素。

评审：高层管理者对健康、安全与环境管理体系的适应性及其执行情况进行正式评价审核。评审包括有关健康、安全与环境管理中存在的问题，法律法规、方针政策及外部条件改变而提出的新目标。

不符合：任何能够直接或间接造成伤亡、职业病、财产损失、环境污染事件；违背作业标准、规程、规章的行为；与管理体系的要求相比存在的差异。

相关方：与企业职业安全卫生状况有关或受其影响的个人或组织。

承包商：签订合同当事人中的承揽方，即由甲方或业主完成某项工程、某个工作或提供服务的企业、个人、合作方。

供应商：签订合同当事人中的供方，即为甲方或业主提供原材料、设施、设备等的企业、个人或合作者。

程序：为进行某项活动或过程所规定的途径。

持续改进：实施健康、安全与环境管理体系过程中，不断地改进不符合项和根据方针及要求完善管理体系，以不断改善职业安全卫生绩效。

最高管理者：在最高层指挥和控制单位的一个人或一组人。

管理者代表：由企业最高领导者任命，在公司内代表最高领导者履行 HSE 管理职能的人员。

健康、安全与环境管理体系：指实施健康、安全与环境管理的组织机构、职责、程序、过程和资源等要素构成的整体，可简写为 HSEMS。

## 第三节　HSE 管理体系基本要素

HSE 管理体系是由诸多要素组成的一个有机整体，这些要素通过系统的方法和 PDCA 模式组合在一起。各个企业间由于具体情况的差异，在划分要素上有所不同，但其核心内容都是相同的，不同在于有的企业根据实际进行取舍和增减，或要素名称、内容的表述上进行了部分改进。

PDCA 模式是美国管理模式专家戴明提出的，因其具有的系统和持续改进的特点，被广泛应用在各个体系的建立上，成为企业管理的一种模式。ISO 组织制定各项管理体系遵循 PDCA 循环，HSE 管理体系着眼于持续改进、动态推行，是戴明模式应用的体现。

HSE 管理体系是一个不断变化发展的动态体系，其设计和建立也是一个不断发展和交互作用的过程。随着时间的推移，随着对各要素的不断设计和改进，体系经过良性循环，以求达到最佳的运行状态。

根据 HSE 体系的特点和实施过程主要包括五个方面的要素：

第一方面："承诺与方针目标"要素。

第二方面："计划"过程中的要素主要包括："危害识别与风险评价"、"法律法规和其他要求"、"目标"、"管理方案"要素。

第三方面："实施"过程中的要素主要包括："机构和职责"、"培训、意识和能力"、"协商和沟通"、"文件化"、"文件和资料控制"、"运行控制"、"设计和建设"、"承包商和供应商管理"、"变更管理"、"应急管理"要素。

第四方面："检查"过程中的要素主要包括："检查和监督"、"绩效测量和监视"、"事故、事件、不符合、纠正和预防措施"、"记录和记录管理"要素。

第五方面："改进"过程中的要素主要包括："审核"、"管理评审和持续改进"要素。

## 一、"承诺与方针目标"要素

### (一)承诺

企业的高层管理者提供强有力的领导和自上而下的承诺，是成功实施 HSE 管理体系的基础。HSE 方针和战略目标是一个企业在 HSE 管理方面的指导思想和原则，是实现良好的 HSE 业绩的保证。高层管理者通过提供资源，通过考核和审核，不断改善公司的 HSE 业绩。

企业各级组织的高层管理者应直接抓 HSE 管理工作，在 HSE 方面的承诺，是企业文化的一部分，只有做到领导重视，全员重视，将 HSE 管理作为公司管理的重要组成部分，才能建立起一个有效的 HSE 管理体系。

1. 承诺内容

企业高层管理者对 HSE 管理体系建立和实施的认可和承诺，是 HSE 管理体系建立工作最基本的要求。实践证明，高层管理者的决心和承诺，不仅是企业能够启动 HSE 管理体系的内部动力，而且也是动员企业不同部门和全体员工积极投入体系建立运行的重要保证。他们的支持和参与程度会直接影响着管理体系的建设和进度。因此，在承诺中特别需要高层管理者注重以下方面：

(1)明确 HSE 管理应为企业整个管理体系的重点工作之一，对此项工作的考虑应纳入到企业管理决策的重要议事日程中；

(2)认识到预防事故和改进企业形象的意义，在投资者心目中的形象，明确高层管理者承担的 HSE 的责任和义务；

(3)理解实施 HSE 对企业经济效益、公众形象、组织管理功能的促进作用，从而促进全员的 HSE 重视程度；

(4)承诺为建立 HSE 管理体系及有关活动提供支持，保证 HSE 管理体系有效运行。

2. 实施承诺

领导承诺在 HSEMS 建立和实施过程中，规定高层管理者的主要职责是：

(1)制定方针和战略目标。企业的方针和战略目标必须由高层管理者制定，因为在方针中要承诺遵守法律、法规，承诺持续改进和事故预防，而这一定会牵涉到企业的总体管理和工艺、产品的改进，涉及许多投资和人员调配，只有高层管理者才能做出这些决定。

(2)主持评审。高层管理者要定期对 HSE 体系进行评审，评价它是否适合于当前企业的状况，是否满足 HSEMS 标准的要求，员工是否切实地按照体系的要求去做，然后对体系进行改进。

(3)建立组织机构，任命管理者代表。

(4)提供必要的资源，即对人、财、物等的支持。

3. 有关企业承诺的实例

(1)国外公司实例。

**实例 1**　BP 公司的 HSE 承诺:

目标概况为:不发生事故、不损害人身健康、不破坏环境。

a. BP 的每一位职员,无论身处何地,都有责任把 HSE 的事做好。良好的 HSE 业绩,以及保障为我们工作的每位员工的健康和安全是我们企业成功的关键。

b. 将通过不断减少废水、废气及废渣的排放以及有效地利用能源来减轻公司的生产经营活动对环境与人身健康造成的影响。公司仍将生产客户能够安全使用的优质产品。

c. 公司将公开征求用户、员工、社区邻里及公众利益团体的意见,倾听他们的声音,响应他们的要求。

d. 共同协作,即:与公司的合作伙伴、供应商、竞争对手及政府法律法规的制定机构共同努力,以提高行业的标准。

e. 坦诚公布公司的 HSE 业绩状况,报喜也报忧。

f. 表彰嘉奖对改善 HSE 业绩作出贡献的员工。

g. 公司的业务发展计划包括一系列可衡量的 HSE 指标。公司所有人都要努力去实现这些目标。

承诺后面有公司首席执行官的签名和公布的年月日。

**实例 2**　英荷壳牌石油集团公司(Shell)的承诺

a. 不使人员受到伤害是我们的追求。

b. 所有的作业都要保护环境。

c. 提供高效利用原材料和能源的产品和服务。

d. 在与上述原则一致的前提下,开发能源产品和提供服务。

e. 定期公布我们的表现。

f. 在促进本行业 HSE 的最佳行为方面发挥带头作用。

g. 像管理其他关键业务那样来管理 HSE。

h. 培养一种使所有 Shell 员工都分担承诺的企业文化。

这样做的目的是为了使我们取得引以自豪的良好 HSE 表现,以赢得广大客户、股东和社会公众的信任,成为一个好邻居,并为可持续发展作出贡献。

**实例 3** 挪威国家石油集团公司(Statoil)的承诺:

健康、安全与环境方面的优秀表现具有内在的价值，良好高效的表现是进行竞争的前提。

a. 我们的目标是无事故、无伤害和无损失。

b. 我们将为可持续发展做出贡献。

c. 在任何地方和业务的任何领域我们都具有同样的态度。

d. 希望我们的供应商和合作伙伴都能满足我们的 HSE 标准的要求。

(2)国内企业实例。

中国石化集团公司的 HSE 承诺:

a. 集团公司在世界任何地方，遵守所在国家和地区的法律、法规，尊重他们的风俗习惯，所有的业务领域我们对 HSE 的态度始终如一。

b. 集团公司的各级最高管理者，是 HSE 的第一责任人，每位员工对公司的 HSE 事务负有义不容辞的责任，HSE 表现是公司奖励和聘用雇员和承包商的重要依据。

c. 保护生态环境，建设清洁生产企业，实现可持续发展。

d. 向社会公开我们的 HSE 表现，广泛征求社会各界的意见，不断提高公司的 HSE 管理水平。

e. 为保证目标的实现，提供必要的人力、物力和财力资源、支持。

## (二)方针目标

方针和目标是一个企业对其在 HSE 管理方面的意向和原则的声明。实施 HSE 管理体系的全过程都是在方针和战略目标的指导下进行的，方针和目标应是企业的最高管理者制定的，是指导思想和行为准则，所有的员工与 HSE 管理有关的全部活动，无不在这一大前提下进行，所有的计划、措施、行动都应符合方针，为方针和战略目标服务。方针和目标指明了企业在 HSE 方面的努力方向，提供了规范组织行为和具体目标制定的框架，良好的方针，能指导企业有效地实施和改进它的管理体系；同时，方针和战略目标也在此过程中得到必要的修正。

1. 内容

方针目标的内容一般应包括：

(1)遵守有关法律、法规和其他应遵守的内、外部要求，是对 HSE 管理最低限度的要求。

(2)实现持续改进是实施 HSEMS 贯彻始终的指导思想，方针中应明确这一意向。

(3)重视事故预防，即尽可能防止事故发生，而不是事故发生后再作补救。

(4)在长远规划方面，企业的投资或发展应考虑 HSE 的要求；企业的项目确定和实施应尽量降低风险和影响；影响相关方以确保企业方针的实现。

(5)可根据企业实际特订一些其他方面的目标。支持采用最佳可行技术和有利于 HSE 管理的运行管理实践；强调本身安全设计，实施清洁生产；优先考虑废弃物在企业内部的循环使用；开展新工艺和产品设计，减少对 HSE 的危害等。

除此之外，还要包括其他内容，如倾听相关方意见，鼓励承包商、供应商建立 HSEMS 等。

2. 实例

(1)国外公司实例。

**实例 1** 英荷壳牌石油集团公司(Shell)的 HSE 方针和战略目标

a. 建立一套 HSE 管理体系，确保在商业活动中遵纪守法和不断改善安全、健康与环境表现；

b. 不断改进目标和措施，并评价和报告自己的 HSE 表现；

c. 要求承包商依照本方针管理 HSE；

d. 要求在 Shell 作业之下经营的合资企业贯彻本方针，并利用自己的影响促进本方针在其他相关企业的推广；

e. 在对职工进行评比时将其 HSE 的表现包括在内，并建立相应的奖惩制度。

**实例 2** 挪威国家石油集团公司(Statoil)的方针

a. 将 HSE 精神融入管理和控制活动的全过程中;

b. 根据 HSE 实际表现情况来管理 HSE 活动;

c. 管理层的承诺和承诺公开;

d. 员工参与;

e. 将 HSE 融入工厂和设备设计的各个阶段;

f. HSE 管理包括承包商在内，从最高管理层到最下层。

挪威国家石油集团公司(Statoil)的战略目标

a. 无事故、无伤害和无损失;

b. 所有业务活动中都在维护健康、保护环境和确保安全的前提之下开展。

(2)国内企业实例。

中国石化集团公司的 HSE 方针是:

安全第一，预防为主；全员动手，综合治理；改善环境，保护健康；科学管理，持续发展。

中国石化集团公司的 HSE 目标是:

追求最大限度地不发生事故、不损害人身健康、不破坏环境，创国际一流的 HSE 业绩。

## 二、“计划”过程中的要素

在这一阶段，根据国家和企业的有关标准，一般包括四个要素，分别为“危害识别与风险评价”、“法律法规和其他要求”、“目标”、“管理方案”。这些要素，都是为下一步各项工作的开展和实施打下基础，是一个前提。没有这些要素的有效运作，以后在实施方面也不会取得良好的效果。

### (一)“危害识别与风险评价”要素

企业应建立危害识别与风险评价的制度或程序，并坚持开展，不流于形式，形成长效制度。这一制度或程序用来确定其各项活动、产品或服务中的危险因素和环境因素，持续进行危害识别、风险评价，从而采取控制预防措施。

开展危害识别和风险评价所针对的范围包括：

(1)常规和非常规的各项工作和活动。常规工作指的是定期、经常性的、有计划的工作和活动，例如：日常的生产制造行为属于此类；非常规工作或活动指的是临时的、不定期开展的工作或活动，例如：临时设施的搭建、企业内组织文艺演出等。

(2)所有进入工作场所的人员(包括企业外的任何人员)的活动。既包括企业本身工作人员的活动，也包括企业外人员进入企业的活动，例如：其他企业或政府有关人员在企业的参观活动等。

(3)对企业工作和活动相互影响的环境因素。例如：沙漠、海洋、寒冷、酷热环境等。

企业进行危害识别和风险评价所采用的方法各有不同，但都应遵循相关的国家标准，采用通行、普遍、成熟的安全评价方法。

**(二)"法律、法规及其他要求"要素**

企业应当按这一要素要求，建立识别、取得和更新"法律、法规及其他要求"的制度或程序。

这一要素包括识别、取得、更新三方面内容。识别指通过识别适合于本企业应当遵守的法律、法规、标准和其他要求的目录和明细内容，使企业了解在各项工作过程中必须遵守什么，哪些行为是禁止的，应达到什么样的要求，使企业有一个正确的发展方向。

取得指企业有固定的渠道获得或取得最新的法律、法规、标准和有关要求，能够及时获得这些信息，避免出现法律、法规、标准已经修改了，而企业没有及时获得这方面的信息，还在执行失效的法律法规等。目前，我国的法律法规和标准修改比较频繁，这项工作就尤显重要。

更新指的是根据最新的法律、法规和标准对已识别的这一要素内的相关内容进行更改并公布，使与之有关的人员工作能够及时了解更改的内容。

**(三)"目标"要素**

企业在不违背和不低于总体方针目标的情况下，在其内部各个层级的单位或部门应建立自己的 HSE 目标。这些 HSE 目标，应结合实际，尽量量化，可操作性强，并符合各种相关的要求。定期制订和修正 HSE 目标，形成制度或程序，建立相关文件资料并存档。

**(四)“管理方案”要素**

企业应当根据自己制订的目标，制订为实现这一目标而采用的管理方案，通常指实施计划(方案)。它一般应包括实现目标的时间计划表和所采用的方法，相关人员职责，具体实施计划等。管理方案应当根据条件和情况的变化及时进行修订。

以上是在计划阶段所包括的四个要素，有的企业和个人结合具体的企业情况可能采用不同的划分方法和表述，但其主旨思想和理念都是相同的。

## 三、“实施”过程中的要素

这一阶段，体系中一般包括 10 个要素，分别为“机构和职责”、“培训、意识和能力”、“协商和沟通”、“文件化”、“文件和资料控制”、“运行控制”、“设计和建设”、“承包商和供应商管理”、“变更管理”、“应急管理”。

这些要素，直接反映企业运行过程中应当遵循的体系要求，体现出运行质量的好坏，是非常重要的方面。企业在组织运行过程中应当注重消化吸收，结合企业特点，形成自己有效的运行体系。

**(一)“机构和职责”要素**

一个企业肯定或大或小都有自己的各种机构，也有参差不齐的职责。在通过建立 HSE 管理体系过程中，就要对这些所有机构和职责进行规范化，并制定成制度。

建立组织机构的作用是把负责 HSE 事务的人员联系在一起，形成一个有机的整体，形成一个层次分明、由上而下的管理网络体系。

平时常说，企业内的最高管理者是安全第一责任人，HSE 管理体系中包括安全，当然，企业的最高管理者也是 HSE 的第一责任人和最终责任承担者。一般企业还会在最高管理层中指定一名成员作为管理者代表，具体负责整个 HSE 管理体系的实施和运行。企业应当根据这一要素建立、保持并不断完善确保 HSE 正确实施的组织机构，同时对其他相关人员根据层级和岗位的不同确定相应的职责，做到机构运行高效，岗位职责明确，有岗位就有职责。

### （二）“培训、意识和能力”要素

一般来讲，企业对员工都有不同层次的培训，但是培训的效果和制度化方面水平差异较大。企业应当根据这一要素，建立起规范的培训制度或程序，重点对各层级的员工的技能和意识进行培训，形成制度化，长期坚持开展，使他们掌握良好的安全技能，具备良好的安全意识，从而养成良好的工作习惯。

在制订培训计划和制度时，要考虑培训对象和培训内容的针对性，对各个层次的不同岗位人员分别采取适宜、有效、不断的长效培训机制。

### （三）“协商和沟通”要素

每个企业都有各种与员工协商和沟通的方式，也有与其他相关外部机关或单位进行协商和沟通的方式。在 HSE 管理体系中，协商和沟通是一个要素，也就是说，无论是与员工的沟通，还是与企业外部的沟通都应该制度化。有规范的程序，一方面使员工能广泛参与企业的管理事务，及时了解企业情况，另一方面，也能与相关方做到及时沟通和互通情况，树立良好的企业外部形象。

企业在协商和沟通的过程中，应当建立相关的文件和记录，配套相关制度，形成有效的沟通和反馈渠道。

### （四）“文件化”要素

对 HSE 管理体系中各要素在实施和运行过程中，建立专门的相关文件资料，目前采用电子文档和有纸化的形式建立。使用电子文档，可以方便在网上查阅，如果建立专门的网站，用信息化手段，将大大提高管理水平。

对体系文件，要送相关各方使用和备案，修订的文件也应当及时送达或下发相关各方。这一要素强调的是要采用文件化的方式来记录各项工作，做到事事有记录，记录反映工作的原始过程。

(五)“文件和资料控制”要素

在建立 HSE 管理体系过程中，会相应建立许多文件和资料。对这些文件和资料要进行专门地管理，发挥有效的作用，例如：对所有建立的体系资料分类系统地建档和管理，易于查找、取用和填写；对其中的文件和资料有关格式定期讨论修订，更具可操作性；对所有应当下发到有关岗位的 HSE 资料和文件及时到位，以辅助体系的有效运行；定期或不定期对文件和资料进行检查或审查，及时回收已经过时或失效的文件和资料。根据这一要素，形成一套规范的文件和资料管理制度和程序，及时下发、更新、回收、公布、存档，使文件和资料管理做到规范化。

(六)“运行控制”要素

企业对各项工作和活动进行分类和识别，事前制订控制和预防事故、消除或降低 HSE 危害的措施、方案、制度或程序等。根据自己的实际情况和工作性质、工作危险性大小、难易程度，可将工作分为不同的类别。如：日常工作、较大复杂的工作、临时性工作、外协工作等，针对这些不同的工作，制订不同的运行和管理规则，将具体工作与“危害识别”要素中所识别出的危害结合在一起，采用控制措施。

“运行控制”主要针对具体的生产操作，尤其是可能引发重大事故的活动，应予以规范和控制，制定相应的程序、操作规程，明确规定运行标准和要求，特别是对容易引起差错的工作和活动要制订文件化的管理程序。

在运行控制方面不仅要考虑设施、设备及人身安全，还应考虑对环境的保护和人员健康的保障，对废物、废水、噪声、粉尘等进行有效的控制，采取措施将影响降低到最低限度。改善作业条件，提供必要的职业卫生防护设施和用品，最大限度地降低职业危害。

在“运行控制”要素中需要一套完善的管理制度和程序，应结合企业自身的实际，在现行有效的管理制度的基础上，运用先进、科学的管理思想和管理技术，不断改进运行控制效果。

### （七）“设计和建设”要素

企业应当在“设计和建设”过程中，制订并实施对新建、改建和扩建项目的规划、设计、建设施工、试运行及投产所应遵循的制度和程序。

在新建、改建、扩建项目时，应按照“三同时”即劳动安全和环境保护设施要与主体工程同时设计、同时施工、同时投入使用的原则，采用国际或国家、行业标准进行设计、设备采购、安装和试运行，确保工程质量合格，在运行寿命期间保持良好的运行状态。

1. 设计阶段

（1）安全预评价和环境影响评价。新建、改建和扩建项目在可行性研究阶段应进行安全预评价和环境影响评价，安全预评价和环境影响评价经有关部门批准后，新建、改建和扩建项目正式进入可行性研究的批复。

（2）资质和审核。所有工程项目的规划、设计、施工与控制管理机制及程序，应形成文件。

从事项目设计、施工管理和环境影响评价工作应由取得相应资质证书的单位承担。

劳动安全卫生与环境管理人员应参与项目的设计审查与竣工验收。

初步设计的安全卫生环保篇应由 HSE 相关部门审核。

设计施工图纸应由 HSE 相关部门审查批准签章，设计人员要具备相应资质。

2. 建设与验收阶段

（1）设备（设施）采购与安装。建设中的设备（设施）采购和安装应符合国家或行业标准的有关要求，建立文件并保存。

（2）阶段风险评估。从工程设计到试运行的各个阶段，都应进行风险评估，采取有效措施控制风险，最大限度地预防和减少各类事故和职业病的发生及对环境的影响。

（3）试运行。应制定新建、改建或扩建工程的试运行审查程序并形成文件。审查内容包括验收工程与设计要求是否一致；HSE 防范措施是否到位；员工培训是否已完毕；规章制度是否建立、健全等，审查过后应形成记录文件。

(4)实际变更。建设(施工)与设计标准发生的变更必须得到国家主管部门、公司的审核和认可，并建立文件予以保存。

(5)验收。建立规范的项目验收程序，可分为有关政府部门验收、专业机构验收、企业内部组织的验收，都应当有规范的验收制度和程序，验收后建立专门的验收资料。

对改建和扩建项目要向新建项目一样重视和严格管理，甚至比新建项目还要严格和细致，因为改建和扩建项目在现有的设施基础上进行，施工难度更大，更复杂。

### (八)“承包商和供应商管理”要素

每个企业在运行过程中可能与其他企业发生合作、委托、购买等关系，也就是通常所说的，工程中甲乙方关系，买卖合同中的买方和卖方的关系等。企业建立与这些承包商和供应商沟通、合作、管理的制度和程序，并注重承包商和供应商在 HSE 方面的表现和业绩。

在承包商管理方面，一般应当针对承包商资格预审、选择承包商、开工前的准备、作业过程监督、承包商 HSE 表现评价等环节制订相应的制度和程序，达到与符合要求的承包商良好合作的目的，防止和避免整个工程施工过程中发生事故，给合作双方带来损失和不利的影响。

在供应商管理方面，因为供应商提供的原料、材料、设施、设备质量和售后服务情况的好坏，会直接影响到业主和承包商的 HSE 管理质量，所以，对供应商在资格预审、选用、续用、产品质量、服务方面制订严格的管理制度和要求，以确保满足业主的产品需求和 HSE 要求。

### (九)“变更管理”要素

企业的生产经营是不断变化的，生产经营中的各种因素如：人员、工作场所、工作程序、工艺、操作程序等也在不断变化之中。针对这些变化，企业应当建立起严格的管理制度和程序。许多事故就是因为一些因素发生了变更却没有相应地做出应对和改变从而酿成事故，所以对这些变更要分类别建立不同的详细的管理制度和程序，包括对变更后的培训，变更的批准和通知等等。

### （十）“应急管理”要素

每个企业在生产运行和服务过程中，都可能发生各种不同的意外情况或紧急情况，例如发生火灾、爆炸、触电、坠落、断电等事故，为了减少这些意外造成的损失，企业应当建立并完善应急管理机制，认真编制企业的应急预案和相应的响应级别（处理机制），一旦发生意外，视情况不同启动相应的应急预案。应急预案中应针对不同情况，详细记载处理的预案，例如：内部应急机构建立，哪个部门参与，对外如何联系与协调，如何急救、救援、如何疏散等等。

应急管理中不仅要有预案，还要定期组织演练，并做好相应的记录，同时针对应急演练中的不足，及时纠正，并修订相应的预案。

## 四、“检查”过程中的要素

在“检查”过程中的要素主要有：“检查和监督”、“绩效测量和监视”、“事故、事件、不符合、纠正和预防措施”、“记录和记录管理”。这方面的要素是衡量体系运行有无偏差，是正确实施的保障。

### （一）“检查和监督”要素

为保证HSE管理体系的有效实施，企业应当建立和完善检查和监督制度或程序。企业内有机构和人员对HSE运行状况进行检查和监督。依据国家和企业的法律、法规、标准、制度及文件，制定专门的检查表，组织有效的检查和实施监督。

检查又有许多种类和方法，其中的常规检查可分为日常、定期、专业、不定期四种方式。企业可根据实际，制订行之有效的检查方法，而不流于形式。

检查和监督要素实施关键就在于建立完善的检查监督考核机制。该机制在企业内应自上而下建立，目的是保持和强化正确的HSE行为，控制和消除错误的HSE行为。

通过检查和监督，把所有的资料与情况进行汇总，然后进行严肃认真的考核，考核机制的重点是制定和实施 HSE 管理工作的考核奖惩制度，以支持检查监督活动，保持 HSE 管理体系的运作。

**(二)“绩效测量和监视”要素**

企业在生产运行过程中，建立并完善绩效考评制度和程序，以了解 HSE 体系运行有无偏差，并对测量、监控及考评情况进行记录。

企业中常用的绩效测量方法有：利用检查表等进行系统的作业场所检查；HSE 检查；特殊机械和装置等设备的检查与检验；作业环境测定；行为抽样检查；有害作业工人的健康检查；事故、事件、职业病统计分析；各类文件和记录的分析等。

**(三)“事故、事件、不符合、纠正和预防措施”要素**

针对事故、事件和各种与 HSE 体系不符合的地方都要进行调查和处理。

1. 事故处理和预防

在事故处理和预防方面，企业应建立事故报告、调查和处理的制度和程序，所制定的制度和程序应保证能及时地调查、确认事故发生的根本原因。根据事故的原因，制定出相应的纠正和预防措施，防止类似事故再次发生。

事故的分类、事故的等级和损失计算、事故的报告、调查、责任划分、处理等程序应按国家和公司的有关规定执行。

(1)事故处理包括事故调查、事故处理、事故报告三方面。

①事故调查。对所发生的任何事故，包括可能的事故苗头都应进行调查、分析，查明事故原因，制定防范措施。在事故调查处理过程中，应尊重客观事实提供事故环境的真实记录，听取相关方的意见，确保调查结果准确无误。

②事故处理。应坚持“四不放过”原则，即事故原因没有查清不放过；事故责任者没有严肃处理不放过；广大职工群众没有受到教育不放过；防范措施没有落实不放过。

③事故报告。主要资料包括：所有受伤、职业病或不利的环境影响的详细情况；受影响的或受伤的人员的详细情况；对发生事故

时当时情况的说明；事故的详细情况；结果的详细情况；可能的后果；HSE 管理体系的缺陷对事故的影响。

事故发生后，按事故等级和分类逐级上报，环境污染事故按国家有关规定上报。事故结案时，应将事故调查处理的过程及结论上报上级部门。

(2)事故预防。根据事故调查所分析的事故原因和责任，制定事故预防措施，应包括：

①工程技术措施。对设备、设施、工艺、操作等从 HSE 管理的角度考虑设计、检查和保养等措施，减少和消除不安全状态。

②教育措施。通过不同形式和途径的安全教育，提高员工预防事故的意识和技能，规范员工的安全行为。

③管理措施。进一步贯彻实施有关法律法规、标准、规范，制定或修订、完善操作规程。

2. 事件的处理和预防措施

各种不安全事件或者险肇事件大量地发生，但往往被忽视，人们对事件的处理和预防远没有比事故的处理和预防重视。事故发生的一个重要原因是建立在大量不安全事件的基础之上的。企业应当对不安全事件的管理、分析和预防，建立和完善相应的制度和程序，也按照对待事故的态度和方法对待不安全事件，将事故苗头消灭在萌芽状态。

3. 不符合纠正与预防措施

企业按 HSE 体系要求，应当建立和完善关于各种不符合纠正和预防的制度和程序。

凡与 HSE 管理体系要求不相符合的情况都属于这里所指的不符合。包括：任何能直接或间接造成伤亡、职业病、财产损失或环境污染的事故和事件；违背国家、企业的标准、规章制度、操作规程的行为；与管理体系要求产生的偏差；违章指挥、违章作业、违反劳动纪律的情况等。其中的事故和事件管理按专门的管理程序处理和预防，对其他情况的不符合，也应当采取纠正和预防措施。

纠正措施指为了防止已出现的不合格、缺陷或其他不希望的情况的再次发生，消除其原因所采取的措施。预防措施是为了防止潜在的不合格、缺陷或其他不希望的情况的发生，消除其原因所采取的措施。

企业通过开展各种检查和监督，定期或不定期审核、管理评审发现不符合的地方。根据不符合情况，制定并采取纠正措施，视情况修改程序以预防不符合情况的再次发生，并通知有关人员，实施修改后的工作程序。

对于违章指挥和违章操作应及时予以纠正，对严重违章部门和有关人员按有关规定给予处罚。

**(四)"记录和记录管理"要素**

对 HSE 管理体系中的各项活动应当进行记录，建立确保有效记录的制度和程序。对各项工作和活动做到事事有记录，记录字迹清楚，标识明确，保存完好，便于查阅。对各种记录资料按相应规定进行保存。

针对这一要素，要注意它与 HSE 管理体系实施过程中的"文件化"与"文件和资料控制"要素的区别。

## 五、"改进"过程中的要素

企业应按适当的时间间隔对 HSE 管理体系进行审核和评审以确保其持续的适应性和有效性，建立相应的制度和程序来保障。

**(一)"审核"要素**

审核是检验 HSE 管理体系运行情况的有效手段，它既可以对一个体系全部实施审核，也可对一个要素、一项活动或一个过程实施审核。

管理体系运行中的审核活动，作为持续改进中的一个环节，是出于自我完善体系的需要，由企业发起的。一般由各个层级的最高管理者或管理者代表发起，组成专门审核组来完成审核工作。

1. 审核的内容

(1) HSE 管理体系的要素和活动是否与计划安排相一致，是否被有效实施；

(2) 在履行 HSE 方针、实现 HSE 目标和 HSE 量化指标过程中，HSE 管理体系的有效性；

(3)HSE 管理体系与有关法规的符合性。

2. 审核的程序

(1)进行审核前的准备；

(2)建立审核准则；

(3)明确审核重点；

(4)确定审核组织和参加审核人员的要求；

(5)制定审核方法和步骤；

(6)审核记录的管理；

(7)审核结果的通报；

(8)不符合情况及纠正措施。

3. 审核的实施

审核的实施一般包括：举行首次会议，开始审核；现场收集证据，记录审核发现；对照标准、文件要求，确定不符合项；举行末次会议，宣布审核结果。

HSE 管理体系的审核分为：

第一方审核：(自己审核自己)称为内审。内审主要是 HSE 管理体系正常运行和改进的需要；为第二方、第三方审核前的准备，也是一种管理手段。

第二方审核：(一般情况下是合同的接受方审核)称为外审。其主要目的是为了选择好的承包商、供应商或合作伙伴。

第三方审核：(取得相应资格的认证机构)称为外审。该审核机构派出具有一定资格的审核员，按一定的审核程序对受审核方体系实施审核。

企业一般应每年进行一次内部审核，每三年进行一次第三方审核，必要时可适当增加审核次数。

**(二)“管理评审和持续改进”要素**

管理评审主要针对有关安全、环境与健康管理中存在的问题，方针、法规以及因外部条件改变而提出新目标。它是企业高层管理人员对体系的全面检查，是保持体系有效运行和实现体系持续改进的重要手段。目的是要求企业的最高管理者依据自己预定的时间间隔对职业安全健康管理体系进行评审，以确保体系的持续适宜性、充分性和有效性。

1. 评审内容

评审内容主要有：HSE 承诺的实现程度。HSE 管理体系文件与实际活动的适宜性、充分性和有效性。方针和目标及管理措施的实施情况，有无改进的必要，针对事故、重复事故和其他单位事故的分析，来改进 HSE 管理体系。对 HSE 管理体系所需的资源，高层管理者是否大力支持和提供。关键过程或装置的风险控制情况。应急预案的有效性。

2. 评审程序

HSE 评审的程序主要有：评审的准备，如制定评审计划、收集有关文件资料等。评审的实施，有由最高管理者主持召开评审会议和现场评审两种方式。编制评审报告，其内容主要有：评审概况(日期、单位和评审人员等)、评审内容、评审过程中发现的不符合项、评审结论、评审后的工作打算和要求等。评审报告经最高管理者批准后，印发给有关单位和人员。

3. 审核与评审的区别

评审与审核的行为对象都是安全、环境与健康管理体系，它们的不同之处主要表现在以下几个方面：

(1)评审的行为主体是最高管理者，审核的行为主体是审核组。

(2)评审的目的主要是评价体系的充分性、适宜性和有效性，审核的主要目的是检查体系是否按规定要求运行。

(3)评审与审核在过程、程序、方法上也存在很大差别。

4. 持续改进

对审核和评审过程中发现的问题分类进行改进和修订，对最终的审核报告和评审报告的结果、结论等要在体系运行过程中予以体现。它表示着体系是本轮循环的结束和下一个循环的开始，不意味着结束，是一个螺旋上升过程新的开始。

安全、环境与健康管理体系的基本思想是实现持续改进。是一个对管理体系不断强化的过程，周而复始地进行“计划、实施、检查、改进”活动，也就是反复进行 PDCA 循环。由此，体系功能不断强化，才能使公司安全、环境与健康表现不断改进。

企业根据审核和评审的结论和建议，本着持续改进的原则，不断地完善 HSE 管理体系，实现动态循环，不断提高企业的 HSE 管理水平，最终实现持续改进。

以上是对 HSE 体系要素的一个简介，文中是根据国家标准和一些企业的现行做法而选择了有代表性的要素。HSE 管理体系是一个系统的体系，各方面内容比较多，包括的要素也比较多，每个要素又包含着许多具体的内容，不可能面面俱到，需要企业在具体推行过程中结合实际来应用和创新。

## 第四节 HSE 管理体系建立步骤

企业在建立 HSE 管理体系过程中，是按照体系要求的方法和内容在企业现有的安全、环境管理基础上予以补充、完善以及实施的过程。企业好的做法应当注重吸收和发扬，有缺陷的地方应当注重改进和完善。对于不同的企业，由于其生产经营性质和原有基础的差异，建立 HSE 管理体系的过程不完全相同，但总体上，建立体系过程的基本步骤是一致的。

在建立 HSE 管理体系过程中一般经过的步骤包括前期准备、初始状态评价、体系策划与设计、文件编制、体系试运行、评审完善。

### 一、前期准备

一个完整体系的建立是一项系统工程，需要一个统筹的规划和全面的考虑。前期准备一般包括领导层决策与准备、建立组织机构、宣传和培训几方面的工作。

#### （一）决策与准备

建立 HSE 管理体系需要领导者的决策，特别是最高管理者的决策。只有在企业的最高管理层认识到建立管理体系必要性的基础上，在决定投入人力、物力各种资源支持的情况下，才有可能在这一决策下开展这方面工作。

### (二)建立组织机构

建立组织机构是前期准备工作的重要内容，企业的决策层决定建立 HSE 管理体系后，就要从机构上给予保证，成立专门的体系组织机构，如成立领导小组，任命管理者代表，组建专门工作机构，配备相应的人员等。

### (三)宣传和培训

HSE 管理体系的建立是转变传统观念，提高健康、安全与环境意识的过程，是提高管理技能的过程，因此，应当进行宣传、教育和培训工作。目的是促进全体员工对管理体系的认识了解，提高思想认识，掌握基本知识。开展宣传和培训过程中要注意统一计划、分清层次、重点突出、循序渐进、有针对性地采取多种方式进行。

## 二、初始状态评价

开展初始状态评价目的是为了了解和摸清企业现有的状况，为体系的全面建立和实施提供基础。

初始状态评价的主要内容有：

(1)明确适用于企业的法律、法规及其要求，并评价企业的 HSE 行为与各类法律法规等是否相符。

(2)识别和评价企业活动、产品或服务过程中影响员工的健康因素、危害因素和环境因素。

(3)评价现有的 HSE 组织机构、职责划分以及现有的 HSE 管理制度的有效性。

(4)审查所有现行的 HSE 活动与程序，评价其有效性。

(5)对以往事故、事件进行调查处理情况进行评价。

(6)评价现有投入到 HSE 管理中的资源的作用和效率。

(7)识别判断现有管理机制与标准之间的差距。

具体开展初始状态评价时，应当确定评价范围和要求，成立专门评价组，制定计划，分步实施，最后出具 HSE 初始状态评价报告。

## 三、体系策划与设计

通过初始状态评价，了解了企业目前的管理现状后，应当依据相关法律法规和标准，结合企业实际情况，开始进行 HSE 管理体系的策划和设计工作。

在开展策划和设计时，要经过设计调研，确定设计原则，确定体系建立的总体设计方案，组织评审方案，方案修订和批准等过程，为下一步文件编制和组织实施打下基础。

## 四、文件编制

根据体系策划和设计的方案，按 HSE 管理体系的要求，组织专门机构、人员编制相应的体系文件。体系文件的结构和方式，可根据方案中的不同层级和企业实际确定采取相应的形式，一般情况下有管理手册、程序文件、作业指导书和作业计划书等方式。

## 五、体系试运行

体系文件编制完成，为检验其有效性、适宜性、可操作性，按体系要求开展试运行。在此阶段，每个层面上都要全面运行 HSE 管理体系，每个环节都要按程序办事，充分发挥体系本身的各项功能。在运行中应做到，事事有人管，人人有专责，事事有程序，事事有记录，检查有标准，问题有处理。对试运行中暴露的问题，及时沟通、研究和记录，为进一步完善 HSE 管理体系提供依据。

## 六、评审完善

经过试运行一个阶段后，组成评审组，对体系的全面运行进行评审。通过评审，对发现的问题，找出原因，纠正不符合项或改进完善 HSE 管理体系。评审完善的目的是确保建立的 HSE 管理体系具有可操作性、适用性、有效性。经过评审完善后，组织全面实施。

# 第五节　管理体系介绍

前面介绍的无论是 HSE 管理体系，还是职业安全卫生管理体系，都是企业管理体系中的一种或者是一个方面。在企业管理中，有许多管理体系标准。国际标准化组织(ISO)制定了一系列的标准，得到了广泛认可的成功应用，而且随着体系的深入推广，存在着一体化的趋势。因此，对管理体系应有一个比较全面的了解。

为了对管理体系有一个更清晰、比较全面的了解，本节介绍一下这几种管理的区别和联系，主要介绍 ISO9000 质量管理体系(QMS)，ISO14000(EMS)环境管理体系、职业安全卫生管理体系(OHSMS)以及区别和联系。

## 一、国际化标准组织(ISO)

在介绍各种体系之前，首先介绍一下国际化标准组织。

国际标准化组织英文缩写为 ISO，它是一个制定国际标准的国际组织，英文全称是 International Organization for Standardization。

ISO 是世界上最大的国际标准化组织。它成立于 1947 年 2 月 23 日，它的前身是 1928 年成立的“国际标准化协会国际联合会”(简称 ISA)。ISO 负责除电工、电子领域之外的所有其他领域的标准化活动。

另外，IEC 也是国际上的标准化组织。IEC 即“国际电工委员会”，1906 年在英国伦敦成立，是世界上最早的国际标准化组织。IEC 主要负责电工、电子领域的标准化活动。

ISO 确立的宗旨是“在世界上促进标准化及其相关活动的发展，以便于商品和服务的国际交换，在智力、科学、技术和经济领域开展合作。”现有 117 个成员，包括 117 个国家和地区。其最高权力机构是每年一次的“全体大会”，其日常办事机构是中央秘书处，设在瑞士的日内瓦。

ISO 通过它的 2856 个技术机构开展技术活动。其中技术委员会

(简称 TC)共 185 个，分技术委员会(简称 SC)共 611 个，工作组(WG)2022 个，特别工作组 38 个。例如：TC176 即 ISO 中第 176 个技术委员会，它成立于 1980 年，全称是“品质保证技术委员会”，1987 年又更名为“品质管理和品质保证技术委员会”。TC176 专门负责制定品质管理和品质保证技术的标准。ISO 的 2856 个技术机构技术活动的成果(产品)是“国际标准”。ISO 现已制定出国际标准共 10300 多个，主要涉及各行各业各种产品(包括服务产品、知识产品等)的技术规范。

1971 年，ISO 成立了“认证委员会”(CERTICO)，1985 年，易名为“合格评定委员会”(CASCO)，促进了各国产品品质认证制度的发展。

现在，全世界各国的产品品质认证一般都依据国际标准进行认证。国际标准中的 60% 是由 ISO 制定的，20% 是由 IEC 制定的，20% 是由其他国际标准化组织制定的，还有的是依据各国自己的国家标准和国外先进标准进行认证的。可见，ISO 制订的标准影响和应用十分广泛，在促进国际交往和贸易方面起到了促进作用。

## 二、ISO9000 质量管理体系简介

### (一)产生背景

为了提高产品质量，人们对产品制订了产品标准，包括很多企业标准和国家标准。随着社会的发展，这些标准还不能完全满足客户的要求和需要，客户希望拿到的产品不仅要求当时检验是合格的，而且在产品的全部生产和使用过程中，对员工、设备、方法和文件等一系列工作也提出了明确的要求。通过工作质量来保证产品实物质量，最大限度地降低产品隐含和潜在的缺陷。

ISO9000 系列标准主要是随着国际贸易的发展，为了促进国际贸易而发布的，是买卖双方对质量的一种认可，是贸易活动中建立相互信任关系的基石。现在许多国家把 ISO9000 族标准转化为自己国家的标准，鼓励、支持企业按照这个标准来组织生产，进行销售。而作为买卖双方，特别是作为产品的买方，希望产品的质量当时是

好的，在整个使用过程中，它的故障率也能降低到最低程度。即使有了缺陷，也能给用户提供及时的服务。

ISO9000 标准产生的历史背景主要有：

(1)科学技术和生产力的发展，是形成和产生 ISO9000 族标准的社会基础。随着生产力的发展，产品结构日趋复杂，商品一般都通过流通领域销售给用户，这时，用户很难凭借自己的能力和经验来判断产品的优劣程度。生产者为了使用户放心，采用了对商品提供担保的对策(如我们常见的“三包”)，这就是质量保证的萌芽。

(2)ISO9000 系列标准是世界质量管理发展最新阶段的必然产物。在世界范围内，质量管理的发展先后经历了质量检验、统计质量控制和全面质量管理三个阶段。尤其是 20 世纪 60 年代初美国的质量管理专家菲根堡姆博士提出的全面质量管理的概念逐步被世界各国接受，并不断完善、提高，为各国质量管理和质量保证标准的相继产生提供了坚实的理论依据和实践基础。

(3)世界各国质量保证的成功经验，推动了 ISO9000 族标准的制定和发展。1959 年美国国防部发布 MIL－Q－9858A《质量大纲要求》，这是世界最早的质量保证标准。美国军工产品质量优良，发展很快，与制定和实施这些标准是分不开的。在军工生产中的成功经验被迅速应用到民用工业上，首先是锅炉、压力容器、核电站等涉及安全要求较高的行业，之后迅速推行到各行各业中。

(4)国际经济贸易事业的发展，加速了 ISO9000 系列标准的产生和推广。20 世纪 60 年代后，国际经济交流蓬勃发展，贸易交往日趋增加，有关国际间产品质量保证和产品责任的问题引起了世界各国的普遍关注，而世界各国间贸易竞争的日益加剧也使不少国家把提高进口商品质量作为保护主义的重要手段，迫使出口国不得不用提高质量的办法来对付贸易保护主义。这就加速了 ISO9000 系列标准的产生和推广。

(5)企业生存和提高效益的需要是产生 ISO9000 系列标准的重要原因。企业为了生存和发展，获得更大的经济效益，除重视质量管理和内部质量保证外，还应重视外部质量保证。为避免因产品缺陷而引起质量事故，赔偿巨额钱款，宁可先投入一定资金，走预防为主的路线。这就促进了 ISO9000 系列标准的产生、形成和贯彻，也是 ISO9000 族标准的真缔所在。

因此，世界各国、企业和消费者都要求有一套国际上通用的、具有灵活性的国际质量保证模式，这就是导致质量管理和质量保证国际标准产生的根本条件，也是 ISO9000 系列标准产生的历史背景。

国际标准化组织(ISO)于 1987 年发布了 ISO9000 质量管理和质量保证系列标准。ISO9000 系列标准是国际标准化组织质量管理和质量保证技术委员会(IC176)颁布的质量管理和质量保证国际标准。它的推广实施，对衡量一个企业的质量管理水平和质量保证能力提供了一个共同的标尺。因此，在它发布后的十多年时间里，在世界许多国家迅速得到应用，全球兴起了一股 ISO9000 热潮。目前，全球已有 100 多个国家和地区在积极推广 ISO9000 国际标准，我国也不例外。

ISO9000 系列标准(简称 ISO9000)，是指由国际标准化组织(简称 ISO)中的质量管理和保证技术委员会发布的，并在全世界范围内应用的关于质量管理和质量保证方面的系列标准。该标准是适用于世界上各行业对质量活动进行控制的国际通用准则，其“9000”是一个系列标准的概念，它由一系列的标准组成，并多次修订。其中，对列入强制性监督管理的认证产品(主要是安全性的产品)，必须取得认证资格。例如：电器、玩具、建筑材料、压力容器、防护用品、汽车玻璃等。

在国际贸易过程中，符合 ISO9000 系列标准已经成为买方对卖方的一种最低限度的要求，就是说要做什么买卖，首先看你的质量保证能力，也就是你的水平是否达到了国际公认的 ISO9000 质量保证体系的水平，然后才继续进行谈判。一个现代的企业，为了使自己的产品能够占领市场并巩固市场，能够把自己产品打向国际市场，无论如何都要把质量管理水平提高一步。同时，基于客户的要求，很多企业也都高瞻远瞩地考虑到市场的行情，主动把工作规范在 ISO9000 这个尺度上，逐步提高实物质量。由于 ISO9000 体系是一个市场机制，很多国家为了保护自己的消费市场，鼓励消费者优先采购获 ISO9000 认证的企业产品。可以说，通过 ISO9000 认证已经成为企业证明自己产品质量、工作质量的一种护照。

### (二)发展情况

ISO9000 标准从总体结构可上分为三大类标准：基本标准系列、补充性标准和支持性标准系列。ISO9000 系列具体包括：ISO9000 ~ ISO9004 的所有国际标准，及 ISO9000 和 ISO9004 的各分标准；ISO10001 ~ ISO10020 的所有国际标准，及各分标准；ISO8402。另外，还包括作为合同的用途或作为申请认证使用的标准：ISO9000《质量体系设计开发、生产、安装和服务的质量保证模式》；ISO9000《质量体系最终检验和试验的质量保证模式》。

ISO9000 标准是在不断发展和完善的，自发布以来，经过了数次修订，标准数量逐渐增多，大致修订过程如下：

第一版为 1987 年 3 月 15 日颁布，ISO9000 系列标准只有 6 个。

第二版为 1994 年 7 月 1 日颁布，即 1994 年对上述 ISO9000 系列标准进行了第一次修订。自 1994 年之后，ISO9000 系列标准的队伍不断扩大，至 2000 年改版之前，共有如下 22 个标准和 2 个技术报告，通称为 ISO9000 第二版标准。

第三版 ISO9000 标准于 2000 年颁布。2000 版 ISO9000 系列标准取消了 ISO9002 和 ISO9003，修订后的 ISO9001 和 ISO9004 有很大变化。系列标准中规定了四个核心标准：ISO9000《质量管理体系基础和术语》；ISO9001《质量管理体系要求》；ISO9004《质量管理体系业绩改进指南》；ISO19011《质量和环境管理体系审核指南》。其中 ISO9001 是对企业质量管理体系的基本要求，是认证的依据。ISO9004 是企业质量管理体系业绩改进指南，不是 ISO9001 的实施指南，不能用作认证依据。

ISO9001 和 ISO9004 成为结构相似、协调一致的质量管理标准。

修改后的标准在结构上更趋合理性，更加符合质量管理原理，整个标准集中体现了顾客的需求和以顾客的满意为中心，强化了质量管理的全过程，操作性和实效更强。

自ISO于1987年发布ISO9000系列标准至今，全世界已有近百个国家采用ISO9000标准，获得ISO9000标准质量体系认证的企业超过二十万个，呈现出良好的发展势头。

我国于1987年开始等同采用ISO9000标准，目前，我国被国家认可委员会认可的ISO9000标准认证机构已有百余家，并且还在不断发展。

### （三）适应范围

现在ISO9000已进入世界各国众多行业，尤其是制造业、建筑业、服务业等。

当企业的产品没有适用于质量认证的国家标准或行业标准，或是企业产品多品种、小批量、价值昂贵且要进行破坏性检验的，当对方只要求提供质量体系认证证书时，企业要优先考虑申请质量体系认证。

### （四）实施步骤

一般一个企业实施ISO9000标准有六个步骤。首先，应成立以企业最高管理者为领导的贯彻标准工作小组，选择咨询机构和认证机构。其次，进行多层的质量认证知识培训，全面提高员工素质。第三，组织撰写质量手册、程序文件、作业指导书等质量文件，并由企业领导人签发。第四，要求员工掌握质量体系文件的要求并按要求开展工作。第五，进行质量体系内部审核，对不符合项进行纠正和预防。第六，在体系稳定运行3个月后，向认证机构申请认证。

质量管理是一项永久性的基础工作，企业只有在获得ISO9000后，严格执行其标准，并一步一个脚印，获取更高标准的国际认证，才能真正取得走向国际市场的“通行证”，才能达到现代高品质的要求。

### （五）特点和作用

（1）ISO9000系列标准是一系统性的标准，其涉及的范围、内容广泛，且强调对各部门的职责权限进行明确划分、计划和协调，从而使企业能有效地、有秩序地开展各项活动，保证工作顺利进行。

(2)强调管理层的介入，明确制订质量方针及目标，并通过定期的管理评审达到了解公司的内部体系运作情况，及时采取措施，确保体系处于良好的运作状态的目的。

(3)强调纠正及预防措施，消除产生合格或不合格的潜在原因，防止不合格的事件再次发生，从而降低成本。

(4)强调不断的审核及监督，达到对企业的管理及运作不断地修正及改良的目的。

(5)强调全体员工的参与及培训，确保员工的素质满足工作的要求，并使每个员工有较强的质量意识。

(6)强调文件化管理，以保证管理系列运行的正规性、连续性。

如果企业有效地执行这一管理标准，就能提高产品(或服务)的质量，降低生产(或服务)成本，建立客户对企业的信心，提高经济效益，最终大大提高企业在市场上的竞争力。

## 三、ISO14000 环境管理体系简介

### (一)产生背景

随着社会、经济的不断发展，人口的不断增加，越来越多的环境问题摆在了我们面前：温室效应加剧、酸雨不断蔓延、臭氧空洞的出现、水体不断遭到严重污染、土地大量荒漠化、草原退化、森林锐减、许多珍稀野生动植物濒临灭绝……这一系列的环境问题中，可以说有大部分是由于人为对自然的破坏造成的。这些问题已经危及到了我们人类社会的健康生存和可持续发展，面对如此严重的形势，人类开始考虑采取一种行之有效的办法来约束自己的行为，使各种各样的组织重视自己的环境行为和环境形象；并希望以一套比较系统、完善的管理方法来规范人类自身的环境活动，以求达到改善生存环境的目的。一些发达国家和国际组织在这种情况下率先制定和推出环境管理的法规和标准，并在本国实施。

首先开始酝酿制定这样一套比较系统、完善的管理方法的同样是 ISO(国际标准化组织)。进入 20 世纪 90 年代以后，环境问题变得越来越严峻，1993 年 6 月，ISO 成立了第 207 技术委员会(TC207)，

即：国际环境管理技术委员会，专门负责环境管理工作，负责制定的一个国际通行的环境管理体系标准，主要工作目的就是要支持环境保护工作，改善并维持生态环境的质量，减少人类各项活动所造成的环境污染，使之与社会经济发展达到平衡，促进经济的持续发展。其职责是在理解和制定管理工具和体系方面的国际标准和服务上为全球提供一个先导，主要工作范围就是环境管理体系（EMS）的标准化。为此，ISO 中央秘书处为 TC207 预留了 100 个标准号，标准标号为 ISO14001 ~ 14100，统称为 ISO14000 系列标准。

此后，一个全新的概念——环境管理体系（EMS）产生了。它是顺应国际环境保护的发展，依据国际经济贸易发展的需要而制定的。环境管理体系是一个组织的整个管理体系当中的一个组成部分，包括为制定、实施、实现、评审和保持环境方针所需的组织结构、计划活动、职责、惯例、程序、过程和资源。

环境管理体系这个概念产生以后，经过了 3 年的发展与完善，达到了可以用标准来衡量的程度。于是 ISO 考虑将其标准化，于 1996 年 9 月出台了两个国际标准——ISO14001 和 ISO14004 标准，这是环境管理体系标准化发展史上的一个非常重要的里程碑。

目前正式颁布的有 ISO14001、ISO14004、ISO14010、ISO14011、ISO14012、ISO140406 个标准，并且还在不断地丰富和完善，其中 ISO14001 是系列标准的核心标准，也是唯一可用于第三方认证的标准。

**（二）发展情况**

ISO14000 系列标准颁布后，全世界又兴起一个“ISO14000 热”。

随着 ISO14000 系列标准影响的扩大，迅速被许多国家所采用，我国也积极采用了这一标准，制订了等同采用的 GB/T 24000—ISO14000 环境管理系列标准，并于 1997 年 4 月 1 日开始实施。

1995 年 4 月欧共体开始实施 EMAS（欧洲环境管理和审核体系），它较 ISO14000 系列标准要早。ISO14000 系列标准出台后，欧洲标准化委员会在修订标准的过程中尽量与 ISO14000 保持一致，最终实现了将 ISO 标准采纳为欧洲标准的目的。1996 年 9 月，欧洲标准化委员会通过了将 14001 转化为欧洲标准的决议，并同时转化了 ISO14010、ISO14011 和 ISO14012 几个环境审核标准。虽然，ISO 标准与 EMAS 之间还存在差异，但最终将得到相互认可。

## （三）适用范围

该标准适用范围同样非常广泛，不仅适用于制造业和加工业，而且适用于建筑、运输、废弃物管理、维修及咨询等服务业。

## （四）实施步骤

ISO14000 体系由五个要素组成，即：环境方针、策划、实施和运行、检查和纠正措施、管理评审。体系认证之标准为 ISO14001，这是系列标准中的核心部分。其他标准则是其技术支撑文件，以保证环境体系审核，认证活动规范化并与国际接轨。

体系的推行有其相通性，ISO14000 体系的推行与 ISO9000 体系推行的过程是相同的，同样包括六个步骤。首先，应成立以企业最高管理者为领导的贯彻标准工作小组，选择咨询机构和认证机构。其次，进行多层的质量认证知识培训，全面提高员工素质。第三，组织撰写质量手册、程序文件、作业指导书等质量文件，并由企业领导人签发。第四，要求员工掌握质量体系文件的要求并按要求开展工作。第五，进行质量体系内部审核，对不符合项进行纠正和预防。第六，在体系稳定运行 3 个月后，向认证机构申请认证。

## （五）特点和作用

ISO14000 系列标准是为促进全球环境质量的改善而制定的。它是通过一套环境管理的框架文件来加强企业的环境意识、管理能力和保障措施，从而达到改善环境质量的目的。它目前是企业自愿采用的标准，是企业的自觉行为。在我国是采取第三方独立认证来验证企业所生产的产品是否符合要求。

ISO14000 的实施，有利于企业提高整体素质和环境管理水平，由对环境的事后治理转向事前预防与控制，从治标转向治本，从而实现环境优化；有利于企业从生产方式的粗放型管理向效益型管理转变，促使企业行为与经济发展水平同步，提高企业形象和效益。

ISO14000 系列标准的推出，为我们选择了一条开发、生产绿色产品的环保之路。它为我们提供了一套以预防为主，减少和消除产品生产过程中对环境污染的管理办法。推行 ISO14000 标准，可提高我国环境管理水平和全民的环境保护意识，加强环境法制观念，改善我国的环保现状，实现资源合理利用，减少人类活动对环境的影响，保护人类生存和发展环境，最终实现人类社会和国民经济的可持续发展。

## 四、SA8000 体系简介

SA8000 标准是社会道德责任标准的简称(Social Accoutability 8000)。自 1997 年问世以来，受到了公众极大的关注，首先在美欧工商界应用并引起了强烈反响。专家们认为，SA8000 是 ISO9000、ISO14000 之后出现的又一个重要的国际性标准，并迟早会转化为 ISO 标准；通过 SA8000 认证将成为国际市场竞争中的又一重要武器。有远见的企业家应未雨绸缪，及早检查本组织是否履行了公认的社会责任，在组织运行过程中是否有违背社会公德的行为，是否切实保障了职工的正当权益，以把握先机，迎接新一轮的世界性的挑战。企业年度报告和公司宣传册中关于道德责任的陈述逐年增多，这一现象表明，管理与社会责任相结合的需求日益增大。尽管许多组织在运营中并无不道德行为，但却无从评判。而今天，企业行为是否符合社会公德可以根据与 SA8000 要求的符合性予以评判。

SA8000 是世界上第一个社会道德责任标准，是规范组织道德行为的一个新标准，已作为第三方认证的准则。SA8000 认证是依据该标准的要求审查、评价组织是否与保护人类权益的基本标准相符，在全世界所有的工商领域企业均可应用和实施 SA8000。

### (一)制定 SA8000 标准的目的

制定 SA8000 标准的目的是为了保护人类基本权益。SA8000 标准的要素引自国际劳工组织(ILO)关于禁止强迫劳动、结社自由的有关公约及其他相关准则、人类权益的全球声明和联合国关于儿童权益的公约。标准首先给出了对组织和公司进行独立审核的定义和核心要素，确认审核评判的基本原则。

### (二)产生背景

制定 SA8000 标准的起初想法来源于国际商业机构和部分企业、组织、人士对企业社会责任的认识和标准的趋同。社会审核领域在全球范围内正在不断扩展的情况下，有必要对社会道德责任进行审核，在各企业应确立与公众相同的价值观和道德准则，承担社会责任，为此，需要制定社会道德责任标准或规范，并开展审核认证活动。

1996 年 6 月欧美的商业组织及相关组织召开了制定规范的初次会议。该会议在商业(包括大西洋两岸的领先的商业公司)和非政府组织中引起了强烈反响。商界和非政府组织对新标准规范的制定极为关注。会议拟订了制定新标准的备忘录。基地设在伦敦和纽约的英美非政府组织——经济优先领域理事会(CEP)积极参加了制定新标准的最初几次会议，并被指定为维护新标准的组织。随后 CEP 设立了标准和认可咨询委员会(简称 CEPAA)，任务是跟踪、监督、审查新标准制定的进展情况。美国等国家的很多公司对应用新标准反应非常积极。在纽约召开的第一次会议上产生了该标准的草案。最终，SA8000 标准于 1997 年 8 月由美国 CEPAA 所制定完成。

SA8000 的主要内容主要包括：童工；强迫性劳工；健康与安全；组织工会的自由与集体谈判的权利；歧视；惩戒性措施；工作时间；工资；管理体系。

SA8000 认证一般需要 1 年的时间，证书有效期为 3 年，每 6 个月复查一次。

### (三)SA8000 的发展前景

随着对 SA8000 的不断修订和完善，该标准最终将会发展成为一个覆盖道德、社会和环境等范围很广的标准。目前 SA8000 只涉及人身权益以及与健康、安全、机会平等核心要素有关的初始审核。CEPAA 是 SA8000 认证组织的认可机构，也是社会责任标准的版权所有者。于 1997 年 10 月公开发布后，该证便在美国、欧洲(主要为欧盟)一些国家推广开来。

虽然 SA8000 尚未转化为 ISO 国际标准，但它已得到国际认可，更为重要的是，该标准正在激起全球组织界的广泛关注和热情。很显然，企业经认证机构全面、独立地审核后，颁发的社会责任认证证书，将是对该组织道德行为和社会责任管理能力一种有效的认可的方式。SA8000 将是未来国际竞争中企业获得成功的一个重要组成部分。它是管理者将 SA8000 作为道德管理实践的综合工具应用于企业的管理体系中的一种具体方式。

据了解，从 2004 年 5 月起，美国、欧盟一些国家将开始强制推广 SA8000 标准认证，将劳工权利与订单挂钩，而 SA8000 标准约束的主要是劳动密集型产业，如服装、化工原料、纺织等，这无疑将对我国产品出口形成新的挑战，而我国多数企业对这一标准目前还知之甚少。

SA8000 标准认证逐步成为一些出口企业的又一道门槛，成为国际贸易中新的壁垒。新贸易壁垒涉及技术、法律以及行政管理等各个方面和各个部门，国内企业和政府部门须及早应对，提高企业综合竞争力，突破新贸易壁垒。

由于该标准中的许多条件跟我国的劳动保护政策相同，只要完全遵守国家的法律法规，就能基本通过 SA8000 认证。而且，国内很多企业已经走过了初期创业阶段，企业已经具有了一定实力，完全可以实行 SA8000 认证。因此，企业完全有能力从容应对，同时对企业的管理也有一定的促进作用。

## 五、OHSMS 管理体系

职业安全健康管理体系（Occupational Safety and Health Management System，简称 OHSMS）是一个科学、系统、文件化的管理体系，并且能够与企业的其他管理活动进行有效的融合。

本书前面提到 HSE 的产生和发展历程时，曾提到 OHSAS 的产生和相关知识，这里再简单阐述一下。

世界经济贸易活动的发展，促使企业的活动、产品或服务中所涉及的职业健康安全问题受到普遍关注，极大地促进了国际职业安全与卫生管理体系标准化的发展。1996 年 9 月，英国率先颁布了 BS8800《职业安全与卫生管理体系指南》标准。随后，美国、澳大利亚、日本、挪威等 20 余个国家也有相应的职业安全与卫生管理体系标准，发展十分迅速。为此，英国标准协会（BSI）、挪威船级社（DNV）等 13 个组织于 1999 年共同制定了职业安全与卫生（简称 OHSAS）评价系列标准，即 OHSAS 18001《职业安全与卫生管理体系—规范》和 OHSAS 18002《职业安全与卫生管理体系—OHSAS 18001 实施指南》。国际标准化组织（ISO）也多次提议制定相关国际标准。不少国家已将 OHSAS18001 标准做为企业实施职业安全与卫生管理体系的标准，成为继实施 ISO9000、ISO14000 国际标准之后的又一个热点。

为了尽快提高我国安全生产水平，保障广大劳动人民的根本利益，也为了促进国际贸易的发展，符合 WTO 规则的要求，我国于 2001 年 7 月组织了专门起草组，借鉴 ISO9000 和 ISO14000 国际标准的成功经验和先进的管理思想与理论，充分考虑了目前在国际上得到广泛认可的 OHSAS 18001 标准的技术内容，在 1999 年开始试行《职业安全卫生管理体系试行标准》的基础上，起草了国家标准 GB/T 28001《职业健康安全管理体系规范》，并于 2001 年 11 月 12 日正式批准发布，2002 年 1 月 1 日正式实施，2011 年修订发布，2012 年 2 月 1 日实施。

2003 年国家安全生产监督管理局发布了《小企业职业安全健康管理体系实施指南》。它是根据《职业安全健康管理体系指导意见》的要求，并参考了国际劳工组织的《职业安全健康管理体系导则》（ILO - OSH 2001）（以下简称《导则》）和《国际劳工组织职业安全健康管理体系导则 ILO - OSH2001 实施指导手册》（以下简称《指导手册》）而制定的，其目的是为小企业建立职业安全健康管理体系提供技术指导。

OHSAS18000 标准和我国发布的同等标准都具有系统化、可操作性强、可持续改进的特点，作为企业全面管理的重要组成部分，职业安全卫生管理具有十分重要的地位，其特点与 HSE 体系的特点基本是一致的。

目前，OHSAS18000 标准、OHSMS、HSE 标准是不同地域、不同行业所采用的关于职业安全健康管理体系，其精髓都是一致的，内容上差异很小，大部分是相同的，有极高的相容性，其发展必然是同等效力，能够实现互相认证。

## 六、体系间区别与联系

在我国，目前主要有三种管理体系的认证：贯彻 ISO9000 国际标准的质量管理体系认证(QMS)、贯彻 ISO14000 国际标准的环境管理体系认证(EMS)和贯彻 OHSAS 18000 国际标准的职业健康卫生管理体系认证(OHSMS)。另外，SA8000 标准的社会责任管理体系还刚刚起步。

### (一)各体系间的联系

各体系都是企业管理中的一部分，有其独立性，又相互联系。在体系建立和实施过程中有许多相同或相似的地方。

1. 指导思想的一致性

这些体系的产生和建立的目的都是为了规范企业的管理，优化管理，提高管理的水平，促进贸易和交往，所以其指导思想有一致性。在建立和实施过程中，应用了戴明模式，建立 PDCA 循环，实现可持续的发展和改进。

2. 体系内容的相通性

体系内的部分要素和内容可以互用或通用。例如：ISO9000 体系的一些方面经过部分修改就可与 ISO14000 体系共用，新版的 ISO9000 族标准更加体现了两套标准结合使用的原则，使 ISO9000 族标准与 ISO14000 系列标准联系更为紧密了。

HSE 与 OHSMS 基本是一致的，通用性更强。HSE 和 OHSMS 管理体系是两个不同的称谓，体系内容具有极高的相容性。我国石油、石化行业均采用了 HSE 管理体系，除石油、石化企业之外一般推荐实行了 OHSMS 管理体系，从某种意义上讲，HSE 管理体系比 OHSMS 体系在内容上更多，要求上更严一些。

3. 体系建立方法相似性

在体系的设计、建立和具体实施过程中，各个步骤和过程的方法有相似性，一般都要经过先贯彻学习，调查摸底，建立体系文件，试运行，改进完善，申请认证几个阶段，所以，实施过程中企业往往有触类旁通的感觉。

4. 体系构成和认证方法相似

企业在编制文件和实施方案，体系的设计和构成上都非常类似。最终体系建立完成后，对体系审核、认证的工作很相似，都要由国家认可的专门认证机构进行认证，认证合格后颁发证书。

## (二)各体系间的区别

1. 体系针对的对象和出发点不同

从体系针对的对象和出发点上来看，质量管理体系的要求主要站在顾客的角度提出，针对的是产品和服务质量；环境管理体系的要求主要从社会的角度提出，针对环境的影响；职业安全卫生管理体系主要站在员工的角度提出，针对企业职业安全健康。

2. 具体要素所应用的方法和内容不同

每个体系的个别要素在具体的建立过程中，所应用的方法和工具有所不同。每个体系有其自身的要素，必然在个别具体要素的建立上有所差异。例如：ISO14000 管理体系在识别环境因素、评价重要环境因素、制定环境目标、指标等方面与其他体系就不同。

再如：承诺的对象和内容不同。ISO9000 系列标准是保证产品和服务的质量；而 ISO14000 系列标准则要求企业承诺遵守法律、法规及其他要求，并对污染预防和持续改进。OHSMS 要求从健康、安全和环境方面进行承诺。

3. 认证的依据不同

实施各种体系过程中，审核认证的依据不同：ISO9000 标准就是质量体系的根本依据；ISO14000 系列则必须结合各国的环境法律、法规及相关标准，企业的环境行为不能满足国家要求的，也难以通过体系的认证；OHSMS 依据的是体系标准和职业安全健康法律、法规及相关标准。

### （三）体系发展的趋势

1. 不断发展完善和标准化的趋势

各个体系本身在实施过程中，企业和国际组织都在不断地发展和完善，对实施过程中的做法不断总结和创新，体系标准不断修订。在此基础上，各个体系逐步都将走向标准化，各个体系都形成自己统一的国际标准。

2. 广泛应用的趋势

随着人们对体系的认识和国际贸易的发展，各个体系在企业中将越来越得到广泛的应用，具有广阔的发展前景。

3. 一体化的趋势

各个体系在自身健全的基础上，随着企业应用的深入，会产生体系整合一体化的需求，并不断增强。各体系在完成标准化以后，有逐步融合形成一体化标准体系的趋势，目前有的组织和企业已开展这方面的尝试和探索。

# 第三章 HSE 操作实务

建立和实施 HSE 管理体系，并不是全部推倒以前在安全管理方面好的做法，而是吸收以前好的管理方法和做法，扬长避短，在现有的基础上进行整合，有破有立，有可操作性，形成长效机制。

建立了体系，实施的关键在于落实，在具体操作过程中，最重要的环节是体系在基层能够得到真正的贯彻落实，尤其是在班组得到真正的具体的落实，才是一个有活力、有效的体系。

针对一个班组，作为一名班组长在实际 HSE 实施操作过程中，具体应做好哪些事情，做到什么程度呢？本部分重点介绍一些具体实践过程中的做法，以利于整个体系在班组中的贯彻落实，得到有效的执行。由于各行业、企业的差异，班组在具体应用的过程中可能有些差异，参考以下具体做法时，应当和本企业的实际情况相结合，才能保证更有操作性和实效性。

## 第一节 班组安全管理模式

### 一、概述

班组安全管理模式，是指企业在班组安全管理过程中，或者在包括安全工作在内的更广泛意义上(例如：安全、健康和环境管理方面)的管理理念、方法、做法和经验，在此基础上形成的管理模式。这一模式的应用将有助于班组安全管理的长效机制的建立。

企业在班组安全中总结了一些好的管理方法和经验，本书前面做过一些班组管理经验的介绍。有的企业逐步形成了自己的班组安全管理模式，在此基础上坚持不懈地开展好这项工作，使班组安全管理的长效机制真正在班组内形成，并发挥积极作用。

目前在这方面还存在一定的问题，在以往企业班组安全管理的过程中，有一些比较好的传统做法，但往往因没有形成长效机制，好的做法没有坚持好，没有得到很好的推广，而且在这方面还缺乏系统性，没有形成比较完整的系统模式。另外，由于国家和企业安全管理的需求，都在积极推进 HSE、职业安全健康管理体系的实施。但在推行过程中，往往没有注意到体系与班组安全管理工作的有效结合，只是为了推行体系而推行体系，没有在基层班组得到较好的落实，造成目前班组安全管理模式的不健全。

因此，在当前形势下，结合未来安全管理的发展趋势，班组安全管理模式应当与时俱进，有更加广泛的意义和丰富的内涵，从大安全观的角度，思考和建立班组安全管理的模式，扩大班组安全管理的内容，形成体现现代安全管理理念和囊括先进做法的安全管理模式。班组安全管理的内涵得到了扩大，HSE 管理体系包括安全、环境和健康管理的内容，所以在原来班组安全管理的基础上不仅应当贯彻 HSE 许多新的理念和方法，也增加了环境和健康管理的内容。准确地讲，“班组安全管理模式”应当称呼为“班组 HSE 管理模式”更准确，由于 HSE 体系在我国企业中实施时间还不长，为便于理解，本文沿用习惯叫法。

当前，科学的班组安全管理模式从广义上讲应当归纳为“HSE 管理体系 + 有效传统做法”的模式，也可以简称为“1 + 1”模式或“体系 + 传统”模式。HSE 管理体系虽然理念思想比较先进，但自身也有一些缺陷，例如对基层班组工作的指导性和操作性需进一步完善，目前在推行的过程中正逐步实现了本土化，也正逐步演变成一个综合的管理体系，非常有必要与我国企业一些好的基层做法相结合，否则好的传统做法不再开展，新的 HSE 体系又不能有效发挥作用，就会形成班组安全管理的“真空”，就容易引发事故。对一些企业班组行之有效的传统做法在总结的基础上，将这些做法坚持开展好，形成长效机制，对 HSE 体系是一个有效的补充，同时不再实行一些效果不好，不易操作的做法。所以 HSE 管理体系与企业有效的传统做法二者相结合，是在班组安全管理方面有效的模式，是可行的，避免了企业对实施 HSE 管理体系产生的误区，能最大限度地利用好、发挥好现有资源的效能，最大限度地实现班组的安全管理。

## 二、班组安全管理模式简介

针对不同类型、不同行业的企业班组，班组安全管理模式会有所不同，会有多种不同的安全管理模式。这些模式之间既有联系又有区别，有相通的地方，例如出发点和核心的基础的做法有相通之处，都应当贯彻 PDCA 循环，坚持持续改进的理念，包括一些通用的做法，比如安全教育和培训等，而区别在于每种安全管理模式体现了本行业、企业的特点，包括了本企业专有的做法。

下面简单介绍几种班组安全管理模式的内涵。

### (一)"HSE 体系 + 传统做法"模式

笼统地讲，这种"体系 + 传统"模式，应当包括了许多种班组安全管理模式，其中既包括了 HSE 管理体系在班组的做法，也包括了企业传统的有效的班组管理做法。

其中班组安全管理模式中 HSE 管理体系的理念包括了持续改进的思想，包括了危害辨识、变更管理、应急管理、HSE 检查、HSE 方案、HSE 作业指导书等各种要素，在本章下文中会分别介绍。

传统做法指班组合理化建议活动、班前班后会、不安全事件报告、三级安全教育、无隐患管理，"三标"建设、"5S"管理、"三老四严"作风等这些在班组内行之有效的传统的企业管理做法。两者有效结合，互为补充，在班组管理上融合了先进的安全管理理念和管理方法，大大提高了班组的安全管理水平。

### (二)"两书一表"模式

这一模式是指《HSE 作业指导书》、《HSE 作业计划书》和《HSE 现场检查表》模式，简称"两书一表"，是企业基层组织 HSE 管理的一种模式，是 HSE 管理体系在基层的文件化表现，是适应国内外市场需要，推行 HSE 管理体系过程中结合企业实际发展起来的。这一模式是班组内 HSE 管理体系的具体表现形式。在实行过程中要按一定的格式和标准编制"两书一表"，并建立相应的记录，然后实施。

### (三)“两书一表、一案一本”模式

这一模式中的“两书”指《HSE 作业指导书》和《HSE 作业计划书》，“一表”指《HSE 检查表》，“一案”指应急预案，“一本”指 HSE 管理记录本。它也是企业基层组织 HSE 管理的一种模式，是 HSE 管理体系在企业基层的文件化表现。这一模式与“两书一表”模式不同的是，它增加和更加强调了应急预案和 HSE 管理记录本两项内容。实施前，同样要按一定的格式和标准编制相应文件，建立相应的记录，尤其是 HSE 管理记录本，然后实施。

### (四)“一书两卡一程序，HSE 方案及警示录”

这一模式也称“121”模式，其中的“一书”指岗位作业指导书，“两卡”指标准危害(隐患)分析卡和岗位安全须知卡，“一程序”指实施程序，“HSE 方案”指 HSE 工作方案，与作业计划书有相似的地方，“警示录”是指将班组内发生的不安全事件及时收集、分析、反馈的一种安全教育机制。这几种模式都是在实践中不断发展起来的，适用于不同类型的企业班组，有相通的地方，比如岗位安全须知卡类似于“两书一表”模式中的作业指导卡。

### (五)“标准化班组”模式

这种模式是以安全管理为核心，突出现场检查和标准，力求实行班组管理标准化的一种模式。它首先要确立标准化班组建设的标准和考核制度，包括制度、现场、设备、人员等多方面，然后班组按这一标准实行，最后由企业定期组织考核，以此来使班组管理实现标准化，提高班组的安全管理水平。

## 第二节 危害(隐患)分析辨识方法

在我国古代战国时期有一段扁鹊论医的故事。这个故事讲的是扁鹊兄弟三人都是医生，有一次，魏文王问名医扁鹊：“你们家弟兄三人，都精于医术，到底哪一位最好?”扁鹊回答说：“长兄最好，二哥次之，我最差。”文王再问：“那么，为什么你最出名呢?”扁鹊回答说：“我长兄治病，在治病于病情发作之前，由于一般人不知道他

事先能铲除病因，所以他的名气无法传出去，只有我们家的人才知道。我二哥治病，是治病于病情初起之时，一般人以为他只能治轻微的小病，所以他的名气只及于本乡里。而我扁鹊治病，是治病于病情严重之时，一般人都看到我在经脉上穿针管放血、在皮肤上敷药等大手术，所以以为我的医术高明，名气因此响遍全国。”从扁鹊话中看出，事后处理和解决问题不如事中，事中又不如事前，唯事前能有效地预防和解决问题的人才是最高明，最有本事的人。治病是这样，安全工作也是这样，面对各种危害和隐患，能真正做好预防工作防止事故发生才是安全工作的最高境界和层次。

“凡事预则立，不预则废。”说的也是事先预防的道理。先贤荀况也曾说：“防为上，救次之，戒为下。”晚唐诗人杜荀鹤在七言绝句《泾溪》中写道：“泾溪石险人兢慎，终日不闻倾覆人。却是平流无石处，时时闻说有沉沦。”讲的是事前小心，危险的地方反而不出事故，麻痹大意不注意，认为安全的地方常常有事故发生。

当今我国的安全生产方针是“安全第一，预防为主”。可是如何在具体工作中落实好预防为主的方针呢。对任何一项工作，只有事前清楚存在什么风险和危害，采取防范措施，才能在各项工作中落实好预防为主的方针，避免事故的发生。我国传统安全管理方法对如何具体做到预防没有系统化也没有形成一种有效的体系模式。HSE 管理体系的核心内容就是做到事前的危害(隐患)的识别分析，充分发动职工将潜在的危害和隐患找出来，及时采取措施，将事故消灭在萌芽状态。下面介绍立足于日常工作和岗位如何做好这项工作。

危害辨识有多种方法，分为定性和定量两大类。其中定性的方法主要有工作危害分析(JHA)、安全检查表分析(SCL)、失效模式与效应分析(FMEA)、预先危险性分析(PHA)、故障树分析(FTA)、危险与可操作性分析(HAZOP)、环境因素识别及影响分析等方法；定量的方法有道氏火灾爆炸危险指数评价法，蒙德火灾、爆炸、毒性指标评价法，单元危险性快速排序法等，其中有的方法兼定性和定量的特点。作为班组不必掌握定量的方法，一般应当结合实际掌握一种危害辨识的定性方法。下面介绍其中的标准危害分析方法和工作危害分析方法两种方法，班组在开展这项工作时可以根据实际应用，也可以二者结合起来应用。

## 一、标准危害(隐患)分析方法

经过多年的摸索，这一方法在有的班组得到应用，并针对危害(隐患)分析辨识总结出了标准的模式，得到了较好的推广，应用效果较好。

### (一)方法应用范围和作用

这一方法主要适用于班组内日常的工作、经常性的工作和一些临时性的较简单的工作。它适用各种经济性质企业的班组。其主要目的是在班组工作前对日常性工作中的危害、危险因素和隐患做到心中有数，一清二楚，便于采取防范措施，防止发生事故。

班组内的日常工作是直接作业的环节，大量是重复性的工作，对这些工作开展标准的、系统的危害(隐患)分析，明白其中的危害因素和隐患，便于在工作中采取预防(削减)措施，由此产生的分析结果以卡、表、书等形式作为班前会或工作前学习的材料，言之有物，易于操作，能切实起到预防的作用。

这种方法应用的作用主要有：

(1)是班组采用预防措施的依据。通过这种方法，以卡、表、书等形式表现出来，便于班组在日常工作中的应用。

(2)提高班组内员工的安全意识和能力。这种方法是发动班组内的员工开展起来的，方法的深入推行会大大提高班组员工的安全意识和对工作中危害辨识能力，提高对事故预防的技能。

(3)避免或减少事故的发生。对班组内的日常工作采取了预防措施，也就最大限度地避免或减少了事故的发生，做到工作过程中的安全，减少因事故带来的损失，提高企业的经济效益。

这种方法易于在基层班组实行，简便，可操作性强，投资小，具有良好的社会和经济效益，对减少事故的发生能发挥较大的作用。

这种方法是结合传统安全管理方法和 HSE 理念总结发展起来的

一种新的安全管理过程中的具体操作方法，是基层班组 HSE 管理的创新和生动实践。

这种方法应用过程中，可能班组之间水平差别较大，有高有低。为了收到良好的效果，在初步实施时，要加大技术指导的力度，有关专业人员应当参与，同时，也要看到，这一方法的应用也不是一蹴而就的，是一个逐步提高水平的过程，不断持续改进，经过两三年的实施，效果就会比较明显，班组员工的安全意识和技术水平也会大大增强。

## (二)具体实施方法

这种方法在具体实施过程中，在班组这个层面一般有几个步骤：

1. 组成专门小组

以班组员工为基础，由班组长组成专门的危害(隐患)辨识分析小组，视情况也可以吸收相关专业技术人员参加，共同组成。一般不少于三人组成。全部工作完成后，要将参与的人员名字写在标准危害(隐患)分析卡或表上。如图 3－1 所示。

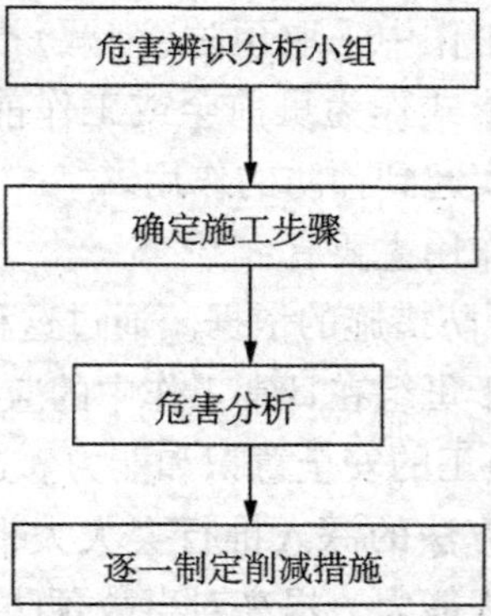


图 3－1　危害识别简化流程

2. 制订计划，工作分类

成立小组后，由组长制订一份辨识分析的计划，便于辨识工作有计划地开展。这个计划可以比较简单。一般应包括的内容有时间安排，地点，参加人员，工作类别，工作项目，辨识内容。其中的时间计划安排在年底或年初，时间一般在一个月内完成。划定工作类别和工作项目的目的是对班组内可能接触和面对的所有工作进行分类，分为日常性的工作和较复杂的工作，对属于日常性的工作按这种方法进行辨识，对较复杂的工作应用其他方法。

对日常性的工作在分类时，如果工序性较强，就按工序分；如果工作之间独立性较强，就按工作重要程序或频繁程序排序，进行编号。

3. 资料收集

在工作分类完成后，为了更好地开展辨识，应当提前收集与工作有关的资料。例如：以往事故案例、相关的标准、设备的操作规程、说明书及图纸等相关资料。有了这些资料，在进行辨识的过程中，能够为分析讨论提供一定的依据，同时也可以提高班组的管理水平和相关业务水平。

4. 开展讨论

制订好计划，对工作进行了分类，收集了部分相关资料后，按计划的时间和地点，组长组织相关人员开展讨论。讨论时，对日常性工作要逐项讨论，按危害（隐患）分析的标准项目内容一一讨论，并做好记录。班组内的员工应集思广益，畅所欲言，根据相关标准和实践经验，进行客观的分析讨论。只有在开展切实的、客观的讨论基础上总结出的结果，才具有可操作性，便于今后组织实施。

5. 系统整理

每项日常工作讨论全部结束后，对讨论的结果以卡、表、册等形式进行系统编号和整理，打印成册，经企业批准后就可以实施，并置备一套放在现场岗位，便于召开班前会时方便使用。经过统计整理，主要列出班组内的危害（隐患）清单，并按危害（隐患）分析卡格式详细列出每一项具体工作中的危害（隐患）和预防措施。这是这一方法的核心内容。

6. 实际应用，持续改进

对日常工作完成危害（隐患）辨识，并系统整理后，就要在具体工作中应用。

前面提到把系统整理的辨识分析结果以卡、表的形式备置于现场岗位，然后在每天的班组会上，由班长组织对当日工作进行集体学习，使参与相关工作的员工都清楚危害(隐患)辨识分析卡上的内容，采取预防措施后再去工作。长期坚持下去，工作的安全性和员工的安全意识会有长足的进步。

这一方法实施后，还要在工作过程中不断补充完善，并不是一劳永逸的，应当持续改进。改进的方法一是在工作中发现实施过程中有错误，立即修订，并保存好记录；二是对新增或变更的工作需要重新进行讨论和辨识分析，制成新的分析卡予以执行，并保存好分析的结果。每年组织一次系统的修订，将以上改进的内容补充进去，再统一编号系统整理，以备第二年实施。这样，对这种方法的实施形成制度，也就建立了长效的持续改进机制，班组的预防水平也就会螺旋式不断上升。

以上方法的实施有赖于企业有一个完整、有效运行的 HSE 管理体系，有上级有计划的组织，检查和改进，才能保证这个方法在班组得到有效的落实和实施。

### (三)标准危害(隐患)分析卡内容

标准危害(隐患)分析卡主要包括准备工作、工作步骤、危害(隐患)分析和削减措施、工作要求、所用标准规范、所用制度六部分内容。另外，还有一些辅助的项目，如：编号、制订人、审核人和日期等。其格式和内容可参见本节后面所列举的实例。下面分别就每一项具体内容作一介绍。

1. 准备工作

在战争中不打无准备之仗，否则就要被动挨打。工作中，每项工作也要事前作好准备工作。

针对一项具体的日常工作，首先应当清楚在实施之前做哪些准备工作。其一般包括准备工具、物料、机具设备、现场条件几个方面，但在在班组这个层面主要是指需准备的工具和物料。对所需的工具应当列明规格，方便准备；对所需的物料应当注明数量和所在位置。班组根据所列的准备工作内容在今后的施工过程中，进行准备，并根据实践情况，对该项进行补充完善。

2. 工作步骤

工作步骤是根据相关标准、操作规程和说明书确定的，是日常工作的具体操作规程。作一项工作前，所有参与的员工都应当清楚这项工作的具体步骤，只有掌握了操作步骤，才能做到遵守规章制度。如果连基本的操作步骤都不清楚，也没有进行相应的培训，就谈不上遵章守纪，就必然是违章操作，必然是盲目工作。

经过讨论，确定操作性强的工作步骤，简单明了，准确无误。对一些变化了的或不合适的操作和步骤通过讨论修订过来。

3. 危害(隐患)分析和削减措施

员工了解了开展一项日常工作所需的准备工作和工作步骤后，就应当清楚在这项工作过程中有哪些危害，有哪些隐患可能对自己或他人造成伤害，对环境造成影响，对设备、设施造成损失，甚至可能引发事故，还应当清楚采用的预防措施。

因此，辨识分析的主要目的和内容就在于此，在班组讨论时应当重点讨论这一部分的内容。

危害(隐患)是指可能导致伤害或疾病、财产损失、工作环境破坏或这些情况组合的根源或状态。危害辨识(隐患)指识别危害(隐患)的存在并确定其性质的过程。

针对具体工作辨识分析，要对每一项工作步骤从人、机、环、管四个方面进行辨识分析(人、机、环、管即人的不安全行为，设备、设施上的缺陷，人与环境的相互影响，管理上的漏洞四个方面)，并对每一个方面的每一个内容逐项制定削减措施，削减措施也就是预防措施，这样就明确了工作的隐患和防范措施是什么，便于在实际的日常工作中操作，真正起到预防作用。在辨识过程中，一方面要结合实际情况，总结多年工作中出现过各事故和不安全事件，从中吸取教训；另一方面要结合相关国家标准，进行危害辨识。先根据 GB/T 13816—92《生产过程和有害因素分类与代码》的规定，将生产过程中的危险、有害因素进行识别。同时，根据 GB 6441—86《企业伤亡事故分类》，确定事故类型。然后，从人、机、环、管四个方面确定出整个施工作业过程中的危害(隐患)，对其进行分别制定削减措施、分类治理。

通俗地讲，通过这种方法培养一种好的习惯，每项工作前每个人都应想一想“下一步要进行的作业存在什么危险、危害”、“谁会受到伤害”、“伤害怎样发生”、“采取什么措施如何才能避免这种危险”、“是否采取了这些防范措施”“不采取这些防范措施有什么后果”，也可自问一下这几个问题就能提高安全防范水平。危害(隐患)分析和削减措施就是要把人们提前考虑的这个问题以书面形式经过讨论固定统一起来，事前集体或单独学习，以避免事故的发生。

4. 工作要求

在日常工作中，根据实际情况，可能会有一些具体的工作要求，有的在列在制度中，有的可能还没有列在制度中。即使已记载在制度中，针对具体工作也不能把制度的全文都罗列出来。因此，为了更清晰地了解一个具体工作应遵守的具体要求及注意事项，对特别需强调和重要的地方，单独列出来作为“工作要求”一项的内容。

5. 所用标准规范

标准按其适应范围分为国家标准、行业标准和企业标准。按其效力分为强制性标准和推荐性标准。企业应当首先辨识出自己在从事生产经营过程中所应当遵循的各种标准规范，在企业内部组织相关的培训，使相关人员都了解掌握这些标准的要求。

班组内对一项日常工作，应当遵守相关标准。首先，应当知道哪些标准适用于这一工作，然后在小组讨论时，确定出一项工作适用的具体标准。掌握了适用这些标准的目录，就可以此为工作的依据，也可以在相关培训中具体学习，提高遵章守纪意识。

6. 所用制度

为了提高管理水平，企业内制定了大量的方方面面的制度，并要求员工在工作中严格执行。企业中往往厚厚的一本制度汇编，很难让人去静下心来学习。在班组，针对一项日常工作应当遵守哪些具体的制度，其实并不是很多，所以，就要把具体应当遵守的哪些制度列举出来，便于在工作中执行。

以上六部分内容，都是危害(隐患)分析讨论的内容。讨论完成后，要将这些内容汇总，形成书面材料，按前面提到的步骤，系统整理，经批准后，作为今后工作的依据。

这些辨识分析之所以要在班组完成，就是因为这些内容都是班组所直接面对的工作和应当掌握的技能。不清楚操作规程，就无法进行分析；不清楚规章制度，就是稀里糊涂盲干，也就是违章指挥，违章操作。只有在了解掌握这些知识的基础上，才能开展危害(隐患)辨识分析的工作，才能避免事故的发生。所以，实践中，应当全员参与，特别注意吸收有经验的员工广泛参与，才能不断提高辨识水平。

**(四)实例**

结合前面的阐述，下面举几个实例供参考。

**实例 1**

HSE 标准危害(隐患)分析卡

制订单位：化验班

工作项目：注水水质化验

编号：化验 20040002

一、准备工作

ESJ180－4 电子天平、滤膜、烘箱、1000mL 取样筒、蒸馏水喷洒、2XZ 旋片式真空泵

二、工作步骤

(1)将电子天平通电预热 60min 后调节平衡位置；

(2)将滤膜放入蒸馏水中浸泡 30min，并用蒸馏水冲洗 4～5 次；

(3)取出滤膜放入烘箱内，在 90℃下烘 30min，取出后放入干燥器中，冷却至室温，然后用天平称量，结果精确到 0.01mg；

(4)清洗取样筒，除去取样筒内表面膜液和残渣，清洗后晾干；

(5)取油样，用取样筒直接采取水样 1000mL；

(6)将烘干后的滤膜称重后，放入砂心漏斗上；

(7)用量杯计量出需要化验的水样体积；

(8)打开真空泵将化验水样抽出；

(9)将滤膜放入烘箱内烘干 30min，取出后放入干燥器中，冷却至室温，然后用天平称量，结果精确到 0.01mg；

(10)过滤前滤膜与过滤后滤膜质量之差即为过滤水样中悬浮物质量，除以量杯所接水样体积，即为水样悬浮物含量。

三、危害(隐患)分析和削减措施

1. 人的不安全行为

(1)取样过程中，忘记关闭放水池的放空阀，导致发生跑水事故。

(2)在取样过程中，粗心大意容易将取样瓶打碎。

(3)手上带水操作真空泵时，容易触电。

削减措施：

(1)取完样后放空池阀门要及时关闭。

(2)取样时要携带好盛样筒的专用篮子。

(3)接触水后要擦试干净后再操作泵。

2. 设备、设施、机具缺陷

烘干箱内温度高，取样器皿易碎。

削减措施：

适当地调节烘干箱内温度，预防温度过高伤人及造成滤膜着火事故，在使用取样器皿时要小心，必须轻拿轻放。

3. 环境的影响

(1)取样过程中要上下楼梯数次，容易碰伤。

(2)室内化验注意做好通风工作，避免室内潮湿影响化验试剂的正常使用。

削减措施：

(1)在上下楼梯取样时要穿戴好劳保用品。

(2)定期对室内进行通风保持室内干燥不潮湿。

4. 管理上的漏洞

(1)设备没有及时保养，造成设备不能正常使用。

(2)没有及时察看化验器具、使用的试剂，导致物品不够使用。

削减措施：

(1)定期对化验间内设备进行保养，确保设备的正常运行。

(2)及时定期察看化验用具和化验试剂，及时进料确保水质得到及时的化验。

四、工作要求

(1)穿戴好劳动保护用品。

(2)严格按照化验间安全用电管理规定进行用电。

(3)严格按照化验标准操作规程进行化验。

五、所用标准规范

(1)水质化验管理规定。

(2)中华人民共和国石油天然气行业标准(SY/T 5265—1996)。

(3)中华人民共和国石油天然气行业标准(SY/T 5329—1994)。

六、所用制度

(1)水质化验管理规定。

(2)平台水质监测制度。

(3)化学试剂使用管理制度。

(4)化验室安全责任制度。

(5)仪器使用管理制度。

(6)注水水质化验工安全职责。

(7)化验室安全用电管理规定。

制订人：三人以上

制订日期：　　年　月

审核人：

**实例 2**

HSE 标准危害(隐患)分析卡

制定单位：机电班

工作项目：倒闸操作

编号：机电 2004004

一、准备工作

操作票、操作棒、绝缘胶鞋、绝缘手套

二、工作步骤

(1)穿戴好绝缘胶鞋和绝缘手套等劳保用品。

(2)一人监护，一人操作。

(3)操作完毕，整理现场，做好线路运行监控。

三、危害(隐患)分析和削减措施

1. 人的不安全行为

(1)工作时注意力不集中易产生误操作，造成人身伤害事故。

(2)非工作人员误送电造成工作人员触电。

(3)绝缘手套或绝缘胶鞋有损坏，造成意外触电。

(4)监护人员不在现场，一人操作，发生事故。

削减措施：

(1)工作时注意力集中。

(2)确定断开工作线路电源，悬挂线路有人工作标示牌。

(3)绝缘工具认真检查，在检验合格期内。

(4)必须在有监护人在现场的情况下方可操作。

2. 设备、设施、机具缺陷

刀闸由于本身原因，在操作过程中合不到位，送电不成功。

削减措施：

合闸完成后，要检查刀闸是否合到位。

3. 环境的影响

在潮湿天气中操作，操作工具绝缘性能不好，人员容易发生触电事故。

削减措施：

在潮湿空气中操作，要认真检查操作工具。

4. 管理上的漏洞

(1)没有填写操作票就进行操作。

(2)监护人不在现场就进行操作。

削减措施：

(1)在倒闸操作前，一定要认真填写操作票，经确认后方可进行操作。

(2)操作时一定要一人操作，一人监护。

四、工作要求

(1)劳保用品穿戴齐全。

(2)严格按照电业操作规程操作。

(3)工作时精力要集中。

(4)一人操作，一人监护。

(5)操作票一定要认真填写。

五、工作标准规范

(1)电工操作规程。

(2)变电所安全管理规定(中华人民共和国石油天然气行业标准 SY 6353—1998)。

六、所用制度

《职工个人劳动防护用品的规定》

制订人：三人以上

制订时间：　　年　月

审核人：

**实例** 3

HSE 标准危害(隐患)分析卡

制订单位：输油班

工作项目：安全阀更换

编号：输油 2004009

一、准备工作

梅花扳手一套、开口扳手、吊装带一根、石棉垫子、黄油、螺栓、保险带两条。

二、工作步骤

(1)将旧阀用吊装带捆绑，用吊机悬挂，使其轻微受力。

(2)两人系保险带，将旧安全阀拆除吊下。

(3)搬运安全阀到就近位置。

(4)制作石棉垫子，清洁保养法兰。

(5)吊装新安全阀。

(6)清洁现场。

三、危害(隐患)分析和削减措施

1. 人的不安全行为

(1)劳动保护用品穿戴不齐，吊装时磕碰受伤。

(2)吊装时违章指挥，导致安全阀碰坏流程设备或落下伤人。

(3)人员登高作业，失足跌落。

(4)更换天然气或原油流程安全阀时，造成天然气或原油泄漏，发生事故。

(5)吊装物品时易损坏吊机钢丝绳。

削减措施：

(1)劳保用品穿戴齐全。

(2)严禁违章指挥，严禁斜拉硬扯。

(3)登高作业时必须系好安全带，且有专人监护。

(4)吊装时严禁斜拉硬扯。

(5)使用防爆工具。

2. 设备、设施、机具缺陷

安全阀制作工艺差，本体有砂眼，造成天然气泄漏。

削减措施：

安装前检查阀体是否有渗漏，损坏。

3. 环境的影响

更换天然气或原油流程安全阀时，造成天然气或原油泄漏，发生事故。

削减措施：

(1)更换时，须用测爆仪检测气体浓度，合乎要求方可作业。

(2)确认流程正确，阀门关闭到位。

4. 管理上的漏洞

(1)人员监督不到位，导致意外发生。

(2)人员现场流程不熟悉，倒错流程造成事故。

削减措施：

(1)加强监督人员责任心，认真履行职责。

(2)加强值班人员的现场学习。

四、工作要求

(1)使用防爆工具。

(2)施工前检测天然气浓度。

五、所用标准规范

安全阀检测及使用规定(附标准号)。

六、所用制度

《职工个人劳动防护用品管理规定》(附制度来源)。

制订人：3 人以上

制订时间：　年　月

审核人：

## 二、工作危害分析方法

### (一)方法概述

工作危害分析方法(Job Hazard Analysis，简称 JHA)，也称作业危害分析方法，它是一种比较细致地分析作业过程中存在危害的方法，它将一项工作活动分解为相关联的若干个步骤，识别出每个步骤中的危害，并设法控制事故的发生。

这是一种定性与定量相结合的方法，先辨识出工作中的危害，然后根据公式(风险度 = 风险发生的概率 × 后果)来计算出数值，确定其数值大小来确定风险的大小和分级，并采取相应的措施。

把一项工作分解为若干主要步骤，即先做什么，后做什么，用 3 ~4 个词表示一个步骤。分解时应该认真研究这项工作，班组有关人员运用工作经验一起讨论，分解出合理的工作步骤。

工作危害分析的主要步骤是先确定待分析的工作，然后将该工作划分为一系列的步骤，再辨识出每一步骤的潜在危害，最后确定相应的预防措施，具体步骤如图 3 - 2 所示。

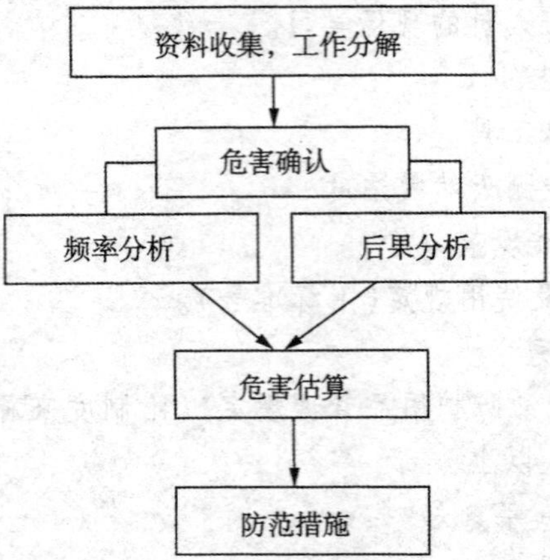


图 3－2　工作危害分析简化步骤

这种方法需要有一些基础数据的长期积累，并认真总结和统计，在计算时才能更准确地反映出真实情况，否则由于分析人员认识的不同可能产生较大的偏差。

## (二)方法应用

在分析前应当成立分析小组，确定分析的具体工作，把这项工作分解成若干步骤后，填写到工作危害分析记录表中，其格式如表 3－1 所示。

**表 3－1　工作危害分析(JHA)记录表**

单　　位：＿＿＿＿＿＿＿＿　工作任务：＿＿＿＿＿＿

工作岗位：＿＿＿＿＿＿＿＿　工　　种：＿＿＿＿＿＿

编　　号：＿＿＿＿＿＿＿＿　分析人员：＿＿＿＿＿＿

风险度(R)：Max ＿＿＿ Avg ＿＿＿　日　　期：＿＿＿＿＿＿

| 序号 | 工作步骤 | 危害 | 主要后果 | 危害发生的可能性 $L$ | | | | | | 危害及影响后果的严重性 $S$ | | | | | | 风险度 $R=L\times S$ | 建议改进措施 |
|---|---|---|---|---|---|---|---|---|---|---|---|---|---|---|---|---|---|
| | | | | 偏差发生频率 | 安全检查 | 操作规程 | 员工胜任程度 | 安全措施 | $L$ | 人身伤亡程度 | 财产损失 | 停工时间 | 法规符合状况 | 形象受损程度 | $S$ | | |
| | | | | | | | | | | | | | | | | | |
| | | | | | | | | | | | | | | | | | |

在辨识危害过程中的方法基本与上述标准危害(隐患)分析方法一致，结合相关标准和工作经验进行辨识，并列出清单。下一步，在判断危害的可能性和后果严重性时比照已划分好的标准分别填写相应的数值。

在测算危害发生可能性时，重点考虑同类事故以前是否发生过以及人体暴露在危险中的频繁程度、安全防范措施、安全检查、操作规程和员工技能等方面的因素。针对每一因素制定具体的测算标准，根据工作中的实际情况逐项比照标准填写相应的数值。测算的标准可参照表 3－2 所列内容。

**表 3－2 测算危害发生可能性 $L$ 判断标准**

| 等级分数 | 偏差发生频率 | 安全检查 | 操作规程 | 员工胜任程度(意识、技能、经验) | 防范、控制措施 |
|---|---|---|---|---|---|
| 5 | 每周或每天发生、经常 | 从未检查或应该有但没有检查标准 | 没有操作规程或有操作规程但从未执行 | 不胜任(无上岗证、无任何培训) | 无任何防范或控制措施 |
| 4 | 每月发生 | 偶尔按标准检查 | 有，但只是偶尔执行或操作规程规定不具体 | 不够胜任(有上岗证但未经有效培训) | 有防范控制措施，但不充分、部分需要的控制措施没有落实 |
| 3 | 每季发生 | 部分时间按标准检查 | 有操作规程，只是部分执行 | 一般胜任(有上岗证、经过培训但是经验不足) | 有，但部分防范措施不完好 |
| 2 | 每年发生 | 偶尔不按标准检查 | 有，但偶尔不执行 | 胜任但偶尔出差错 | 有，但偶尔不完好 |
| 1 | 从未发生 | 按标准检查 | 有操作规程，而且严格执行 | 高度胜任 | 有有效的防范控制措施 |

在测算危害的后果严重程度时，重点考虑法律影响、人身影响、经济影响、损失工时影响、对环境影响、对企业形象影响等方面。针对每一个方面的影响划定不同具体标准，以此来确定影响的程度，便于在具体分析时操作，测算危害影响后果严重性标准可参照表 3－3。

**表 3－3　测算危害影响后果的严重性 S 评判标准**

| 等级分数 | 人身伤亡程度 | 财产损失 | 环境影响 | 法规及规章制度符合状况 | 形象受损程度 |
|---|---|---|---|---|---|
| 5 | 重特大伤害 | 特大损失 | 巨大影响 | 违法 | 国际影响 |
| 4 | 特大伤害 | 严重损失 | 严重影响 | 潜在不符合法律法规 | 国内影响 |
| 3 | 重大伤害 | 局部损失 | 局部影响 | 不符合企业规章制度 | 很大影响 |
| 2 | 轻微伤害 | 小损失 | 小影响 | 不符合企业规章制度 | 有限影响 |
| 1 | 没有受伤 | 无 | 无 | 完全符合 | 没有影响 |

在选择影响因素时，应当结合企业实际，无关的影响因素可以去除，有特别影响的因素也可增加。另外，针对其中的某项因素在测算时应当根据企业的实际情况制定相应的符合实际的标准，例如：形象受损程度一项，有的企业只有少数人员，危险性也不大，不可能造成什么国内影响或国际影响，那么这一因素的每一分值的具体标准就应降低；停工时间一项，企业结合国家标准和实际，制定一个符合本企业的工时损失测算标准。这样每项因素的测算均能与企业的实际情况结合，那么班组在具体应用时才能测算得比较符合实际，不至于出现较大的偏差。

作为企业的班组掌握以上方法，并在工作中应用，就能很好将 HSE 风险管理的要素在企业的最基层得到落实，提高辨识危害及防范风险采取措施的能力，大大减少事故发生的几率。

当然危害辨识还仅是企业建立 HSE 体系的基础工作。在此基础上，企业应系统地列出危害清单，制定防范措施，制定关键任务分配表和相应的应急预案，落实防范的措施负责人，实现风险管理的系统化，并可持续地改进。

## 三、危害辨识常用标准

在进行危害辨识时，为便于进行危害因素分析，一般应参照有关国家标准结合工作实践确定。常用的国家标准是 GB/T 13861—2009《生产过程危险和有害因素分类与代码》，根据该标准，将生产过程中的危险、有害因素分为 4 类。

### (一)人的因素

人的因素包括心理、生理性危险和有害因素；行为性危险和有害因素；其他行为性危险和有害因素。

1. 心理、生理性危险和有害因素

(1)负荷超限：体力负荷超限；听力负荷超限；视力负荷超限；其他负荷超限。

(2)健康状况异常。

(3)从事禁忌作业。

(4)心理异常：情绪异常；冒险心理；过度紧张；其他心理异常。

(5)辨识功能缺陷：感知延迟；辨识错误；其他辨识功能缺陷。

(6)其他心理、生理性危险和有害因素。

2. 行为性危险和有害因素：

(1)指挥错误：指挥失误；违章指挥；其他指挥错误。

(2)操作错误：误操作；违章作业；其他操作错误。

(3)监护失误。

### (二)物的因素

物的因素包括物理性危险和有害因素，化学性危险和有害因素，生物性危险和有害因素。

1. 物理性危险和有害因素

(1)设备、设施、工具、附件缺陷：强度不够；刚度不够；稳定性差；密封不良；耐腐蚀性差；应力集中；外形缺陷；外露运动件；操纵器缺陷；制动器缺陷；控制器缺陷；设备、设施、工具、附件其他缺陷。

(2)防护缺陷：无防护；防护装置、设施缺陷；防护不当；支撑不当；防护距离不够；其他防护缺陷。

(3)电伤害：带电部位裸露；漏电；静电和杂散电流；电火花；其他电伤害。

(4)噪声：机械性噪声；电磁性噪声；流体动力性噪声；其他噪声。

(5)振动危害：机械性振动；电磁性振动；流体动力性振动；其他振动危害。

(6)电离辐射。

(7)非电离辐射：紫外辐射；激光辐射；微波辐射；超高频辐射；高频电磁场；工频电场。

(8)运动物伤害：抛射物；飞溅物；坠落物；反弹物；土、岩滑动；料堆(垛)滑动；气流卷动；其他运动物伤害。

(9)明火。

(10)高温物质：高温气体；高温液体；高温固体；其他高温物质。

(11)低温物质：低温气体；低温液体；低温固体；其他低温物质。

(12)信号缺陷：无信号设施；信号选用不当；信号位置不当；信号不清；信号显示不准；其他信号缺陷。

(13)标志缺陷：无标志；标志不清晰；标志不规范；标志选用不当；标志位置缺陷；其他标志缺陷。

(14)有害光照。

(15)其他物理性危险和有害因素。

2. 化学性危险和有害因素

(1)爆炸品。

(2)压缩气体和液化气体。

(3)易燃液体。

(4)易燃固体、自燃物品和遇湿易燃物品。

(5)氧化剂和有机过氧化物。

(6)有毒品。

(7)放射性物品。

(8)腐蚀品。

(9)粉尘与气溶胶。

(10)其他化学性危险和有害因素。

3. 生物性危险和有害因素

(1)致病微生物：细菌、病毒、真菌、其他致病微生物。

(2)传染病媒介物。

(3)致害动物。

(4)致害植物。

(5)其他生物性危险和有害因素。

**(三)环境因素**

环境因素包括室内作业场所环境不良，室外作业场地环境不良，地下(含水下)作业环境不良，其他作业环境不良。

1. 室内作业场所环境不良

(1)室内地面滑。

(2)室内作业场所狭窄。

(3)室内作业场所杂乱。

(4)室内地面不平。

(5)室内梯架缺陷。

(6)地面、墙和天花板上的开口缺陷。

(7)房屋基础下沉。

(8)室内安全通道缺陷。

(9)房屋安全出口缺陷。

(10)采光照明不良。

(11)作业场所空气不良。

(12)室内温度、湿度、气压不适。

(13)室内给、排水不良。

(14)室内涌水。

(15)其他室内作业场所环境不良。

2. 室外作业场地环境不良

(1)恶劣气候与环境。

(2)作业场地和交通设施湿滑。

(3)作业场地狭窄。

(4)作业场地杂乱。

(5)作业场地不平。

(6)航道狭窄、有暗礁或险滩。

(7)脚手架、阶梯和活动梯架缺陷。

(8)地面开口缺陷。

(9)建筑物和其他结构缺陷。

(10)门和围栏缺陷。

(11)作业场地基础下沉。

(12)作业场地安全通道缺陷。

(13)作业场地安全出口缺陷。

(14)作业场地光照不良。

(15)作业场地空气不良。

(16)作业场地温度、湿度、气压不适。

(17)作业场地涌水。

(18)其他室外作业场地环境不良。

3. 地下(含水下)作业环境不良

(1)隧道/矿井顶面缺陷。

(2)隧道/矿井正面或侧壁缺陷。

(3)隧道/矿井地面缺陷。

(4)地下作业面空气不良。

(5)地下火。

(6)冲击地压。

(7)地下水。

(8)水下作业供氧不当。

(9)其他地下作业环境不良。

4. 其他作业环境不良

(1)强迫体位。

(2)综合性作业环境不良。

(3)以上未包括的其他作业环境不良。

**(四)管理因素**

管理因素包括：职业安全卫生组织机构不健全；职业安全卫生责任制未落实；职业安全卫生管理规章制度不完善；职业安全卫生投入不足；职业健康管理不完善；其他管理因素缺陷。

其中职业安全卫生管理规章制度不完善包括：

(1)建设项目“三同时”制度未落实。

(2)操作规程不规范。

(3)事故应急预案及响应缺陷。

(4)培训制度不完善。

(5)其他职业安全卫生管理规章制度不健全。

# 第三节 “七想七不干”工作法

## 一、“七想七不干”工作法概述

“七想七不干”工作法，是为防止发生事故，在各项工作开展前，员工在头脑中将安全意识转化为安全行为的具体体现。具体内容是一想安全禁令，不遵守不干；二想安全风险，不清楚不干；三想安全措施，不完善不干；四想安全环境，不合格不干；五想安全技能，不具备不干；六想安全用品，不配齐不干；七想安全确认，不落实不干。

## 二、具体实行方法

“七想七不干”工作法的应用过程主要有工作前讨论编制标准的提示卡或分析卡，由具体工作人员按照卡中所规定内容进行填写，然后实施各项操作，所填写的提示卡要及时归档。对各项工作实施前应用这一方法，能有效提高工作人员的安全意识和落实安全措施。

这一方法通过提示卡或分析卡的形式实施，如表 3－4 所示。

**表 3－4 “七想七不干”提示卡**

作业活动：机械呼吸阀清洗　　　　年　月　日

| 项目 | 主要内容 | 确认 |
|---|---|---|
| 想安全禁令 | 1. 严禁在禁烟区吸烟、酒后上岗；<br>2. 严禁高处作业不系安全带；<br>3. 严禁未接受安全培训的人员作业；<br>4. 严禁违反规定不执行应急撤离指令；<br>5. 严禁违章指挥和其他违章作业 | □<br>□<br>□<br>□<br>□ |
| 想安全风险 | 1. 劳保用品穿戴不全或不符合要求产生静电，引起油罐火灾或爆炸；<br>2. 进入罐区未触摸静电去除器，静电引起危险；<br>3. 抽阻火匣时硬拉猛抽，金属配件磕碰，产生静电火花，造成事故；<br>4. 在罐顶使用工具不防爆，或猛烈敲击；<br>5. 阻火器拆卸后，油罐没有阻火装置 | □<br>□<br>□<br>□<br>□ |
| 想安全措施 | 1. 劳保用品穿戴齐全，不穿化纤衣服；<br>2. 进入罐区前触摸静电去除器；<br>3. 严禁抽阻火匣时硬拉猛抽，配件放在防火毯上；<br>4. 严禁在罐顶使用工具敲击，必须使用防爆工具；<br>5. 使用防火毯对呼吸器出口进行覆盖；<br>6. 必须使用防爆工具 | □<br>□<br>□<br>□<br>□<br>□ |
| 想安全环境 | 1. 雷雨、6 级以上大风天气不能进行高处、舷边作业；<br>2. 登梯前注意检查有无开焊情况，每周检查一次舷梯结构情况，出现异常及时处理；<br>3. 不允许 2 人同时登舷梯；<br>4. 罐顶有油污，易跌滑；<br>5. 罐内轻烃气体溢出，人员呼吸中毒 | □<br>□<br>□<br>□<br>□ |

续表

| 项目 | 主要内容 | 确认 |
| --- | --- | --- |
| 想安全技能 | 1. 经业务培训合格，熟练掌握各项操作，正确使用劳动保护用品；<br>2. 已进行安全交底，了解工作内容及存在的风险 | □<br>□ |
| 想安全用品 | 1. 安全帽、工服、工鞋、救生衣等劳保用品穿戴齐全；<br>2. 含硫化氢区域配备硫化氢检测仪及正压式空气呼吸器；<br>3. 上罐人员严禁开启手机、甚高频 | □<br>□<br>□ |
| 想安全确认 | 各项风险控制措施已实施<br>本人签字： | □ |

# 第四节 岗位安全须知卡(表)

## 一、岗位安全须知卡(表)的概述

### (一)岗位安全须知卡目的和作用

岗位安全须知卡(表)，也可以叫岗位HSE须知卡(表)，其表现形式可以是卡、表或者其他形式，为方便介绍，下面以岗位安全须知卡为对象进行阐述。该卡是针对岗位的实际结合传统的安全管理方法发展而来的，是对HSE管理理念在班组这一层面的贯彻落实和有效补充。它是针对一个班组内一个岗位或部分岗位，有时甚至是全部岗位的重复性工作而创立的。比如有的班组岗位有专人值班或工作重复性极高的岗位，如何对岗位简单明了而又有实效的起到安全提示作用呢？岗位安全须知卡目的是为了使班组内岗位值班人员和相关操作人员对岗位的重复性工作中存在的风险(危害)有一个清楚的了解，掌握预防措施，对意外和应急情况会处理，避免事故扩大。

通过安全须知卡这种形式能比较简单明了反映岗位上的重要信息，对繁琐的叙述进行了简化，易于岗位人员掌握和操作，能起到一个警示和提示的作用，有一定的预防作用。

前面提到的《岗位危害(隐患)辨识分析卡》是针对班组内的各项工作来开展的，而《岗位安全须知卡》是针对班组内特定的工作岗位，在危害(隐患)辨识分析的基础上专门制订的，一般只适用于部分岗位，是对班组现场管理的有益补充。

### (二)岗位安全须知卡内容

在编制《岗位安全须知卡》前应当结合岗位的实际情况，在危害(隐患)辨识的基础上开展。其内容主要包括岗位风险(危害)辨识，岗位注意事项，应急情况处理等几方面内容。

(1)风险(危害)辨识。这一项内容是结合前面危害(隐患)辨识分析的结果，按人、机、环、管四个方面进行列举，在列举时应从清单中选出部分有代表性和较大的危害，对相关的其他风险进行辨识，一并列出。

(2)岗位注意事项。这一项内容中应当列出该岗位在值班或工作过程中所应特别注意的事项。

(3)应急情况处理。这一项内容中应当列出该岗位人员在出现应急情况如何处理。出现应急情况，首先需要镇定，冷静处理，而人往往处于慌乱状态，不能采取正确措施。因此，在该项内容中，简单明了地列出应当如何处理，一旦发生意外，可供岗位人员参考和操作，实用性很强。

以上内容是主要的方面，企业可以根据班组实际情况进行补充和完善，本节后面附了几个实例，可以从中得到一些启发和参考。

### (三)编制步骤

1. 讨论整理

对这一工作不必成立专门的小组，只是辨识小组在讨论的基础上进行系统整理和总结，根据卡或表中所需的几项内容进行整理汇总。如果还没有这几方面的资料，那就要先经过系统的讨论和编制，然后再整理汇总。

2. 学习培训，放置于岗位

《岗位安全须知卡》编制完成后，由班组长组织进行学习培训，使员工熟悉掌握其内容，然后将其悬挂、张贴或放置在岗位明显位置，易于看到或取到，起到对岗位人员日常工作的提示和预防作用。

3. 不断修订，持续改进

在执行过程中，发现岗位安全须知卡中有不合适或错误的地方，应当及时修订或定期修订，以提高其可操作性和实效性，达到持续改进，不断完善的目的。

## 二、岗位安全须知卡实例

下面举三个班组的岗位安全须知卡的例子，内容作部分删减，可供参考。

**实例 1**

**输油岗位安全须知卡**

一、岗位名称

输油岗

二、岗位风险(危害)辨识

(一)人的不安全行为

(1)值班期间精力不集中，精神状态欠佳，误操作引起事故；

(2)值班期间从事与生产无关的事情，对压力、排量、液位监控不到位，造成系统运行不稳定；

(3)对岗位操作不熟练，达不到“四懂三会”的要求，操作过程中引起设备损坏或人员伤害；

(4)未遵守操作规程或工作前未进行隐患分析，预防措施不到位，在工作过程中易发生事故。

削减措施：

(1)进行岗位安全教育，提高岗位重要性的认识，严格落实各种规章制度；

(2)对违反值班纪律的行为进行考核；

(3)定期开展岗位培训和岗位练兵；

(4)按照操作规程操作，坚持事前隐患分析制度。

(二)设备、设施、机具缺陷

(1)泵类设备长时间运转，保养不到位，易出现故障；

(2)换热器易损坏，引起热媒、原油外输系统运行不稳定。

削减措施：

(1)定期对系统设备进行维护保养；

(2)监控好换热器的进出口压力，及时进行应急操作。

(三)环境的影响

(1)外输排量受外界气温影响较大；

(2)大风天气，上罐量油，易坠落。

削减措施：

(1)根据实际情况，合理调控热媒温度；

(2)风力超过5级，严禁上罐量油。

(四)管理上的漏洞

(1)对设备的管理维护保养不到位；

(2)脱岗、睡岗、监控不到位或出现报警未及时处理或汇报，造成停机事故。

削减措施：

(1)定期对系统设备进行维护保养；

(2)定期开展业务培训，积极开展岗位练兵；

(3)规范值班纪律，实行奖励考核制度。

三、岗位注意事项

(1)严格按照操作规程，启停外输泵；

(2)每小时巡查设备流程，及时发现隐患，及时进行处理；

(3)合理调控外输泵的排量；

(4)风力大于5级以上，不能登罐量油。

四、应急情况处理

(一)外输油泵故障停机

(1)值班人员发现情况后，马上向通信室汇报；

(2)若发现机械事故，值班人员应紧急停泵，关闭泵出口阀，倒泵；

(3)若储油罐液位过低，导致产生气蚀，停泵；

(4)故障排除后应立即向通信室汇报。

(二)储油罐溢油

(1)值班人员发现情况后，立即向通信室汇报，准备导入越站流程；

(2)同时倒通三相分离器旁通阀，按照操作程序停运分离器，同时打开脱水换热器原油旁通阀，将热媒油连通阀打开，关闭热媒进出口阀；

(3)停运外输油泵关闭泵出口阀，关闭储油罐进口阀；

(4)缓慢打开越站流程总阀；

(5)故障排除后应立即向通信室汇报。

(三)三相分离器油腔液位过低

(1)值班人员发现情况后，立即向通信室汇报；

(2)检查三相分离器浮漂连杆机构是否灵活好用，若失灵则迅速打开油出口旁通阀；

(3)若天然气管线堵塞则迅速按照操作程序导入越站流程生产；

(4)倘若浮漂连杆机构失灵，按照操作程序倒入另一台三相分离器生产；

(5)故障排除后应立即向通信室汇报。

(四)火炬窜油

(1)值班人员发现情况后，立即向通信室汇报；

(2)值班人员判断若为三相分离器浮漂连杆机构失灵，则迅速导开分离器出油旁通阀；

(3)检查三相分离器压力情况，调节三相分离器出气阀，将压力控制在0.18～0.22MPa之间；

(4)原油出口管线憋压，应立即向通信室汇报，通知卫星平台关井。

(五)应急中心电话

××××××

实例2

调度岗位安全须知卡

一、岗位名称

调度岗

二、岗位风险(危害)辨识

(一)人的不安全行为

(1)值班期间精力不集中，精神状态欠佳，误操作引起事故；

(2)值班期间从事与生产无关的事情，对上级下达的各种命令没有及时传达或生产中出现异常情况没有及时汇报，造成生产事故或决策失误。

削减措施：

(1)加强思想教育，提高岗位重要性的认识，严格落实各种规章制度；

(2)对上级下达的各种指令及时传达，生产中出现的异常情况及时汇报。

(二)设备、设施、机具缺陷

(1)电器设备噪声较大；

(2)电器设备较多，发热量大；

(3)电器设备线路老化，部分开关不灵活，经常引起误动作。

削减措施：

(1)定期对系统设备进行维护保养；

(2)保持室内清洁、正常通风；

(3)正确操作各类电器设备。

(三)环境的影响

(1)各类设备适合在常温或湿度较小的环境下工作；

(2)长期在电脑辐射环境下工作，对人体有害。

削减措施：

(1)保持室内清洁，经常通风；

(2)值班人员避免长时间坐在电脑前工作，逐步采用新设备减小辐射量。

（四）管理上的漏洞

(1)对设备的管理维护保养不到位；

(2)脱岗、睡岗、监控不到位或出现报警未及时处理或汇报，造成生产延误。

削减措施：

(1)定期对系统设备进行维护保养；

(2)定期开展业务培训，积极开展岗位练兵；

(3)规范值班纪律，实行奖惩考核制度。

三、岗位注意事项

(1)不在值班时闲聊，做到专心值班；

(2)及时传达上级指令，收集生产信息。

四、应急情况处理

（一）应急事件汇报

(1)及时收取现场情况；

(2)立即向上级领导汇报。

（二）发现异常情况，立即发出警报并汇报

(1)火灾：应急广播通知失火位置；

(2)综合应急：应急广播通知应急项目和位置；

(3)警报解除：应急广播通知解除警报。

（三）应急中心电话

×××××

**实例3**

**变电运行岗位安全须知卡**

一、岗位名称

变电运行岗

二、岗位风险（危害）辨识

（一）人的不安全行为

(1)值班期间精力不集中，精神状态欠佳，误操作引起事故；

(2)值班期间从事与生产无关的事情，对电流异常变化或报警未及时发现或处理，导致电力系统运行故障；

(3)对岗位操作不熟练，达不到“四懂三会”的要求，操作过程中引起设备损坏或人员伤害；

(4)未遵守操作规程或工作前未进行隐患分析，预防措施不到位，在工作过程中易发生事故。

削减措施：

(1)加强思想教育，提高岗位重要性的认识，严格落实各种规章制度；

(2)加强对违反值班纪律的行为进行考核；

(3)加强岗位培训和岗位练兵；

(4)按照操作规程操作，在进行倒闸操作时必须一人监护、一人操作，坚持事前隐患分析制度。

(二)设备、设施、机具缺陷

(1)电器设备噪声较大；

(2)线路绝缘低，造成跳闸；

(3)电器设备线路老化，部分开关不灵活，经常引起误动作。

削减措施：

(1)定期对系统设备进行维护保养；

(2)及时检查接地线路，对绝缘较低的线路及时进行更换；

(3)正确操作各类电器设备。

(三)环境的影响

(1)各类设备适合在常温或湿度较小的环境下工作，潮湿环境易引发电气事故；

(2)长时间在天然气压缩机区工作，噪声大，易对人的听觉造成损害。

削减措施：

(1)保持室内清洁，经常通风；

(2)在噪声较大区域工作，戴好耳罩。

(四)管理上的漏洞

(1)对设备的管理维护保养不到位；

(2)脱岗、睡岗、监控不到位或出现报警未及时处理或汇报，造成停炉、停机或停电等事故。

削减措施：

(1)定期对系统设备进行维护保养；

(2)定期开展业务培训，积极开展岗位练兵；

(3)规范值班纪律，实行奖惩考核。

三、岗位注意事项

(1)严格遵守各项安全操作规程，加强机电设备的维护保养；

(2)熟练掌握岗位操作技能和故障排除方法，做好巡回检查；

(3)定期对高压验电用具及绝缘鞋、绝缘手套校验；

(4)操作电力设备，一人操作，一人监护。

四、应急情况处理(详见《岗位作业指导书》)

(一)主变压器异常

(1)向应急中心汇报；

(2)迅速判断主变压器异常事故原因；

(3)停异常的主变压器；

(4)向应急中心汇报；

(5)排除故障。

(二)全站失电

(1)向应急中心汇报；

(2)消除报警音响，根据现象判明是否全站失电；

(3)将未跳开的开关跳开，全面检查本站的电力设备；

(4)检查完成后向应急中心汇报；

(5)根据故障原因，进行相应处理。

(三)6kV 线路跳闸

(1)向应急中心汇报；

(2)查找线路跳闸原因；

(3)复位，送电。

(四)遇到火灾等紧急情况时，要保持冷静，按照应急部署卡上制定路线或按照应急广播行动。

(五)应急中心电话

×××××

# 第五节 岗位作业指导书

## 一、岗位作业指导书概述

### (一)目的和作用

在实施 HSE 管理体系过程中，所编制的文件和实施程序一般内容较多，不便于岗位人员结合岗位学习，因此针对某一个岗位，能否有一比较系统的对工作起到指导作用的文件，有的企业有员工手册，有的编制了安全手册或安全须知，这些都是不同的方式和形式，有的也是比较有效的，在这里我提到的岗位指导书是结合传统的安全管理方法和 HSE 管理理念、方法发展而来的，是一个员工在一个岗位应当掌握和了解的比较全面的知识和内容。

编制这样一个指导书，是站在员工和岗位的角度出发，使员工对有关这一岗位的相关知识和工作能有一个全面的了解，清楚在这一岗位上工作过程中的危害、风险和隐患，应当采取哪些防范措施。在这里，作业指导书，也就是工作指导书，有时称做岗位员工指导书更恰当。通过岗位作业指导书这样一种形式和其内容在岗位的落实，提高班组的管理水平，也提高了企业的管理水平。

因为岗位作业指导书，是每一岗位都有一本，下发到岗位员工本人，并放置在现场和岗位，便于随时学习和查阅，因此，组织学习培训后，就成为员工工作的依据和参考，也是企业管理的基础和依据。

### (二)项目名称

针对每个岗位编制的作业指导书根据工作性质内容可能有所不同。因为有的岗位要巡回检查，有的重复性较强，有的随机、临时性工作较多，所有的岗位作业指导书内容较多，有的则比较简单。

以比较复杂的岗位作业指导书为例介绍其包括的内容。它一般包括十二个方面的内容：

(1)岗位描述；

(2)岗位工作目标和要求；

(3)安全职责；

(4)岗位职责；

(5)巡回检查路线和检查标准；

(6)工作规范(内容)；

(7)隐患分析及削减措施；

(8)系统内设备操作规程和参数；

(9)系统内工艺流程图；

(10)管理制度；

(11)应急预案；

(12)常用法律法规、标准目录及附录。

这些内容可以根据岗位的实际增加或减少相关的项目和内容，增强可操作性，对基层的岗位工作有更好的指导性。

**(三)内容编制**

对上面提到的岗位作业指导书中的十二方面的内容简单阐述一下。

1. 岗位描述

这一项是对一个岗位的基本情况进行描述，其作用是使在这一岗位工作的员工能对这个岗位有一个比较全面的初步了解。这一项包括岗位名称、工作概述、岗位关系、特殊要求、工作权限、职业资格和工作考核七项内容。举的一个实例附在后面，可参阅这一部分其中的相关内容。

2. 岗位工作目标和要求

这一项描述了这个岗位各方面的工作目标是什么，有什么要求和标准，是一个总体的概述，使岗位员工对这个岗位的工作要达到什么要求有一个清楚的认识。

3. 安全职责

这一部分使员工清楚这一岗位在安全方面应当遵守的职责是什么，要做好哪些安全工作，要负什么样的责任。另外，在这一方面还可以根据企业情况增加 HSE 职责。

4. 岗位职责

这一部分是介绍这一岗位的岗位职责，岗位职责是多年来企业管理中好的管理做法。目前，有的企业流于形式，应当从实际出发，与时俱进，对其内容不断修订，增强可操作性和实效性，能量化的内容尽量量化，避免空洞的内容，既不起界定职责的作用，也无法考核。

5. 巡回检查路线和检查标准

顾名思义，这一部分是针对需定时巡回检查的岗位，明确规定巡回检查的路线，检查点和检查的标准，便于岗位员工能够正确检查，掌握正常与异常的差别，能够及时处理。

6. 工作规范(内容)

对一个岗位应做的具体工作列明，遵守什么样的规范，做到什么程序，是对本岗位的职责的细化，越细化，越易于员工在工作中执行。

7. 隐患分析及削减措施

在危害(隐患)辨识分析的基础上，将这一岗位员工参与的工作列出，按照《标准危害(隐患)辨识分析卡》的模式逐一编制，使员工在工作前了解这项工作的危害和预防措施，需做的准备工作和工作步骤，达到的具体标准等。

8. 设备操作规程和参数

有的岗位在日常工作中须管理各种设备。因此，就应当掌握这些设备的操作规程和基本参数。掌握了操作规程，才能做到正确的操作，所以，这一部分要将这一岗位需要操作的所有设备的操作规程和基本参数分别列明。

9. 工艺流程图

有的岗位管理着一些工艺流程，所有要对所管理的工艺流程及正确操作一清二楚，否则，出现异常情况就会不知所措，不会处理。因此，这一部分主要把岗位所管理的工艺流程图附上，对正确的操作标准、操作步骤和方法也应当一并列明。

10. 管理制度

每个岗位员工都应当遵守法律法规和企业的管理制度。一个员工在上岗工作前，企业首先应当告知这名员工应当遵守的管理制度有哪些，做到什么程度，否则，如果不事先告知，出了问题，就指责员工违反管理制度，这是不合适的。这一项就列明这一岗位应当遵守哪些制度及内容，有的企业制度比较多，可在此只列明制度明细，具体内容查阅相关的制度汇编并组织专门的制度学习培训。

11. 应急预案

一般企业都有各种应急预案，用来应对各种突发情况。作为一名员工，在出现突发情况时，能够做出正确的及时处理是至关重要的。所以，作为岗位员工应当清楚遇到意外或紧急情况如何处理。例如：身为本岗位的员工对生产系统的事故如何处理；火灾、爆炸事故如何处理；人员伤亡如何处理。针对这些岗位的实际把可能遇到的情况从应急预案中摘录出来编入指导书的这一部分。

12. 常用法律法规、标准目录及附录

这一部分列出这一岗位员工应当遵守的法律法规和标准的目录，以及供查阅的地点或来源，使员工能够有渠道了解到这些知识。其他附录指根据岗位实际需列明的内容，例如：岗位常用的安全知识等。

**(四)实施步骤**

1. 编制

岗位作业指导书内容较多，班组长一般很难独立完成。根据实践经验，一般由专业人员为主组织编制，班组长和部分骨干为成员，在完成危害(隐患)辨识分析的基础上进行编制。

收集相关的资料，按作业指导书的项目内容进行筛选整理，最后形成一个岗位的系统的作业指导书。

2. 下发，学习培训

编制完成后，打印成册，组织岗位人员学习培训，掌握其中的内容，为今后在工作中执行打下基础。新上岗的员工培训完成后要经过考核，考核合格后才可上岗。

3. 实施

学习培训完成后，岗位作业指导书发到员工手中，并放置在现场或岗位，每天工作中予以实施。作为一名岗位人员对以上方面的内容都应清楚和了解，并在工作中切实贯彻落实，才能在工作中游刃有余，得心应手，做到遵章守纪，又能减少事故的发生和对自己的伤害。

4. 不断修订，持续改进

在实施过程中，对出现的问题或需补充的地方，要及时补充完善，并保存收集好。待每年全面修订时该修订的修订，该补充的补充，这样不断完善，才能做到持续改进，有实效性。

## 二、岗位作业指导书实例

本书举一个实例见附录一，内容做部分删减，供参考。

# 第六节　HSE 方案

## 一、HSE 方案应用方法概述

### (一)目的和作用

我们在工作中一般根据难易程度将工作分为简单的日常性工作和复杂的工作。针对简单的日常性工作应用标准危害(隐患)辨识分析的方法可以提高对这些工作存在的隐患的预防能力和安全管理的水平，但实践中还大量存在着比较复杂、交叉性的需多部门或单位互相协调的工作。这些工作一般有参与人员多、工作难度大、复杂、交叉、运用的机具设备多、环境复杂等特点，危险性也就大，也就易引发事故。针对这类工作必须系统地全面计划运筹，充分认识其危害程度，切实采取有效措施，才能避免在作业过程中出现事故。

因此，针对这类工作，一般有事前编制 HSE 方案作法，也有的称为计划书或作业书，其性质和内容应当是大同小异的。本节重点介绍 HSE 方案的具体做法。

班组是这些复杂工作的直接参与者，在作业前，应当充分认识和准备，参与或制订有关的 HSE 方案。作业过程中，按 HSE 方案进行组织，提高工作质量和安全保障水平。

HSE 方案应用的理念是事前预防，持续改进，是对工作过程中的每一个步骤进行隐患分析和采取削减措施，并按项目管理的方法明确责任人，做到分工明确，然后按方案组织实施。

这种 HSE 方案的应用大大提高了复杂工作的安全性，做到了工作有计划，有条理，职责清楚，防范措施有力，避免或减少了事故的发生，减少了因事故带来的经济损失，提高了企业的经济效益。

## (二)内容

HSE 方案应用的方法重点在 HSE 方案的编制。因此，先介绍一下 HSE 方案的内容。其内容一般包括：方案简介及施工目的、工作内容、工作准备、工作步骤、危害(隐患)分析、削减措施、应急预案、工作监督表和工作后评价九个方面。

有的工作过程工序性很强，程序性很强，在编制方案前可视具体情况对每一个工序进行辨识分析后，再编制 HSE 方案，方案可增加作业环境等其他方面的内容，方便工作。

## (三)实施过程

1. 方案编制

针对一项较复杂的工作，在组织实施前，专业人员组织编制 HSE 方案或称 HSE 计划书，编制过程中可邀请班组长及有经验的员工参与。按照 HSE 方案一般格式进行编写，共九部分内容，在本节第二部分专门介绍。编制完成后应当经过审批后，再组织实施。

2. 方案实施

经批准的方案在工作实施前应交由现场有关人员，并组织事前学习、现场模拟和落实。实施前组织有关参与人员现场分工进行讲解、模拟操作，对每一个步骤细化到人，做到职责清、操作明、措施到位。使每一个人明确自己的操作、时间和责任，心中有数，准备充分，确保整个工作过程中人员、生产的安全。

施工过程中由专门的监督人在现场根据实施情况以打勾的形式

在 HSE 方案中的《工作监督表》上打勾，出现与方案不符进行纠正和记录，需要修正方案则做好记录。

3. 总结，持续改进

项目施工完成后，专人及时在 HSE 方案中的《工作完成后的评价表》上进行总结，从工作质量、安全要求、完善与变更、验收情况四个方面进行填写，并对方案中不足的地方及时进行修改，便于下次施工时执行。例如：针对一项较大工作的评价这样写道整个施工作业过程中由于采取措施得力，未发生任何事故，也未发生违章现象。其中不足的地方是所选用机具出现故障临时调换，延长了施工时间，下次应当引起注意，避免再发生类似问题，严格落实方案。

通过事后总结应对方案不足的地方进行修改，便于以后实施这项工作时改进。

对整个较大复杂的施工项目的实施过程是事前先编制 HSE 标准方案，同时根据方案编制《工作监督表》，进行过程监督，事后填写工作总结，进行补充完善，逐步形成标准方案，便于以后同类工作使用，并在每次使用时记录使用次数，做到事前有方案审批，事中过程有监督，事后完成有总结。

这种方法的实施过程主要是三步，即：编制方案、组织实施、事后总结。它的应用充分体现了 PDCA 循环的理念，真正做到了事前计划，事中监督，事后总结，提高了工作质量和安全管理水平。

班组在这一方法的应用过程中是一个积极的参与单元，也是一个执行单元。这一方法在班组参与的复杂工作中得到落实，也就提高了班组的安全管理水平和技能，有着重要的现实意义。

## 二、HSE 方案内容介绍

下面结合实例，对 HSE 方案各部分内容介绍一下。

对较大、复杂的施工作业，事前要编制一个 HSE 标准方案，详细包括九个方面内容：方案简介及施工目的、工作内容、工作准备、工作步骤、危害(隐患)分析、削减措施、应急预案、工作监督表和工作后评价。对这九部分内容分别作一介绍。

(一)方案简介和施工目的

主要介绍这项工作要解决什么问题，目的是什么，方案的简要情况。

以某单位班组内的注水罐清罐这一工作项目为例，第一部分方案简介和施工目的如下：

因注水罐内部机油乳化严重，油帽厚度递减情况明显，由投产时 300mm 降至目前 150mm 左右。罐内机油乳化流失对注水泵入口水质有突出影响，此问题影响了注入水水质。为了解决此问题，需要对注水罐内油帽进行更换，所以决定清罐并更换注水罐油封，保证水质合格。

(二)工作内容

这一项的内容主要包括项目名称、计划实施步骤、计划施工时间。

以注水罐清罐这一工作项目为例，工作内容如下：

1. 实施步骤

(1)系统停运；

(2)注水罐清罐；

(3)油封更换；

(4)系统恢复运行。

2. 计划施工时间

具体施工日期：某年某月某日，及总共计划施工时间。

(三)工作准备

工作准备包括人员组织、人员职责分工、工具与用料、其他需准备的工作四个小部分。其中人员组织部分中必须明确唯一的一个指挥和监督及其他组成人员，项目组组成人员在此列出；职责分工是对组织中每个人所负责的工作内容进行细化和明确；工具和用料要分别注明需协作的各单位各自准备的物料，其中物料明细必须具体详细，型号尺寸清楚，不能有遗漏，并注明物料的具体用途；其他需准备的工作包括需办理的证票、机具物料到位时间、气象条件等。

以注水罐清罐这一工作项目为例，工作准备内容如下：

1. 项目组人员组成

项目指挥(负责人)：略

成员：略

2. 人员职责分工

(1)现场施工由某某指挥；

(2)现场安全监督由某某检查监督；

(3)由某某公司人员负责施工工作；

(4)具体班组职责：

注水班职责：负责流程检查以及设备启停；负责注水罐液位的调节。

3. 工具与用料

(1)甲方准备用料

1in 高压胶管 10m……(略)

(2)乙方准备用料

要求：在施工前一天乙方用料全部到位。

准备叶片泵 1 台，用于清理注水罐底部淤泥。

4. 其他需准备工作

(1)外协单位需提前一天准备到位，以防影响施工时间；

(2)外协单位需提前一天办理临时用电票、进罐许可证。

**(四)方案工作步骤**

这一部分要详细列出每一步操作，具体操作人，每一步骤计划所用时间，施工前按此部分的分工人员要在现场进行讲解和模拟，进一步明确各自的职责。

以注水罐清罐这一项目为例，方案的工作步骤为：

1. 系统停运(15min)

负责人：注水班值班员

2. 控制液位(1h)

负责人：注水班班长

其他步骤略。

### (五)危害(隐患)分析和削减措施

根据前一部分工作步骤从人员登平台到工作准备、施工阶段每一个过程进行危害(隐患)分析并制定削减措施。

### (六)应急预案

对工作过程中可能出现的意外情况例如火灾、停电、人员受伤、环境污染等分别制定应急措施。

以注水罐清罐这一工作项目为例，在施工过程中发生火灾应急预案如下：

应急措施：现场准备 8kg 干粉灭火器 2 只，70kg 干粉灭火器 2 只，消防泵处于随时启动状态，一旦发生火灾，全体参与人员立即按平台应急程序进入消防应急状态灭火。

其他略。

### (七)安全要求

对整个工作过程提出一些安全要求和注意事项，用以确保施工时遵照执行。

以注水罐清罐这一工作项目为例，安全要求如下：

(1)服从统一指挥；

(2)穿戴好劳保用品；

(3)现场工具归整好；

(4)整个施工前，参加人员在现场对照方案进行模拟，明确自己的分工。

(5)与施工方签订安全合同，明确安全责任，施工方有专人监督施工及人员安全。

(6)施工完的现场用料回收到垃圾箱中；

(7)清罐人员，必须在测爆合格的情况下才能进入注水罐。

为了更加直观，整个方案应用了项目管理工具制作一些表格，例如：工作项目分解图，责任分配表，时间计划表，网络计划图等。

### (八)工作监督表

根据方案编制《工作监督与评价表》，将方案中的各实施步骤列在工作监督表上，便于监督人在现场根据实施情况以打勾的形式进行监督。

## (九)工作完成后评价表

《工作完成后的评价表》从工作质量、安全要求、完善与变更、验收情况四个方面进行填写和总结，并对方案中不足的地方及时进行修改，便于下次施工时执行。

下面举一个注水罐清罐 HSE 监督与评价表格式，如表 3 – 5 所示。

**表 3 – 5 注水罐清罐 HSE 监督与评价表**

方案使用次数：

| 序号 | 监督项目 | 实施人 | 完成情况 | |
|---|---|---|---|---|
| | | | 是 | 否 |
| 1 | 工具是否准备齐全 | | | |
| 2 | 人员是否到达现场 | | | |
| 5 | 停运海水处理系统 | | | |
| 5 | 停运注水泵 | | | |
| 6 | 将罐顶透光孔打开 | | | |
| 7 | 关闭注水罐出水、二级气水分离器进水阀 | | | |
| 8 | 连接注水罐放空流程金属软管，打开放空阀放空 | | | |
| 略 | | | | |
| 29 | 清理现场 | | | |

工作情况评价

| | |
|---|---|
| 工作质量 | |
| 安全要求 | |
| 完善与变更 | |
| 验收情况 | |

监督人：　　　　年　月　日

这是编制 HSE 方案的九部分内容，这些项目并不是一成不变的，各企业班组性质和工作情况差别很大，在应用时应当理解这种方法的目的和理念，结合实际情况予以改进应用。总之，这种方法的应用应当对工作有指导性，可操作性和实效性。它是从工作的角度出发来编制并应用的，而上节提到的岗位作业指导书是从岗位角度提出的，二者内容是有差异的，也有相同之处，互为补充，在班组的应用效果相得益彰。

## 第七节 班前班后会

### 一、班前班后会概述

#### （一）目的和作用

班前班后会是多年来在我国企业班组形成的传统的管理做法，在 HSE 管理体系中并没有专门的要求，这种做法是对 HSE 管理体系的有益补充，应当予以坚持。

因此，我们在推行和实施 HSE 管理体系的时候应当注意和企业的实际情况相结合，与好的经验做法相结合。如果一味为了贯彻体系而贯彻体系，以前好的做法没坚持下来，新的体系又不成熟，还没建好，发挥不了作用。这时候，企业的安全管理工作不仅得不到提高，反而有可能削弱，就容易引发事故。

班前会指的是一天工作开始前由班长组织召开班组员工参加的工作安排会，会上要将安全预防措施和注意事项一并安排，并在专门记录本上做好记录。班后会是一天工作结束后对全天的工作进行总结，好的做法继续发扬，对出现的问题吸取教训，并在专门记录本上做好记录，为以后修订文件和改进工作提供依据。

班前班后会的做法与 HSE 管理体系的理念是相一致的，也是体现了 PDCA 循环、持续改进的理念。这种做法的目的是为了防止事故的发生，提高班组的管理水平。通过这种形式把各项工作的预防措施事前进行了解和落实，工作过程中予以采取，事后进行总结，吸取经验教训，实现管理水平的螺旋式上升。

坚持这种做法能有效增强班组内全体员工的安全意识和技能，将

HSE危害(隐患)辨识分析的成果在班组中具体得到落实，同时也增强班组的凝聚力，提高工作质量和安全水平，避免或减少事故的发生。

### (二)会议形式

班前班后会由班组全体员工参加，特殊情况可以邀请或安排其他人员参加，班组长负责召集并组织召开，通常有固定的时间和地点，也可根据工作情况，及时调整。会议地点和形式可以不必拘泥，也可针对一项较大工作或突发性工作专门召开，地点可以在值班室，也可以在岗位，也可以在露天，形式多样，总的原则应是结合班组自身特点，注重实效。因为小的班组只有三、五个人，甚至更少，几个人之间的工作交流也是一种会议的形式，主要是应当制度化才能坚持把这项工作开展起来。

### (三)存在问题及对策

目前班前班后会的开展存在的问题有：流于形式，起不到作用，没有记录；有的班组没有这项制度，也没有开展这项工作；企业班组间的水平差异大，没有统一的制度和标准；会上所讲的内容言之无物，空洞乏味，比如只是简单地说“要注意安全”，就结束了，而怎么才能做到注意安全没有讲，这就收不到实效。存在这些问题的原因主要是目前对这项工作的认识和重视程度都不够，没有形成有效的可操作性的制度，也没有有效检查和监督，使原来好的做法逐步消失。

针对这些问题应当在班组实践工作中所讲或讨论的内容要切合实际，注重与时俱进，大胆创新，形式多样化，采用一些生动活泼的形式，例如：有的企业班组班前会组织安全宣誓，有专门的安全誓言；有的统一升旗后再安排当日工作；有的在工作前，要经过正衣镜，安全走廊等。这些都是非常有效的形式，比简单的说教效果要明显。

## 二、班组会议的程序

对一项工作规范化的管理一般应经过事前计划，事中组织和监督，事后总结，也就是计划、实施、检查、改进四个环节的循环(PDCA)。对班组内每天的工作同样也应有事前召开班前会，分工组织实施，完成工作后总结这三个程序。

### (一)班前会安排

如何开好班前会呢，有的班组开会就是班组长笼统地讲一下要注意安全，但是要注意哪些方面，注意到什么程度却不清楚，起不到应有的作用，前面讲到已经开展的 HSE 标准危害(隐患)辨识分析卡在这里就派上了用场。由班组长在会上对今日工作进行分工安排后，就针对要实施的工作共同学习 HSE 标准危害(隐患)分析卡，落实防范措施，强调注意事项，明确如何预防这些工作的危害因素。这样，使参与工作的员工都对今天工作中应注意的事项和措施一清二楚，便于实施，同时也言之有物，易于接受。

对临时性的工作或新增的工作，还没有形成标准的《危害(隐患)分析卡》时，应由班组长按照标准危害(隐患)分析的格式组织大家共同讨论确定后认真填写，然后组织实施。每年审核修订时进行补充完善。

利用召开班前会的时间开展上岗前的检查，例如：检查班组成员劳动保护用品穿戴情况，检查设备、工具性能是否完好，并强调岗位操作要点和注意事项，也可制成上岗前检查表或对比“标准穿戴模式”检查自身穿着，以达到规范上岗的目的。

通过这些方式，使班前会逐渐做到标准化，简单易行，可操作性强，避免了随意性。

### (二)班中实施

工作过程中防范措施的落实是关键，才是真正有效的落实。在组织工作实施过程中，班组长应当认真组织，并共同参与，同时不忘检查监督一起工作的人员是否都做到了遵守规章制度，有无违章行为，是否按 HSE 标准《危害(隐患)分析卡》来操作，如果出现偏差，应该及时分析原因。

### (三)班后会总结，持续改进

每天工作完成后，由班组长召集并组织班后会，会上对一天的工作进行总结，总结一天来工作过程中好的做法和应吸取的教训，对发现的隐患及时记录和上报，对一天来的工作需记录的内容认真记录在专门的记录本上。该记录本可以用来记录每天工作中的 HSE

开展情况，有的班组还专门建立了每日安全讲话或教育记录。记录时有固定格式按固定格式填写，没有固定格式要写明会议名称、时间、地点、参加人、主持人、记录人、会议内容、发言内容、结果等，写明这些内容对会议组织和召开起到了规范作用。班后会的形式与班前会相同，应当灵活多样，注重实效。

平时常提到的安全“五同时”制度是指安全工作与生产同计划、同布置、同检查、同总结、同评比的一项制度，这一制度在班组中同样也应当得到很好的贯彻落实。通过班前班后，就能充分体现出这一制度的落实，并不断改进不足，不断提升管理水平。

## 第八节 班组安全活动

### 一、班组安全活动概述

#### (一)目的和作用

班组安全活动是指在班组内由班组长组织开展的一系列与安全有关的工作和活动，旨在提高班组安全管理工作水平，提高员工的安全意识和技能。这些活动可以是企业安排开展的，也可以是班组根据实际情况自主组织开展。

企业在生产经营过程中，为了在班组这个层面规范地开展一系列安全活动，经过逐步摸索，有的安全工作开展得比较好的企业对这项工作逐步形成了制度化。

班组安全活动是基层班组自主组织开展的安全活动，立足于班组，班组全体员工广泛参与。由于是由班组组织的，所以这种由他们自己组织开展的活动也就易于接受和推行。通过这些活动的开展，提高了班组的整体安全管理水平，提高了员工的安全意识和技能，也提高了班组长的组织能力，并且增强了班组的凝聚力和沟通能力。

#### (二)内容

班组安全活动一般情况下应当每周组织一次，其内容和形式是多样的，结合班组工作实际情况开展。

总之，班组安全会议或安全活动应以提高班组安全管理水平和安全意识为原则组织开展，不拘泥于内容和形式，活动内容应符合实际，避免形式主义。一般应包括的内容主要有：

(1)总结、分析班组内的安全生产工作，总结得与失，好与坏，有的放矢。

(2)讨论下一步的安全生产工作和技术措施。

(3)针对某个事故、不安全事件进行分析讨论，吸取教训，提高防范意识。

(4)学习安全及相关知识、规章制度和操作规程，新工艺、新设备操作技术。

(5)讨论系统内演习计划。

(6)讨论发现的隐患、隐患治理和防范措施。

(7)组织班组内安全技能和其他技能培训。

与班组内安全工作有关的内容都可以成为班组安全活动的内容，内容是非常广泛的。

#### (三)形式

班组安全活动的形式多样，不拘泥于一种形式。如果只有一种形式，在班组很难长久坚持开展下去。

其形式一般有安全会议、班务会、技能培训、座谈会、谈心得、讨论安全技改等等。在以这些形式开展安全活动时，应当注意实效。确定安全活动的内容时应与解决实际问题相结合，才能收到良好的效果。

有的企业采用“周一安全日”制度就是比较好的形式，即班组利用周一对设备状况和消防等安全设施进行检查，组织应急演练，召开班组安全会，这一制度的坚持开展，就能落实好班组安全活动。

### 二、班组安全活动资料

#### (一)意义

班组安全活动的资料是班组开展活动的原始记录，有着十分重要的意义。在班组中，有的班组长往往不重视资料的填写和整理，有的开展了一系列安全活动或做的安全工作，都没有认真记录，这是十分错误和有害的。资料的意义在于它是工作的记录，是工作的证明，它见证了整个工作的全过程。把资料填写好了，能大大提高管理的水平。否则，班组管理就会十分混乱，就是人们常说的，低水平，老毛病，坏习惯，总体水平不高。

### （二）资料建立

班组内首先应当根据工作情况确定要建立哪些资料，填写哪些资料，谁来填写，填写的标准和规范是什么。把这些问题搞清楚了，然后建立各项资料，认真填写。

一般班组的资料包括生产资料、安全资料和其他资料。生产资料，指与生产指标和运行有关的各项资料；安全资料是与开展安全工作所建立的记录；其他资料指班组有关的制度、规程、图纸、证书和手册等资料。这些资料都应认真建立明细和填写。

其中的安全资料有班组安全活动记录和 HSE 管理记录等。班组安全活动记录或者称班组 HSE 活动记录，它详细记录了一个班组基本情况、每周召开班组安全会议或开展其他班组安全活动的情况、系统内部应急演练的情况及其他一些应记录的内容。班组内开展的安全活动都应详细填写在这个记录上。

### （三）资料填写及保存

资料的如实填写是资料管理的重要环节。一般应由专人负责填写，按照记录本中的项目根据实际情况按规定及时逐项认真填写，杜绝填写假资料的现象，或者事后补资料的情况，资料填写字迹工整、统一。班组长应当经常性检查，对有错误的地方及时指出，并改正。

资料填写完成后要保管好，不能乱丢乱放。有的班组资料填写完后没过多长时间都找不到了，或者残缺不全，污渍斑斑，这样就起不到资料应有的作用。班组资料一般应保存两年以上，专门存放保管，便于今后查阅。

# 第九节 班组安全检查表

## 一、班组安全检查表概述

### (一)目的和作用

作为员工希望在一个安全的工作环境下工作，工作的现场没有隐患，目前许多企业离这个要求还有一定的差距，在这种情况下，就要要求班组长或员工能够及时发现隐患或问题，及时采取防范措施，把事故苗头消除在萌芽状态。所以，安全检查表逐步得到了广泛应用，应用比较好的企业，这种方法还发展为一种安全定性评价的方法。

众所周知，安全检查是及时发现隐患，防止事故发生的有效手段。如何才能有效地进行安全检查呢？安全检查表就是安全检查的一种形式。它的目的就是通过这种形式，及时了解现场情况，发现安全隐患，便于及时采取措施，防止事故的发生。

通过这种形，规范和落实了班组的安全检查制度，使班组加深了对工作环境、设备、设施的了解和掌握，提高了班组现场管理的水平。

这种方法简单、实用，效果较好，易于在班组内应用和执行，可操作性强。许多企业在班组都推行了这一方法，收到了明显的效果。

### (二)内容

许多企业都有自己的各种安全检查表，在班组建立起安全检查表制度的还为数不多。为了能有效实施，在班组内应当有按一定格式和内容的安全检查表。

通常情况下，安全检查表中应包括检查项目或检查点、检查标准、检查结果、处理情况、检查人和检查日期。这些表格中的项目都比较好理解，企业可结合实际情况从这些方面考虑确定安全检查表格式，然后实施。

实践中，安全检查表是多年来习惯的叫法，有的企业安全检查表中实际也包括了环境和健康的部分内容，有的企业没有包括。其实，安全检查表本身应是 HSE 检查表的一部分，同样，对环境和健康也应制订相应的检查表，最终形成关于健康、安全、环境的检查表，把这三方面的内容放在一起，成为 HSE 检查表。

### (三)存在问题及对策

在班组安全检查方面存在的主要问题有：走过场，流于形式；不知检查内容，检查记录不全或无记录；安全检查没有形成制度化，安全检查表这一方法实施不力，或者没有实施；出现事故苗头或隐患，不能及时发现或采取措施；有的检查表长期没有修订，与实际不符，时间一长，也就不再执行了。造成以上这些现象的原因除了重视程度不够以外，还有就是在这一方法的应用上没有制度化，形成持续改进的长效机制。

针对在班组安全检查方面存在的这些问题，企业应当建立起班组安全检查和安全检查表制度，规范运作的程序，在班组安全检查方面下大力气，有制度，有落实，有检查监督和评比，才能在班组这一层面得到贯彻落实。在班组组织标准危害(隐患)辨识分析时，一并讨论编制检查表，并确定运行程序，切实实施。

## 二、安全检查表应用

应用安全检查表法一般要经过编制、实施、监督和持续改进四个步骤。

### (一)编制

首先，班组长应当根据班组自身特点，根据企业要求设计好安全检查表的格式，然后按一定格式逐项填写相关内容，编制安全检查表，有关专业人员可以一并参加编制。例如：检查标准一栏就需要查阅相关的资料和手册，结合实际确定，做到简单明确，把关键点的标准列明，既无遗漏，也避免内容过多造成繁琐，不易于操作。

### (二)实施

检查表编制完成后，可以采取专门的检查记录本的形式，也可以采取分页记录的形式实施。由班组长每天按检查表的内容检查，检查的次数一般应一天至少一次，将检查情况在检查表上作出记录，对违章行为进行制止，对隐患采取整改措施或防范措施，不能解决的问题要立即汇报，并将填写好的检查表认真保管。

**（三）监督**

企业应当对班组安全检查表这一方法的实施情况和效果进行专门监督检查，发现实施中的问题及时组织解决，并实行奖惩制度，以保证这一方法的正确实施。

**（四）修订和持续改进**

在实施过程中发检查表不符合实际，或已经有所变化的地方，应当及时修订或补充，并在每年定期组织全面的修订完善，实现持续改进，不断提高这一方法的实效性。

## 三、安全检查表实例

表 3－6 是某企业班组某岗位安全检查表的实例，供参考。

**表 3－6　某岗位安全检查表**

| 序号 | 检查项目 | 检查点 | 检查标准 | 检查结果 | |
|---|---|---|---|---|---|
| | | | | 是 | 否 |
| 1 | 提升泵 | 压力 | 0.6～0.8MPa | | |
| | | 流程/阀门 | 无跑、冒、滴、漏/无锈蚀 | | |
| | | 进出气压差 | ≥0.02MPa | | |
| | | 润滑油箱液位 | 无变化且在液位计刻度内 | | |
| | | 轴承润滑油压力 | 稳定在 0.1 MPa | | |
| | | 密封润滑油压力 | 0.4～0.6 MPa | | |
| | | 流程 | 无跑、冒；阀门开关灵活 | | |
| 2 | 注水泵 | 泵、电机润滑油位 | 满刻度的 1/3～1/2 | | |
| | | 润滑油泵 | 是否正常工作 | | |
| 3 | 天然气压缩机 | 润滑油箱油位 | 满刻度的 1/3～1/2 | | |
| | | 润滑油路 | 正常工作，无跑、冒、滴、漏 | | |
| | | 进、出水阀门 | 灵活，无渗漏 | | |

续表

| 序号 | 检查项目 | 检查点 | 检查标准 | 检查结果 | |
|---|---|---|---|---|---|
| | | | | 是 | 否 |
| 3 | 天然气压缩机 | 热煤油进油出油温度 | 95～110℃/85～100℃ | | |
| | | 原油压力/热煤压力 | 0.2～0.45MPa/0.12～0.18 MPa | | |
| | | 管线流程 | 无渗漏、损坏、锈蚀严重 | | |
| | | 润滑油系统 | 电机前后轴承油窗不低于2/3且油色较好 | | |
| 4 | 电网绝缘 | 绝缘值 | 正常档位内无报警 | | |
| 检查问题 | | | | | |
| 处理情况 | | | 检查人：<br>年　月　日 | | |

# 第十节　变更管理

## 一、变更管理概述

### (一)定义

记得一位哲人曾说过，唯一不变的是变化。在班组的工作中，经常发生各种各样的变化。例如：生产条件变了，员工更换，流程改造，新工艺投用，设备更新等等。这些变化都会给班组的安全管理带来不同程度的影响。如果不能及时应对这些变化，没有采取相应的措施和对策，也就是说没能做到与时俱进，那么就可能引发不安全事件或事故，造成损失。这些变更的事项往往是许多事故的诱发因素和条件。有的事故发生在新设备、新工艺初次投产使用或使用期间不长的时间里，有的事故发生在一名新员工的第一次操作，或初期操作的过程里。因此，对一个班组的变更管理是非常重要的。

什么是班组内的变更呢？通常指班组内人员、设备、设施、工艺、操作、管理制度和工作程序与以前发生的变化和不同。变更管理就是针对这些方面的变化和不同而采取的管理措施、手段、方法和程序等。

### (二)目的和意义

班组内变更管理的目的就是要减少因变更带来的不利因素，及时适用变化的情况，做出相应的对策，防止事故的发生，同时也提高了班组的管理水平。

有的企业班组内变更管理没有系统化、制度化，可做可不做，也没有主动性，所以加强班组内变更管理有着重要的意义。

企业注重变更管理，能够起到提高班组管理水平，预防事故的作用。有的企业对班组新工艺、新设备的“第一次”操作非常重视和慎重，有严格的规定，必须事先制订详细的投用方案和步骤，模拟演练后再正式投用，以防止发生意外。

对新员工同样是这样，新工人、转岗工人或调入人员初次上岗的一段时间是容易引发事故的时期，所以应当规范上岗制度和程序，经过严格和有效的培训和考核，才能上岗。

### (三)内容和范围

班组内变更的内容和范围主要有人员、设备、设施、工艺、操作、管理制度和工作程序等方面。大体上可以将这些变更分为三类：有关人员的变更；有关设备及操作的变更；有关管理制度的变更。

1. 有关人员的变更

因为种种原因，班组内的人员可能经常发生变动，人员的变更有两种情况：人员调入和人员调出。人员调入，包括新员工调入和其他员工的调入；人员调出分为员工调走、离职、伤亡等情况，总之结果是员工的减少。针对这些变更应当有相应的步骤和程序来应对。

2. 有关设备及操作的变更

这一类型的变更主要包括设备变更、设施变更、工艺变更和操作变更四种情况。针对这些变更班组应当及时组织相应的培训或参加企业组织的培训，掌握新设备，新技能，才能应对好这些变化，提高管理水平，避免发生操作失误或事故。

这些变更也是班组内交接班的重要内容，必须认真交接，否则会因为交接不清引起误操作而发生事故。

3. 有关管理制度的变更

这一类型的变更包括管理制度和工作程序两方面。工作程序从某种意义上也是管理制度的一部分。由于企业的发展变化或者法律法规、标准的修改，都有可能带来管理制度的变化。管理制度要经常修订，做到符合实际，工作程序也应当逐步趁于科学、简单实用、可操作性强。企业这些方面的内容修订了，班组应当及时组织学习掌握，有的班组之所以存在一些习惯性违章，就是因为标准或制度修改了，而班组没有掌握和贯彻，仍按老习惯操作，实际上已经违反了现行有效的规定，这就势必造成违章的现象。如果管理制度没有及时修订，而已经过时，则应当及时反映和建议企业组织修改，使之符合实际。

## 二、变更管理实施步骤和程序

变更管理是 HSE 管理体系中的一个重要内容，企业应当针对各种情况的变更制定相应的程序和制度，班组应当按这些程序和制度执行，并根据执行情况及时提出意见和建议。

### (一)变更申请

在变更管理实施前，应当有一系列的制度，企业组织相关的培训，使班组员工明白这些变更管理的程序和制度，学会实施。

在班组职权范围内，需要进行某项变更，班组长应当提出变更的申请，可以以书面形式，填写相应的变更申请表，提出建议，经采纳批准后组织实施。

超出班组职权范围发生的变更，班组也应做好记录，并按变更程序和制度中的规定进行实施。

### (二)变更实施

班组长根据变更项目的类别和内容，按企业有关这些变更的程序和制度进行实施。例如：班组内的设备更新，那么班组内就要开展技术培训，编写操作规程，组织岗位演练，使班组内每个员工都掌握操作的技能和要领，清楚操作时的注意事项和检查要点，这样才能完成变更实施的过程。如果设备进行了更新，却不会使用或使用不熟练，那也不会发挥设备最大的效能，也容易引发事故。

### （三）变更记录

班组对发生的变更要做好记录，可以记录在专门的记录本上，也可以记载在相关的记录本上，记录应当完整、准确。

班组内出现的新情况、新问题属于变更管理的范畴，对待这些情况或异常都应当做好记录，及时汇报并交接清楚。工作交接清楚尤其重要，应书面交接，交接的内容包括本班次内发生的各种情况和问题。1988 年英国阿尔法平台爆炸烧毁就是因为岗位工人交接不清，下一班工人不知道前一班工人期间设备发生了维修，误操作引发事故，造成重大损失。

对各项变更的记录应当真实、及时。例如：对刚到班组的新工人做上岗前的班组安全教育，这是一个非常重要的程序，也是法律法规的规定，所以班组长应当组织进行班组安全教育，并做好记录，这些记录是开展这项工作的证明和依据，有着重要的意义。因此，对班组内的各种变更记录应当认真如实地填写，并妥善保管好。

总之，一名班组长对班组内的变更都要做到心中有数，并采取有效措施，对变更管理要按照 HSE 体系中的规定去做，同时班组长要注重对各种变更的管理。特别是对设备、设施、工艺发生的变更（例如：设备的维修和更换，工艺流程的改造）要及时建议企业组织培训或班组内部培训和学习，尤其由此带来的操作上变更要格外注意，每名岗位操作人员应重新学习掌握。通过变更管理，能把这些变更带来的不利影响尽快消除，转化为最大效能，提高班组的管理水平，预防或减少事故的发生。

# 第十一节 不安全事件的分析处理

## 一、不安全事件概述

### (一)定义

《后汉书》有言，禁微易，救末者难，人莫不忽于微细，以致其大。许多事故的发生，都有从微到著，从小到大，从量变到质变的过程，而人们往往忽视了对小事和细节的管理。比如，一般来说企业发生了事故，大家都比较重视事故的处理，而忽视了事前预防，忽视了企业班组内经常发生的大量的不安全事件，这些事件鲜为人知。企业在这方面的重视程度远远不够，许多班组长也不太注意这些事件，没有成形的分析处理程序和制度，没有及时采取有力的预防措施，长此以往，极易发生事故。因为事故的发生是在偶然性中都带有必然性，是建立在大量的不安全事件和隐患的基础上，一旦条件具备才诱发的。所以应当加强班组这方面的管理和分析处理，切实提高班组预防事故发生的能力。

不安全事件，也叫险肇事件或未遂事故，指的是那些虽未引起事故，却存在事故隐患或苗头，造成轻微人身伤害或财产损失的事件。引发这些不安全事件的原因可以分为人的不安全行为或操作失误，设备、设施缺陷，环境或外界因素，管理的漏洞，分工不清，职责不明等。

### (二)处理方法

企业发生事故一般要按“四不放过”的原则进行处理，但对不安全事件的处理目前还远远不如事故的处理那样严格和规范，HSE 体系中有对不安全事件的处理程序的介绍，要求在实践中以此类事件加以规范和分析处理。

因此，实践中企业班组在不安全事件的分析处理中应当借鉴事故处理的原则即“四不放过”的原则，通过多种形式或灵活的方式，收集这方面的信息，汇总分析处理，采取防范措施，避免引起事故。

事故的“四不放过”指事故原因未查清不放过、责任人员未处理不放过、整改措施未落实不放过、有关人员未受到教育不放过。班组在分析处理不安全事件时，查清原因，采取整改措施是首要的，然后采取灵活的形式进行教育，根据实际情况按制度对责任人进行奖惩处理。处理完成后应当将这一事件的分析处理全过程建立记录，供员工查阅参考和学习。

## 二、具体方法应用

前面介绍了不安全事件的处理方法，下面介绍几种有关不安全事件的具体管理方法，企业或班组在应用时可根据实际选用。

### （一）“不安全事件报告系统”的方法

这种方法首先起源于20世纪70年代中期美国使用的“航空安全报告系统”，又叫“不安全事件报告系统”。这种方法的目的是为了解决如何收集那些不易被别人发现的不安全事件，收集不到这些信息，就谈不上改进不足和预防的问题。这种方法的主要内容是鼓励工作人员将一些已经发生过的、但不为人所知的，将自己亲历的、对航空安全造成过影响的不安全事件进行报告，可以不注明具体的时间、地点和真实的单位、姓名。对收集到的材料进行归类，分析研究后，再将一些有典型意义的事件材料和归纳总结出的结论进行反馈，改进相关的工作，以利于更好地保证安全。

根据这种方法，在应用时班组内每个员工要写一些发生在自己身上或身边的不安全事件，可以是别人未发现的事件，也可以是已经发现的事件，以便于采取防范措施，改进工作中的不足。这是有关不安全事件的一种安全管理的方法，也是实现与每个职工沟通的渠道，是符合 HSE 体系要求的一种方法。企业或班组可以根据这种方法建立起一种不安全事件管理的制度和程序，定期收集这些不安全事件，然后汇总逐一分析处理。

例如：一次一名职工在工作过程中蹲着起身时被一个阀门手轮碰了头，他把这个事件进行了报告，经过大家现场分析研究，认为这个阀门安装方向不利于人员操作，人容易发生碰撞，于是决定将这一阀门的安装方向进行调整，既方便了操作，又避免再次对工作人员造成碰伤。

这种方法的优点是易于被人接受，事件更贴近实际，不追究责任，减少了员工的思想压力，不安全事件比较容易收集。它是常规安全管理方法的补充和创新，这种方法可以与合理化建议活动相结合，对认真实施这一方法的员工进行奖励，以提高开展这项活动的质量和水平。

**(二)“合理化建议”的方法**

在班组内开展“合理化建议”活动，不仅是建立一种长效地与职工有效沟通的方法和渠道，也是有效开展不安全事件管理的方法。通过开展“合理化建议”活动，收集到不安全事件和相应的改进措施，把这些内容进行分析整理，筛选后对不安全事件采取防范措施，防止类似事件重复发生。

要提高开展“合理化建议”活动的实效性，就应当把这项活动制度化，并对所有的合理化建议进行认真分析处理，并予以公布或答复，形成长效机制，否则，对这项活动员工的积极性就不高，收不到预期的效果。

目前，国家每年开展“安全月”活动，企业可以结合起来开展一些合理化建议或“四个一”“十个一”等方面的活动，力求形式多样，收到实效。

**(三)“警示录(典型案例)”的方法**

企业将各种渠道汇总收集的不安全事件，进行系统的整理，按引起的原因分别归类，对每一个事件按事件经过、事件原因、应吸取的教训、采取的措施、事件处理等几个方面进行分析，如果还发生过事故，也一并编入，全部分析完成后，汇编成册。以此作为教材，组织员工培训，提高员工的安全意识和防范事故的能力。

编制完成后并不是一劳永逸的，而是要形成在班组建立起就定期收集不安全事件和整理分析处理的机制，不断充实到警示录(典型案例)中，才能做到持续改进，预防事故的发生。

### (四)"三 E"对策的方法

在引起事故的各种原因中，技术原因、教育原因和管理原因是三种最重要的原因，这就是预防事故的"三 E"原则。预防这三种原因的相应对策简称"三 E"对策。同样对待不安全事件，也要从技术、教育和管理方面找原因，找对策，采取防范措施。

1. 技术对策

对设备、设施进行计划、设计、检修和保养时，从安全角度考虑应采取的措施，它与安全工程中的安全对策相辅相成，不可分割。项目开始前，要认真研究和分析可能会有哪些潜在危险、推测发生各种潜在危险的可能性，并从技术上提出防止这些危险性及控制危险的方法。

班组为避免不安全事件的重复发生，从技术角度查找原因，及时采取措施，防止不安全事件的重复发生。

2. 教育对策

通过开展培训，使员工掌握安全知识及正确的操作方法，对在职人员进行安全技术、事故管理等教育，对员工进行三级安全教育和特种作业人员的培训教育。教育的内容包括安全知识、安全技能、安全意识三方面。通过这些培训提高员工的意识和技能，从而防止不安全事件的再次发生。

3. 管理对策

针对管理缺陷，加强建章立制的工作，加强工作的检查监督，对生产过程中的各项管理工作实行控制，提高管理水平。

# 第十二节　班组培训教育

## 一、班组培训教育概述

班组内的培训教育是非常重要的一项工作，当今新技术、新设备大量涌现，同时人员流动较频繁，所以在这种情况下更要注重培训教育。一般企业应当结合实际制定详细的培训计划，组织开展相关的培训和安全教育，并形成制度，建立长效的培训教育机制。

### (一)培训教育分类

班组内的培训学习，有各种类型，按上岗的时间为标准可分为上岗前的培训和上岗后的培训；按岗位的性质可分为一般的岗位培训和特殊工种岗位培训；按员工工作时间可分为新员工的培训教育和一般员工的培训教育；按培训内容分新工艺、新材料、新设备的培训、安全技能培训、日常工作的经常性业务技能培训、事故案例培训等内容。

### (二)新员工的培训教育

新员工的培训教育是班组培训教育的重要方面和内容，专门就这项工作的重要性作一介绍。许多事故是发生在新员工或者刚工作不久的一段时间内。对新员工在上岗前进行规范的培训教育能起到预防或减少事故发生的作用，也能提高新员工的业务技能，缩短工作的适应期。

根据我国的法律法规的规定，新入厂的职工必须进行厂级、车间级、班组级的三级安全教育，考试合格后才能上岗。班组级安全教育是企业“三级”安全教育的重要组成部分，是企业的法定义务，应当建立规范的培训教育程序，认真组织落实。但是目前许多企业新员工的班组级安全培训教育落实不到位，有的没有进行培训教育就上岗，另外还存在培训教育的程序不明，教育级别不全，时间不够，内容陈旧，形式单调，走过场，只教育不考试，有的则把考试题讲一讲，应付了事等等问题。这样，就起不到应有的效果，所以在班组新员工的安全培训教育方面还应当按我国法律法规和 HSE 体系要求规范化、制度化，形成长效机制，持续改进。

### (三)培训教育的内容

班组培训教育内容应当有针对性，有的放矢，注重实效，形式灵活，富有趣味性和生动性。

班组培训学习的内容通常应当包括：

(1)常用法律法规；

(2)国家(企业)标准；

(3)HSE 管理体系及各种手册知识；

(4)操作规程；

(5)管理制度及工作程序；

(6)事故案例及注意事项；

(7)安全技能；

(8)其他相关知识。

平时针对季节变化和工作特点，也应当针对性地开展安全培训。如有其他变更或其他知识也需要增加针对性的培训。对这些平时做的培训教材和资料要注重积累，并做好记录和保管。对每年平时所进行的各项培训资料注意认真保存，一般应保存五年以上。

其中事故案例的内容，可以以发生在身边的事故或不安全事件为素材，更贴近实际，员工易于接受。前面提到的不安全事件管理中，积累汇总的事故和不安全事件都可以作为培训的教材，进行学习。这样，收到的果比空洞的说教效果更明显，能在思想上引起员工的重视，起到警示的作用。

## 二、班组培训教育的方法和形式

### (一)培训教育方法和步骤

一般企业内培训应遵照事前制订培训计划，编制和收集培训教案，组织培训，考试，总结记录，资料归档这样几个环节。班组内员工的培训也应该大致是这样一个过程。

这里重点讲一下培训计划与教案。班组内的培训计划主要是列明一些需培训的项目，比如班组长应配合企业制定一个标准的技能培训表，即班组内岗位应具备哪些技能和相应知识，然后组织一次全面系统的培训。培训教案根据技能培训表中的每项内容查阅相关资料后进行编制，应当准确并符合实际，以此作为教材和依据组织培训，并下发到员工手中。新工人上岗前都要按严格的程序经过系统的培训，并考试合格才能上岗，班组长应将培训情况进行书面记录。通过这样不同对象的多种培训，效果就会比较明显。另外，也可以采取现代数字技术，利用摄像机将班组内全部的操作和制度结合实例拍成录像，可以在计算机上播放，也可以多媒体演示，还可以建立计算机仿真培训系统模拟操作。这样，以这些视听资料作为培训的辅助教材，在培训时收到的效果更直观。培训的结果要填写相应的表单备案。

表 3－7 是一个班组安全技能培训表格式的实例。

**表 3－7　班组安全技能培训表**

| 序号 | 培训项目 | 培训时间 | 培训人 | 培训结果 |
|---|---|---|---|---|
| | | | | |
| | | | | |
| | | | | |

上述项目我已全部接受培训合格，经过培训达到熟练掌握水平，并在工作中予以执行和应用。

接受培训人：（签字）　年　月　日

## (二)培训和教育形式

这种培训和教育的形式有很多，可以通过参加或举办培训班的方式，可以现场培训的方式，可以利用网络进行网上教育，也可以通过其他方式，灵活多样、有实效的方式组织开展。这些方式大都在企业中得到了应用，不过多介绍。

在安全教育中方式是多种多样的，班组应当注重总结工作中的经验，例如采用顺口溜、诗歌、黑板报、宣传栏、展板、比赛等形式，易于接受。

下面重点举一些实例介绍一下在实践中安全教育一些喜闻乐见的形式。

1. 采用顺口溜的形式

**实例 1**

员工安全“十个想”

上班之前想一想，乘车赶路不要忙。
横穿马路想一想，先看是否有车辆。
上岗之前想一想，防护用品穿戴齐。
班前会上想一想，思想包袱全丢光。

接班之时想一想，岗位存在啥危险。
作业之中想一想，按规操作不违章。
维护检修想一想，换牌挂牌重确认。
作业之后想一想，场地是否清通畅。
交班之时想一想，安全事项交对方。
事事处处想一想，安全生产有保障。

**实例 2**

**“十个”易出事**

职责不清易出事，新投工艺易出事，
新来工人易出事，冒险省事易出事，
忙乱之中易出事，工作收尾易出事，
工作闲扯易出事，熟套工作易出事，
精神不振易出事，着急下班易出事。

**实例 3**

**安全工作“十关键”**

安全的关键在重视，重视的关键在领导，
领导的关键在深入，深入的关键在现场，
现场的关键在管理，管理的关键在制度，
制度的关键在落实，落实的关键在检查，
检查的关键在整改，整改的关键在预防。

2. 采用诗歌的形式

**实例 1**

**安全陋室铭**

隐患再小，防范先行；
险情虽小，谨慎则灵。
斯是平台，唯吾匠心。
操作不违章，穿戴按规定；
戒烟又禁酒，安全伴君行。
可以平安归，妻儿笑；
无哭声之乱耳，无伤残之疼痛。

浅海诸平台，安全效益增。

大家云:“何忧之有?”

**实例2**

**班组管理一点歌**

班组工作要出色，请君听我一点歌:

维护生产精心点儿，指标控制严格点儿;

巡检次数增多点儿，工况对比细心点儿;

检查记录准确点儿，设备维修规范点儿;

自查自改彻底点儿，技术措施周密点儿;

检修质量提高点儿，验收把关严格点儿;

学习技术经常点儿，工作态度端正点儿;

遵守纪律自觉点儿，技术练兵多搞点儿;

竞争上岗公平点儿，班组考核透明点儿;

班组做好这几点儿，工作水平就提高点儿

3. 采用安全标语、谚语、警句的形式

**实例**

我的微小疏忽将给生产带来巨大损失，我的谨小慎微将确保安全生产。

人人遵章守纪，事事注意安全。

清洁体现您的素质和修养，安全需要您的精心呵护。

上岗一分钟，安全六十秒。

船到江心补漏迟，事故临头后悔晚。

违章操作等于自杀，违章指挥等于杀人。

勿忘安全需时时警钟长鸣，珍惜生命当处处头脑清醒。

宝剑锋从磨砺出，安全严从爱中来。

安全多下及时雨，教育不放马后炮。

安全是朵幸福花，合家浇灌美如画。

冰冻三尺非一日之寒，安全生产非一日之功。

多看一眼，安全保险;多防一步，少出事故。

本书附录中收集了其他一些警句格言等，供阅读时参考。

# 第十三节 制度建设

## 一、制度建设概述

### (一)制度类别

一套行之有效、操作性强的规章制度对一个企业来讲是非常重要的，同样对企业中最基本的细胞班组也是非常重要的。企业班组应当有一套操作强富有实效的规章制度，这些制度可以是企业各级管理者制定的，也可以是班组内部制定经过企业批准后实施的。

班组内的制度因企业性质不同而不同，在类别上大致可分为管理类制度、操作类制度及其他类的制度。其中管理类制度可分为生产管理类制度(如：交接班制度、巡回检查制度等)、安全管理类制度、设备管理类制度、奖惩考核类制度、经营管理类制度等。

其中安全管理类制度可分综合安全监督管理、专项安全监督管理、直接作业环节安全监督管理、安全技术管理、职业卫生管理、消防管理、企业交通运输安全管理、防灾应急管理、安全生产禁令和规定等制度；操作类制度包括设备操作规程、工艺操作程序等制度；其他类制度包括思想和文化方面管理制度、专业化的制度和临时性的规定等。

班组内可以根据实际情况建立班组内的管理制度，不宜过多，应当以实用、实效、操作性强为原则。作为一名班组长，不仅要参与到制度的建立，还应当为完善制度而多提建议，谏言献策。

班组长在工作中首先应掌握班组有哪些制度应当遵守，并模范执行。制止和纠正员工违反制度的行为，避免事故的发生。通过一系列制度的落实，实现班组内的劳保用品穿戴规范化，基础资料建立和填写规范化，安全检查规范化，事故预案和处理规范化和制度化。

### (二)制度的内容

制度的建立是为管理服务的，是为提高管理水平，规范班组各项工作的工具和手段，而不是增加了班组的束缚和负担。因此，班组无论是学习制度或参与制定制度，都应当做到理解领会，便于在工作中切实贯彻执行。

制定的制度应当遵循一定的格式，内容贴近实际，力求简单实用。一般一项制度的内容包括制度的名称、前言、正文、结尾。

制度名称一般要体现制度制定的单位，针对什么事项的管理制度或规定。

制度前言部分是制度开头的一部分，要简单介绍一下制定这项制度的原因，适用范围，制定的依据等。

制度正文的格式与内容因具体制度性质的不同而各有不同。其要旨是把具体规定表述清楚、通俗，做到准确无误，防止产生歧义，便于在班组学习和执行。

制度的结尾部分要写明这一制度的制定单位或部门，生效的日期等相关辅助信息。

一项制度制定完成后，还必须了解执行的情况，定期修订。国家对法律在执行过程中不合时宜的规定还经常性修改，并有专门的渠道和程序，企业内部的制度就是企业内部的“法律”，而有的企业制定的制度多年不进行修订，许多制度已经过时，没有有效的执行，不及时修订就会大大降低制度的权威性和可信度，久而久之，就没有人再执行制度了，企业的管理水平就会大大下降。

因此，企业建立了一项制度，就应当特别注重落实和贯彻的过程，对执行中存在的问题和信息及时收集，并定期修订，不断完善和补充，使之更具操作性。

## 二、操作规程建立

在班组制度中操作规程有着重要的地位，所有员工的操作都要按操作规程来执行。能否有一套切合实际的操作规程，是正确操作避免事故的前提。班组在这方面可以参与企业的操作规程的制定，也可以根据工作安排自主制定一些简单的操作规程。

### （一）操作规程的内容

企业内制定的操作规程根据操作对象的不同，可分为设备操作规程、工具操作规程、检测监测仪器和工艺操作规程等。每一类的操作规程所包括的具体内容有所差异，但都主要是针对不同的操作对象列明操作的步骤和注意事项。

设备操作规程内容重点包括设备启动前、运行、停止运行几个过程中的具体操作步骤和程序，另外还包括注意事项和紧急情况的处理等。

大量新型国产或进口工具技术含量较高，并在企业得到应用。为了正确使用和维护这些工具，就应当事前制定这些工具的操作规程。同样地，针对各种检测监测仪器及设备也应当制定操作规程，防止在使用过程中的误操作。有的班组内工艺系统比较复杂，就要有明确的操作规程规定每一个操作步骤，明确操作过程中各种参数指标控制的具体范围，各系统间联动的顺序等。

有一套正确齐全的操作规程，才能为规范操作提供依据和打下一个基础。

### （二）操作规程的建立步骤

1. 收集资料

班组内制定一个操作规程前，第一步应当收集有关操作对象的资料，如说明书、图纸等。必要时还可以向厂家或代表处咨询，请求提供技术咨询，也可以上网查阅相关厂家或设备的相关资料。收集这些资料，为编制正确的操作规程提供依据。根据这些资料筛选出操作规程中应有的内容。

2. 编制

在编制操作规程时，把从各种资料中收集到的有用信息，按相应的操作规程的格式进行编制，力求简明扼要，准确无误。

3. 培训考核

一个操作规程编制完成后，应当组织班组内的有关操作人员进行培训学习，也可以组织现场培训，使每个员工达到熟练掌握的水平。经过一定的考核程序，才能进行相应的操作，并将培训的情况做好记录并保存。

4. 实际操作，修订，持续改进

培训完成后，员工就可以在工作中实际操作，对操作过程中发现的问题或需简化的地方，以及不准确的地方及时修订，做到持续改进，逐步达到最合理的运行操作状态。

## 第十四节 法律法规识别方法简介

### 一、法律法规识别方法简介

企业在生产经营过程中，应当了解和掌握必须遵守国家的哪些法律法规和标准，哪些是强制性的规定，哪些是推荐性的规定，做到什么样的程度才算合法，这些都是企业规范管理过程中应当做出明确回答的基本问题。作为一名企业的员工，同样也应当知道遵守哪些法律法规，有哪些权利义务，执行哪些标准，做到什么程度。如何才能掌握这些知识呢，一方面企业应当组织开展这方面法律法规识别的工作，另一方面员工也应当主动获取和了解这方面的相关知识。

(一)识别方法

法律法规识别方法是一项专业性较强的工作，一般由专业人员完成，有的企业班组长可以参与。班组主要是了解一些这方面的识别方法，重点应当是对已识别完成的结果进行掌握，掌握获取这些知识的方法和途径，并组织学习贯彻。

对一个企业来讲，法律法规的识别不仅包括我国现行的法律法规的识别，还包括标准的识别。无论是识别法律法规，还是标准，其方法都是先应将法律法规或标准列出目录，然后逐一对其内容进行查找研究，找出适用于企业的那些法律法规和标准，并找出其中的具体条款摘录出来，填写到专门的识别表格内，整理成册。针对这些查找出的关键条件条款，确定企业应当如何进行执行和确定具体的措施，这样才能使企业合法地充分地贯彻执行好国家的法律法规和标准。企业应将通过这种方法识别出的法律法规或标准目录及内容予以公开，便于企业员工了解和掌握。

班组应结合实际将企业已经识别出的法律法规和标准的具体条款在实际工作中予以贯彻落实，做到班组的各项工作遵章守纪，提高班组规范管理的水平。

**(二)获取途径**

企业应当建立规范的获取法律法规和标准的渠道和方式，例如：通过报刊、电视、广播、政府机关、上级部门、网络等渠道，定期收集这些文本和相关信息，并定期进行识别，将识别后的结果在企业内公布执行。通过这种不断补充完善，实施法律法规识别与执行方面的持续改进。

## 二、法律法规识别实例

识别的目的主要是查找法律法规和标准中对企业有用的信息，明确企业适用的内容，对企业工作进行指导和规范。对具体的法律法规识别内容介绍如下。

**(一)法律法规网站**

开展法律法规识别，首先要找一份齐全的法律法规目录和内容，目前有许多方法可以获得。在此，只介绍一些相关网站，供浏览使用。

中国法律资源网：http：//www. lawbase. com. cn/

中华法律网：http：//www. golaw. com. cn/

全球法律法规网：http：//policy. mofcom. gov. cn/

中国普法网：http：//www. legalinfo. gov. cn

法律图书馆：http：//www. law - lib. com/

北大法律信息网：http：//chinalawinfo. com

法律服务网：http：//www. icclaw. com. cn/

**(二)安全生产法识别实例**

安全生产法是我国安全生产的基本法，它有许多重要的内容都是企业必须遵守的。在此，以安全生产法为例，介绍一下其中的部分重要内容。

《中华人民共和国安全生产法》于 2002 年 6 月 29 日第九届全国人民代表大会常务委员会第二十八次会议通过，于 2002 年 11 月 1 日实施。这是我国第一部综合性的劳动安全卫生法律，共分 7 章 99 条，分别对生产经营单位的监督管理、生产事故的应急救援与调查处理、法律责任等内容做了规定。《安全生产法》的公布、实施，是安全生产法制建设的里程碑，对我国安全生产工作影响深远，意义重大，它标志着我国安全生产工作进入一个新阶段。

1. 职工在安全生产方面的权利

《安全生产法》第六条规定："生产经营单位的从业人员有依法获得安全生产保障的权利，并应当依法履行安全生产方面的义务。"《安全生产法》主要规定了职工必须享有的、有关安全生产和人身安全的最重要、最基本的权利。这些基本安全生产权利，可以概括为以下八项：

(1)知情权。许多生产安全事故伤亡严重的教训之一，就是职工不知道存在的危险因素以及发生事故时应当采取的应急措施。为此，有关法律法规规定作业人员有权了解其作业场所和工作岗位存在的危险因素、防范措施和事故应急处理措施。

(2)建议权。安全生产关系职工的切身利益，同时职工工作在生产一线，对安全生产的问题和事故隐患最了解、最熟悉，具有他人不能替代的作用，应积极参与企业安全生产的民主管理。职工可以通过职工大会、职工代表大会等方式，对生产经营单位的安全生产规划、管理制度、管理办法、安全技术措施和规章的制定提出建议。

(3)批评、检举和控告权。职工有权依法维护自己的合法权益，有权对本单位安全生产工作中存在的问题提出批评、检举、控告；生产经营单位不得因职工对本单位安全生产工作提出批评、检举、控告而降低其工资、福利等待遇或者解除与其订立的劳动合同。

(4)拒绝权。为了保护职工的人身安全也是为了警示生产经营单位负责人和管理人员必须照章指挥，保证安全，法律赋予职工拒绝违章指挥和强令冒险作业的权利，而且生产经营单位不得因职工拒绝违章指挥、强令冒险作业而降低其工资、福利待遇或者解除与其订立的劳动合同，用人单位也不得以此为由给予处分，更不得予以开除。

(5)紧急避险权。由于存在自然和人为的危险因素，生产经营场所经常会在作业过程中发生一些意外的或者人为的直接危及职工人身安全的危险情况，将会或可能会对职工造成人身伤害。法律规定：职工发现直接危及人身安全的紧急情况时，有权停止作业或者在采取可能的应急措施后撤离作业场所，并应当将有关情况向用人单位的管理人员做出报告。生产经营单位不得因职工在此紧急下停止作业或者采取紧急撤离措施而给予职工任何处分，也不得降低其工资、福利待遇或者解除与其订立的劳动合同。

(6)劳动保护权。法律规定，职工有权获得符合国家标准或者行业标准劳动防护用品的权利，有权要求提供符合防治职业病要求的职业病防护设施和个人使用的职业病防护用品。国家有关部门对于各工种的劳动保护用品配备标准都有具体要求。一些生产经营单位的劳动条件差，不向职工提供个人防护用品的行为是违法的行为，职工可以要求单位改正，也可以向有关部门检举、控告。

(7)接受教育权。国家有关法律、法规就安全教育培训，对生产经营单位提出了一系列的具体规定，如必须对新工人、换岗工人进行上岗前的安全教育，对在岗工人进行定期的安全培训等。职工有权获得这些安全生产的教育和培训。如果未按规定对职工进行安全教育，生产经营单位将受到安全监督管理部门的处罚。

(8)享受工伤保险和伤亡赔偿权。法律明确赋予了职工享有工伤保险和获得伤亡赔偿的权利。

2. 职工在安全生产方面的义务

作为法律关系内容的权利和义务是对等的。没有无权利的义务，也没有无义务的权利。职工依法享有权利，同时也必须承担相应的法律义务和法律责任。职工在生产劳动中，除享有安全生产的有关权利外，还应当承担相应的义务，主要有以下四项：

(1)遵章守纪，服从管理。为保证生产的顺利进行，根据有关法律、法规的规定，生产经营单位制定本单位安全生产的规章制度和操作规程。职工必须严格依照这些规章制度和操作规程进行生产经营作业。事实证明，职工违反规章制度和操作规程，是导致大量生产安全事故的主要原因。生产经营单位的负责人和管理人员有权依照规章制度和操作规程进行安全管理，监督检查职工遵章守纪的情况。对这些安全生产管理措施，职工必须接受并服从管理。依照法律规定，生产经营单位的职工不服从管理，违反安全生产规章制度和操作规程的，由生产经营单位给予批评教育，依照有关规章制度给予处分；造成重大事故，构成犯罪的，依照刑法有关规定追究刑事责任。

(2)正确佩戴和使用劳保用品。法律要求职工必须正确佩戴和使用劳动保护用品，比如从事高空作业的工人必须佩戴安全带以防坠落等。但在实际工作中，一些职工缺乏安全知识，认为佩戴和使用劳动防护用品没有必要，往往不按规定佩戴或者不能正确佩戴和使用劳动防护用品，由此引发的人身伤害时有发生，造成不必要的伤亡，给自身和家庭带来巨大的痛苦。

(3)接受培训，掌握安全生产技能。不同行业、不同生产经营单位、不同工作岗位和不同生产经营设施、设备具有不同的安全技术特性和要求。随着生产经营领域的不断扩大和高新安全技术装备的大量使用，生产经营单位对职工的安全素质要求越来越高。职工的安全生产意识和安全技能的高低，直接关系到生产经营活动的安全可靠性。为搞好安全生产，防止发生伤亡事故，职工有义务接受安全生产教育和培训，掌握本职工作所需的安全生产知识，提高安全生产技能，增强事故预防和应急处理能力。

(4)发现事故隐患及时报告。职工直接进行生产经营作业，是事故隐患和不安全因素的第一当事人。许多生产安全事故是由于职工在作业现场发现事故隐患和不安全因素后，没有及时报告，延误了采取措施进行紧急处理的时机，以至发生重大特大事故。为此，有关法律规定：职工发现事故隐患或者其他不安全因素，应当立即向现场安全生产管理人员或者本单位负责人报告；接到报告的人员应当及时予以处理。生产经营单位发生生产安全事故后，事故现场有关人员应当立即报告本单位负责人。

以上介绍了安全生产法中的一部分内容，通过识别，这些内容与员工有密切的关系，每个企业员工都应当根据安全生产法的规定清楚自己的权利和义务，在工作中享受自己的权利，同时履行好自己的义务。

### （三）刑法识别实例

企业在生产经营过程中应当遵守刑法，员工在安全生产过程中也应当遵守刑法。但许多人并不了解刑法中对安全生产有关的法律条文是如何规定的，以致有时出了责任事故造成严重后果还不知道自己已经犯罪。所以，有必要对刑法中的条文进行识别。

下面介绍一下在刑法识别重点查找了一些与安全生产和安全责任有关刑法罪名及条文，供参阅。

《中华人民共和国刑法》1979 年 7 月 1 日第五届全国人民代表大会第二次会议通过，1997 年 3 月 14 日第八届全国人民代表大会第五次会议修订，1997 年 10 月 1 日起实施，后经多次修订或修改。

1. 重大责任事故罪；强令违章冒险作业罪

第 134 条　在生产、作业中违反有关安全管理的规定，因而发生重大伤亡事故或者造成其他严重后果的，处三年以下有期徒刑或者拘役；情节特别恶劣的，处三年以上七年以下有期徒刑。

强令他人违章冒险作业，因而发生重大伤亡事故或者造成其他严重后果的，处五年以下有期徒刑或者拘役；情节特别恶劣的，处五年以上有期徒刑。

2. 重大劳动安全事故罪；大型群众性活动重大安全事故罪

第 135 条安全生产设施或者安全生产条件不符合国家规定，因而发生重大伤亡事故或者造成其他严重后果的，对直接负责的主管人员和其他直接责任人员，处三年以下有期徒刑或者拘役；情节特别恶劣的，处三年以上七年以下有期徒刑。

举办大型群众性活动违反安全管理规定，因而发生重大伤亡事故或者造成其他严重后果的，对直接负责的主管人员和其他直接责任人员，处三年以下有期徒刑或者拘役；情节特别恶劣的，处三年以上七年以下有期徒刑。

3. 交通肇事罪

第 133 条　违反交通运输管理法规，因而发生重大事故，致人重伤、死亡或者使公私财产遭受重大损失的，处三年以下有期徒刑或者拘役；交通运输肇事后逃逸或者有其他特别恶劣情节的，处三年以上七年以下有期徒刑；因逃逸致人死亡的，处七年以上有期徒刑。

4. 工程重大安全事故罪

第 137 条建设单位、设计单位、施工单位、工程监理单位违反国家规定，降低工程质量标准，造成重大安全事故的，对直接责任人员，处五年以下有期徒刑或者拘役，并处罚金；后果特别严重的，处五年以上十年以下有期徒刑，并处罚金。

5. 消防责任事故罪；不报、谎报安全事故罪

第 139 条违反消防管理法规，经消防监督机构通知采取改正措施而拒绝执行，造成严重后果的，对直接责任人员，处三年以下有期徒刑或者拘役；后果特别严重的，处三年以上七年以下有期徒刑。

在安全事故发生后，负有报告职责的人员不报或者谎报事故情况，贻误事故抢救，情节严重的，处三年以下有期徒刑或者拘役；情节特别严重的，处三年以上七年以下有期徒刑。

6. 失火罪

第 115 条放火、决水、爆炸、投毒或者以其他危险方法致人重伤、死亡或者使公私财产遭受重大损失的，处十年以上有期徒刑、无期徒刑或者死刑。

过失犯前款罪的，处三年以上七年以下有期徒刑；情节较轻的，处三年以下有期徒刑或者拘役。

7. 污染环境罪

第 338 条　违反国家规定，排放、倾倒或者处置有放射性的废物、含传染病病原体的废物、有毒物质或者其他有害物质，严重污

染环境的，处三年以下有期徒刑或者拘役，并处或者单处罚金；后果特别严重的，处三年以上七年以下有期徒刑，并处罚金。

另外，《最高人民法院、最高人民检察院关于办理环境污染刑事案件适用法律若干问题的解释》于 2013 年 6 月 8 日由最高人民法院审判委员会第 1581 次会议、2013 年 6 月 8 日由最高人民检察院第十二届检察委员会第 7 次会议通过，自 2013 年 6 月 19 日起施行。该司法解释对哪些属于有毒物质、哪些情形属于严重污染环境、哪些情形属于后果特别严重等进行了明确界定，对惩治环境污染犯罪有重要的意义。

### 三、标准识别

在进行标准识别时重点要识别国家标准。如果行业和企业制定了大量的标准，也应当进行识别，列出现行的标准目录。

在对国家标准进行识别时，找出那些与安全生产有关的标准，列出目录，然后对其中的重点、关键条款分析汇总，方便在工作中实施。因为标准的修订是经常性的，所以对标准的识别要经常开展，新标准生效就要停止执行旧的标准。现在列出的标准目录可能一段时间以后就会出现一些增减、废止的情况，因此，开展标准的识别工作也是非常重要的。

## 第十五节　应急预案与演习

### 一、应急预案

#### (一)目的和意义

企业在生产经营过程中，可能会碰到一些紧急情况或者发生意外事故，如果事前有应急预案，那么在处理这些突发事件的过程中，就会有条不紊，减少损失，避免事态扩大，否则，就会手忙脚乱，仓促应对，出现纰漏，造成损失的扩大。

企业制定的应急预案就是事前对这些意外事故和紧急情况进行

预先设想，经过分析研究，制定的切实可行有效的控制和处理方案。其目的和意义就是在于事前设想和演练，采取预防措施，一旦发生突发事件可以立即启动应急预案，达到及时处理，减少损失的目的。

班组可以参与企业相关应急预案的制定工作，应急预案实行后，现场放置一份应急预案，并定期组织演练。通过演练，提高班组的应急反应能力和技能，减少事故发生时的误操作，提高班组应急管理水平。

### (二)类别

企业中的应急预案有许多不同的格式和内容，也有不同的分类。一般地讲，可以将应急预案分成不同的级别，按影响范围和应用的层次不同可分为一级、二级、三级等，也可以划分为企业级、车间级、班组级应急预案。按其针对的对象和内容划分为火灾等事故应急预案和生产工艺系统(生产事故)应急预案。按实施主体不同可以划分为政府应急预案和企业应急预案。按紧急情况的不同可以划分为突发公共事件应急预案、事故应急预案等。另外，按行业不同还可以划分为各行业的应急预案。

### (三)内容

应急预案因其类别和性质的不同内容有许多不同，但其出发点和预案的体例内容都是基本相同的，都是要把一定层次的应急事件列明，并分门别类地制定各种不同应急处理措施。从这个意义上讲，应急预案的内容主要有应急事件，事件原因，处理方案和程序，相关部门及人员职责，启动程序，应急资源等等。预案中的这些方面在不同的企业可能叫法不同，也可能内容上还有增减，符合实际情况就可以，因为其根本目的都是要制定一个全面、有效、简单易行的预案。

### (四)编制和实施程序

应急预案的编制和实施要经过成立编制小组，收集资料，现场调研，编制，批准，执行，持续改进几个过程。编制时，应当注意把班组内容易引发事故的各种情况列全，防止出现遗漏。制定的措施应当经过充分讨论，既简便易行，又准确无误，比如出现火灾，班组现场人员每个步骤如何处理等等，条理清晰，易记易行。预案编制完成后应当经过有关部门的审批，有的预案要经过专门政府部门审批，根据职权的不同，只有经过审批的预案才能生效执行。同时，将预案发至执行预案有关的各个部门或单位，班组现场也应当有一份备查。例如：国外有的地铁站或海底遂道在方便工作人员取用的显眼位置专门分类放置各种紧急情况的处理预案，因为他们认为在紧急情况下，人们可能出现慌乱，用非常简明的方式列明这些情况如何处理放置在现场，供他们在紧急情况时迅速取用和阅读，然后立即采取正确的措施，这些做法值得我国企业借鉴。

有的企业实践中，为了方便员工掌握应急预案的内容，可将其中部分编制成应急部署表，明确每个人在各种应急情况下的职责，在工作现场公布，或者制成易于携带的《应急卡》都是很好的形式，在结合企业自身的实际情况下可以创新和应用。

在应急预案的演习和实施过程中发现预案中有不正确的或欠妥的地方应当及时修订，并根据企业实际定期组织补充完善，做到在应急管理上的持续改进，形成长效管理机制。

### （五）危险化学品的应急措施

因危险化学品的危险性较高，危险化学品在这方面的管理更加严格，企业不仅有应急预案，而且还要求在各种危险化学品的说明书上都要列明应急措施，一旦出现泄漏等事故，根据这些应急措施，处理人员很快就能得知如何处理。

## 二、应急演习概述

### （一）目的和意义

有了应急预案，还应当经常性或定期地组织应急演习，把书面的预案进行模拟性检验和练习，提高应急反应能力和应变的技能。应急演习的目的和意义在于检验预案是否符合实际情况，提高参与人员的应急反应能力和技能，加强协作配合，务求实效，使参与人员熟练掌握应急处理的程序，提高应急管理水平。

企业班组按照规定应定期组织各种应急演习，如：班组内人员触电演习、管线泄漏演习、大型设备停机演习等。对于组织本班组内的演习，许多班组开展的较少，而班组工作人员直接负责操作各种设备和工艺系统，突发情况往往发生在一瞬间，提早处理几钞钟、几分钟几个简单的操作就能避免事故的发生，反之如果缺乏应急反应能力，不知所措，手忙脚乱，就会扩大事故的损失，所以应急演习的目的就是要提高职工对待应急情况的反应能力和操作技能，降低事故损失。因此，定期组织应急演习是十分必要的，有着重要的作用，班组长应当按规定及时组织班组内的应急演习，真正提高班组的应急管理水平。

### (二)类别和形式

应急演习的类别和形式主要有实战演习、现场模拟演习、模拟演习、桌面演习等。其中实战演习的效果最好，需协调动用的资源也最多，成本也就比较高。模拟演习又分为现场模拟演习和计算机模拟演习，桌面演习就更简单了，收到的效果没有其他方式明显。企业组织演习或班组组织演习时，应当尽量选择实战演习。受各种条件限制时，可以选择其他演习方式。

按事先通知与否，可分为事先通知的演习和事先不通知的演习。不言而喻，事先不通知的演习会更突出实战性，提高人们的应急意识，但也可能在演习过程中部分人员因不明真相而造成损失，这就要求演习的组织部门都要统筹考虑，事先做周密的安排，确保演习全过程的安全，防止因演习而发生意外。事先通知的演习指事先有计划，安排参与人员、演习时间和地点，然后组织演习。

应急演习是应急管理中的非常重要的环节，发挥着非常重要的作用。在此试举一例看一看人们对演习的重视程度。在角逐 2008 年奥运会的投票现场，在投票前，在向全世界现场直播的情况下，奥委会主席萨马兰奇亲自主持进行了两次模拟投票，进行演习，防止在真正投票时有人出现错误。这是为了防止出现投票时错误而进行的演习，可见事前的演习是广泛应用在各个领域的，发挥着重要的作用。同样，对企业生产过程中防止出现事故而进行一系列应急演习更要认真组织，收到实效。

### （三）应急演习的步骤

应急演习的频次根据演习的性质不同而不同，有的演习要求一周一次，有的演习应当一个月一次，有的则应该一季度一次，都应当按标准或企业的具体规定组织开展。根据本班组工作情况和人员素质情况可以加密演习的次数，至少不少于企业规定的次数。

班组组织应急演习的步骤要经过计划、实施、总结和记录三个过程。演习前首先要编制一份可操作性的演习计划，设想突发事件和意外情况演习程序，应采取的措施和步骤，确定总指挥，每一个步骤都应细化具体到人，参加人员，职责，演习要求等。

在组织实施演习前，根据生产情况选择一个时间组织应急演习，事前向上级汇报，并通知有关单位和人员演习时间和地点，注意事项，以免引起误会或误动作。演习开始前可以有企业的演习监督在场。演习指挥一般由班组长担任，在预先规定演习开始的时间下达演习指令，各参与人员按演习计划中规定的操作进行模拟，并向总指挥汇报，按照计划全部完成后，演习指挥根据情况和计划演习的时间，宣布演习结束。

最后一个环节是总结讲评。由演习指挥对整个演习过程进行讲评，总结好的地方，找出不足，并注意演习的过程与应急预案是否符合，注意查找不符合的地方，及时纠正。由专人将演习情况在专门演习记录本上做好记录。

## 三、生产场所演习实例

因企业的情况各有不同，所以演习预案内容也各有不同，仅供参考。

**实例 1**

配电间火灾应急演习预案

（一）应急演习项目

模拟配电间火灾应急演习

(二)演习步骤

(1)某配电间一旦发生火灾，发现者应立即按动火灾报警按钮，发出火灾报警信号，并向调度室报告起火部位，火灾类型，失火程度。

执行人：发现人××

(2)调度室接到报告后立即通知应急中心，并通过广播通知全体人员，启动火灾预案，立即抵达失火现场。

执行人：××

(3)由班长立即通知主控室，将某配电间380V、220V进线开关断开，并根据火势采取适当灭火措施。

执行人：××

(4)火势较小时由三名班员选用适当手提灭火器和推车灭火器进行灭火。

执行人：××、××、××

(5)若火势较大时，隔离失火现场，清除失火部位及附近易燃易爆物品，人员撤离。

执行人：××、××

(6)人员撤离时，关闭所有门窗及通风口。

执行人：××

(7)启动二氧化碳系统进行灭火。

执行人：××

(8)火灾扑灭后，应立即打开门窗通风后，人员再进入配电间，仔细检查现场有无暗火，防止火灾复发，并清理现场。

执行人：××等4人

(9)火灾扑灭后，总结讲评。

讲评人：略

(三)参加人

电力班等4人

(四)计划演习时间

年 月 日

（五）演习地点

配电间

（六）方案制定人

（略）

（七）方案审核

（略）

**实例 2**

**油罐溢油应急演习预案**

（一）应急演习项目

模拟油罐溢油应急演习

（二）溢油演习步骤

(1) 值班人员发现油罐溢油后，迅速通知班长和调度。

执行人：值班员 ××

(2) 班长通知各岗位人员迅速到位。

执行人：通讯员 ××

(3) 班组人员迅速将三相分离器倒入旁通，关闭其进出气阀。

执行人：班长　值班员 ××

(4) 同时将两台脱水换热器及外输换热器倒入旁通，关闭进出油阀门。

执行人：值班员 ××

(5) 迅速关闭大罐进口阀。

执行人：值班员 ××

(6) 停运外输泵，关闭流程。

执行人：值班员 ××

(7) 待进口阀即将关上的时候，值班员迅速打开越站流程总阀。

执行人：值班员 ××

(8) 储油罐停止溢油后，组织人员清理现场油污。

执行人：班组全体人员 ××

(9) 演习结束，组织总结讲评。

讲评人：略

(三)参加人

输油班等六人

(四)计划演习时间

年 月 日

(五)演习地点

储罐区

(六)方案制定人

(略)

(七)方案审核

(略)

## 四、公共场所演习实例

**实例 1**

会议室逃生演习

(一)演习名称

会议室某培训班火灾逃生疏散演习

(二)演习地点

某会议室

(三)模拟情况

会议室培训过程中发生火灾，全体人员逃生疏散，火灾中有 1 人烧伤。

(四)演习目的

(1)提高对突发事件的应急反应能力，提高安全应急意识。

(2)掌握应急预案和应急演习的知识。

(3)增加团结互助的意识、集体的意识和责任感。

(4)吸取火灾中疏散逃生缺乏统一指挥，速度慢、散乱的教训，提高个人逃生技能。

(五)演习人员分工和职责

1. 现场指挥

主讲人

职责：负责整个演习的指挥、清点人数，最后撤离和演习讲评。

2. 副指挥

组织单位人员

职责：负责拨“119”火灾报警，协助指挥，并在指挥不能履行职责时接替指挥。

3. 灭火组组长

距离灭火器最近人员，灭火组3人组成。

职责：火情较小时就近拿灭火器灭火，火势无法控制，等待消防队到来灭火，并予以协助。

4. 培训班各单位负责人职责

主动协助组织人员疏散和救护，避免发生拥挤。

5. 培训班各单位人员职责

听从统一指挥，按逃生路线和顺序逃生，逃生过程中不拥挤，有次序疏散，并互相帮助，主动让出通道救护受伤人员。

6. 疏散原则

前面先走，开展自救，捂住口鼻，低身逃生。

(六)演习前准备

喊话器一个，红袖套“监督”、“总指挥”、“副指挥”、“受伤”、“救护”、“灭火组”标志；明确参加演习人员总数；明确灭火器位置，指定靠近灭火器人员为灭火组成员；明确疏散路线和疏散顺序；指定伤员一名，救护人员两名，其中一人负责背运。指定临时避难区(安全区)。

(七)演习程序

(1)发现人或主讲人发现火情呼喊发出火灾报警，演习开始。

(2)由现场指挥统一组织按疏散路线疏散。

(3)指定的救护人救护受伤人员撤离。

(4)全部人员撤离后灭火器队人员进行灭火。

(5)全部人员撤离到安全区后，在临时避难区(安全区)列队，报数清点人数。人员到齐，联系救护受伤人员。

(6)宣布演习结束，讲评。

（八）演习时间

15min

下达演习开始命令后，最后一人撤完用时3min。

**实例2**

**公众场所疏散演习**

商场、电影院、体育馆等一些公众场所也可能会发生一些突发事件，应当准备疏散的应急预案。预案中应包括的内容有单位简介、应急事件指挥网络及人员、联系方式、各种平面布置图、应急逃生路线图、突发事件类别、应急程序和内容、应急资源、演习的要求和规定等。一般分为灭火组、外联组、保障组、物资抢救组等几个小组。

（一）应急事件类别

某商场一层火灾。

（二）应急组织机构及职责

指挥：××，副指挥：××

组成人员：略

（三）应急人员职责

(1)发现火灾者职责：迅速报警，大声呼救。

(2)员工职责：按应急分工报警、灭火、疏散顾客、切断火源、抢救重要物资等。

(3)灭火组：人员构成及职责。略

(4)保卫部职责：发现火情或接警后立刻赶赴现场组织人员疏散，控制火情，组织扑救，报警并联系配合消防队赶到现场，协助连接水源。

具体分工：略。

(5)外联组：对外联系及医务救护。

具体组成人员及职责：略

(6)物资抢救组：在确保人员自身安全的情况下，视火情抢救重要物资，转移危险物品。抢救物资按顺序主要放在重要物资上。

具体组成人员及职责：略

(7)保障组：负责现场电力、水源、灭火器的供应，并根据情况和指挥要求参与其他小组的抢救或救护。

(四)疏散及灭火要求

检查有无人员遗漏，协助老人、小孩疏散，用湿毛巾捂嘴，减少有害烟雾伤害。组织人员低身快速疏散，并抢救受伤人员。火情较小时商场自身义务消防队组织灭火，控制火情扩大；火情无法控制时，协助专业消防队灭火。

疏散时间要求：5min 应当全部疏散完成。

(五)演习讲评及总结。

# 第四章 国外 HSE 管理经验简介

## 第一节 国外企业 HSE 管理经验

### 一、美国杜邦公司先进的 HSE 管理经验

美国杜邦公司是当今西方世界 200 家大型化工公司中的第一大公司，该公司在海外 50 多个国家和地区中设有 200 多家子公司、联合公司，该公司雇员约有 20 万人。杜邦公司企业经营管理是先进的，安全卫生管理也同样是第一流的。例如，该公司在 1984 年安全成绩显著，每 20 万个小时内，工伤事故损失只有 2 个小时，事故率十分低。它的突出 HSE 管理经验主要表现在以下三个方面：

#### (一)科学的安全管理原则

杜邦公司安全工作的十项原则是：

(1)所有的事故和职业病都是可以预防的，这是可以现实的目标。

(2)从董事长到一线人员，都直接承担预防工伤和职业病的责任。

(3)每个雇员必须承担安全职责和责任，这是雇用的条件。

(4)安全培训是实现安全的基本方法。

(5)必须进行有效的安全检查。

(6)所有设备和工艺缺陷，立即通过调整设备、改变工艺过程、改进培训工作等加以改进。

(7)调查不安全操作及可能发生事故的事件。

(8)对待非工作活动的安全象对待工作一样抓。

(9)预防事故和职业病是一项重要工作。

(10)听取员工的意见，改善安全卫生条件。

### (二)树立一切事故的原因在于管理的观念

杜邦公司认为："所有的工伤事故都应归于管理上的失误"。从管理出发对一切不安全因素进行反省，用管理的先进性来杜绝一切事故的可能性。

(1)每个雇员必须承担安全责任，这是雇佣的条件。

(2)将安全培训作为保证安全的基本要求，并注重实效。

(3)公司宁愿解雇违章雇员，也不愿意参加他们的葬礼。

### (三)先进的应急措施

每周在班上要进行一次事故演习，每个月工人要进行一次考试。同时，杜邦公司强调，对雇员的安全教育要包括有关雇员自身安全的一切领域，如乘车安全带、驾驶车辆安全、家务安全等各个方面。

其中，杜邦公司在美国得克萨斯州的萨拜因河化工厂不但保持了州工业界的最好安全记录，而且在整个杜邦公司系统内也是名列前茅的。他们的主要经验是：不但有一套安全的连锁报警系统，而且有完整的预防、维护管理制度。即使这样，他们仍提出"没有安全连锁报警系统我们不能保护自己，单靠安全连锁报警系统仍不能绝对防止灾难"。因此，仍配备一套相当先进的急救和自救装置。

杜邦公司的一个生产光气的化工厂的事故控制中心，用 7 台工业闭路电视，可以把工厂生产全过程都能置于它的监视之下，生产中的主要参数(温度、压力、液面、风向、气压等)都随时可以得到。一旦发生泄漏，计算机可根据风向计算出周围空气中有毒气体的含量，用图像显示出三种不同浓度区。一是对皮肤有影响的区域；二是对呼吸有影响的区域；三是对生命有影响的区域。据此可以组织厂内及周围人员撤离或疏散，同时，该控制中心还能对 200m 以外的码头火灾在控制室给水补救，实现远距离灭火控制。

其应急管理和措施遍及方方面面，在杜邦召开会议主持人要先讲："开会前，我先向诸位介绍安全出口的位置。"注重安全细节的传统，不管在工厂、实验室还是办公室，每一个员工都必须安全地开展工作。注重这些细节，才使得杜邦目前的安全纪录比化学和石油行业的平均指数高出 5 倍，甚至杜邦的员工做到在上班时比下班后还要安全。

## 二、壳牌公司的 HSE 管理方法

荷兰皇家石油公司/壳牌公司(以下简称“壳牌公司”)是世界上四大石油跨国公司之一。现有职工 43000 人左右，该公司 1984 年以前尽管也重视 HSE 管理，但效果不佳，后来该公司学习了美国杜邦公司先进的 HSE 管理经验，总结教训，分析了以前 HSE 管理效果较差的原因。目前，该公司的 HSE 管理水平堪称世界一流，该公司在中国境内 HSE 方面的要求最为严格。

壳牌石油公司十分注重人的行为研究。该公司认为人的不安全行为、机械物质和环境的不安全状态是引起事故的重要原因。针对这些，他们主要的管理方法表现在采用 EP - 55000 勘探与生产安全手册。EP - 55000 勘探与生产安全手册是为其所属子公司和雇用的承包商而制定的。这个手册体现了公司的 HSE 管理的政策。要求下属作业公司和承包商在施工设计与作业过程中 HSE 管理标准写成文件时，要把总部的 EP - 55000 勘探与生产手册建议作为一个指导原则。EP - 55000 勘探与生产手册的范围主要包括管理部门的体制、培训、审查、承包人安全、工作安全及鼓励职工参与 HSE 管理。

### (一)壳牌公司 HSE 政策

壳牌公司认为 HSE 政策是 HSE 规划中必不可少的组成部分，要求其政策简明易懂，适用于每个人。强调必须有下列的政策：

(1)预防发生各种人身伤害。

(2)HSE 是业务经理的责任。

(3)HSE 目标同其他经营目标一样，具有同样的重要意义。

(4)建立一个安全和健康的工作营地(基地)。

(5)保证有效的安全、健康训练，培养 HSE 的兴趣和热情。

(6)每个职工对 HSE 都要承担个人责任。

(7)对环境给予应有的重视。

### （二）壳牌公司 HSE 管理技能

对于一个能正确执行 HSE 政策的人来说，他不仅懂得实际的危险情况，而且能如何发现和消除它，还必须具有完成 HSE 任务的能力和技巧。这主要通过 HSE 培训来实现。

(1)最重要的 HSE 培训应该是对新雇员和承包商进行诱导式的培训，不培训就不能进入施工区。

(2)实践证明培训职工进行急救，能使工伤事故率降低。把急救与培训结合起来所产生的效果比任何一种培训都大得多，急救培训也可以使每个人提高采取措施的主动性。

(3)应该把具体的安全培训纳入到规划之中。培训计划要安排适当，这样使行为方法与完成任务所需要的技术保持平衡。

(4)公司和承包商的业务经理必须接受 HSE 管理技能的培训，这是十分必要的。

### （三）壳牌公司 HSE 规划和目标

(1)提出的 HSE 规划和目标必须是合理的、可以实现的。

(2)一个好的 HSE 管理部门的目标是：保持事故频率、严重程度和费用向下发展的趋势；尽量减少对环境的影响；尽量减少职业病对健康的危害。

(3)公司制定安全规划时，应对生产事故、财产损失和停工损失有明确的目标。实现这些目标的方法应尽可能用数字表示，其内容是：HSE 会议的内容和次数；检查和审查的频率和次数；编写和审查的工艺规程文件及完成的进度表。

(4)制定规划的要求：为落实 HSE 规划的详细方法，每个部门都应编写一份书面的时间表；各部门的 HSE 规划与壳牌公司的 HSE 总体规划相一致。

### （四）建立“HSE 规划”的内部审查制度

壳牌公司认为要做出种种努力来提高 HSE 规划的效果，就必须配备检测设备和人员，而且应制定一套审查程序，以便能够及时监督 HSE 建议的执行情况，应该指定一个行动小组来协调和贯彻执行这些建议。

管理人员在检查施工作业时应注意检查人员的不安全行为和条件；检查施工人员在做什么和如何去做；检查防护用品的穿戴和工具使用情况；检查设备和一般的施工现场等。

### (五)壳牌公司的 HSE 管理组织

考虑到技术、商业风险和法律责任这三个主要因素而采取 HSE 措施，提出必须要舍得花费人力和财力来预防事故的发生。为了实现施工作业有效的 HSE 管理，必须制定一个明确的计划和建立一个必不可少的管理机构。

这个组织机构的管理任务有以下几点：

(1)通过野外现场察看来发现风险，如医疗和职业保健评价，环境评价和审查，事故和事故报告，HSE 检查报告，安全会议报告，地方病类型统计报告等。

(2)通过 HSE 委员会去制定管理层的正确措施和政策，这个委员会应包括壳牌公司和承包商的高级管理人员；指定一个协调员来执行委员会的决议和建议。

(3)通过协调员与有关部门共同执行的行动计划，这些计划包括：发展或更新工艺过程；供应或更换个人防护品；制定和改进培训计划。

(4)对事故或事件进行审查，根据统计数字分析发展趋势，派安全管理小组去进行全面的现场检查。

## 三、HSE 在国际公司中的发展趋势

(1)世界各国石油公司对 HSE 管理的重视，程度普遍提高，HSE 管理已成为世界性的潮流与主题，建立和持续改进的 HSE 管理体系已成为国际石油公司 HSE 管理的大趋势。

(2)作为管理核心的以人为本的思想得到了充分的体现。HSE 方面的事故主要是由技术和人为因素造成的，其中人为因素所引起的事故占 80% 以上，有些错误是操作者明知操作程序而发生。世界上许多大石油公司在 HSE 管理上推行以人为本的管理模式，在管理中非常重视人类因素的作用。以人为本的管理体制可大大减少因人的

因素而发生的 HSE 方面的事故，保证安全生产，更好地保护人类环境。

(3) HSE 管理体系的审核已向标准化迈进。目前，国际上质量和环境管理体系的认证工作正在广泛开展，HSE 管理体系的版本不断修订更新，审核工作也不断向标准化迈进。国际劳工组织 2001 年发布了职业安全卫生管理体系导则，对管理体系的标准化起到极大的促进作用。

## 第二节 国外安全管理经验

### 一、美国石化企业的安全生产管理

#### (一)强化法规

自 1992 年以来，美国不断加强和完善安全法规，收到了明显成效。1992 年 2 月，美国职业安全卫生署正式颁布“过程安全管理规范”，完成了生产过程安全管理立法。

该规范将技术、程序和管理实践融为一体，使过程安全置于优先地位，加快了以过程安全管理为核心的一系列安全法规——消防法、高压瓦斯取缔法、灾害对策基本法、劳动安全卫生法、化审法、灾害防止法等“六法”的实施步伐，从而使石化企业事故逐年下降。

#### (二)改进装备

石化企业的设备故障是造成灾害事故的主要原因，因此选用良好的设备、材质、仪表，以及可靠的设备状态监测和自控自保系统，是实现安全生产的物质基础。除整体设备外，美国对阀门、管道的安全性也十分重视，并将管输系统泄漏的防止作为环保、安全、节能的要点，对设备及施工提出了“零释放”要求。

在设备状态的监测中采用了数据采集系统与病态诊断的专家系统，可即时作出设备动态的判断，在管输系统中普遍使用了在线腐蚀监测仪，可对管道腐蚀状况进行预知性管理。在安全装备上，采用了毒物/火灾监测和控制系统、自动应急停车系统和生产过程自动监测控制系统，从而消除人为因素的干扰，保证了安全生产。

### (三)发展软科学

安全方面的软科学主要有：安全管理的现代方法、安全系统工程学分析、安全评价、安全系统工程学、安全人机工程学、安全心理学、安全经济学、安全诊断专家系统等。美国 OSHA 安全法规规定，过程装置必须进行危险性分析，以消减灾难性事故。为此在石化企业工程设计上，普遍采用了智能型计算机辅助设计，使过程危险性分析达到数字化，成为安全化管理的主要工具；在安全培训上，采用了计算机仿真培训系统，使新工人在数周之内可以得到传统师徒培训法几年才能取得的经验，保证了操作规程可持续性的继承与发展。

传统的安全管理多处于被动的事故追究型管理，而现代则变为事故预防型的主要管理，其中心环节一是科学的安全管理活动，二是安全评价技术的应用。美国莫比尔石油公司推行的科学的安全管理活动，使事故率下降了 48%，工人工伤赔偿资金比 20 世纪 80 年代减少 93%。该公司利用节约下的赔偿金，作为安全之星的奖金，使行为安全活动深入人心。

安全评价技术是对石化企业作业系统存在的危险性进行定性和定量分析，推测危险性的概率及程度，以寻求最低事故率、最少的损失和最优的安全投资效益，利用“故障树”分析法，对设计、施工、设备、工艺等全流程一一进行可靠性分析，实现了“本质安全企业”。

## 二、德国的安全生产管理

德国是发达国家中职业安全卫生水平较高的国家之一。德国在安全科学的推进方面世界瞩目，是世界安全科学联合会的创办国。其本国的 EPJK 安全卫生管理做法得到许多国家赞同。近年来的一些经验值得其他国家借鉴。

### (一)积极推进职业安全卫生管理体系进展

德国最新职业安全卫生法的实施，建立了职业安全卫生管理系统的新内容。职业安全卫生在德国企业取得高速的发展，通过对大多数企业工伤事故的统计表明，在过去几年事故呈下降趋势。但是，仍可以从不同的角度提些优化建议，尤其是对职业安全卫生组织与管理的优化问题，它能促使企业实施职业安全卫生管理系统。在德国，由于职业安全卫生预防措施不利造成很大的损失，所以有采取新对策的必要。为此基于欧共体制定对各成员国均有约束力的职业安全卫生总则，即 1989 年 6 月 12 日委员会通过的 89391EWG 欧洲总则，关于改善劳动者劳动期间安全与健康保护的实施措施(ABL. EGNr. L183S. I)。这一总则对各国并没有直接的效力，它必须转化成一国的法律，这一规定推进了德国修订当前职业安全卫生体系，使德国的《职业安全卫生法》得以通过，并于 1996 年 8 月 21 日生效。

除全面贯彻劳动保护总则外，该职业安全卫生法还适用于保障和改善劳动场所的健康保护与安全。德国同业公会也认识到采取预防性措施能进一步提高当前的职业安全卫生工作。出于这种原因，工商业同业公会总会全体大会通过了一个纲领，即同业公会预防纲领。在德国普遍认识到：一个现代企业由于涉及到履行对产品的责任以及环境保护和职业安全卫生等越来越广泛的社会规定，故在企业中必须建立这样的认识，即系统管理的思想必然是现代企业管理中不可缺少的要素。系统管理始终是组织措施关注的问题。目前实施的职业安全卫生管理体系是依据有关质量管理的 DINEN9000ff 系列标准。在德国由于缺少专门的职业安全卫生管理体系的原则规定，所以在制定职业安全卫生管理体系时，参照使用了质量管理标准。

### (二)建立综合的管理体系

在德国越来越多的生产企业中，各种管理系统被合并成一种综合性的管理体系，并且相互制约。建立何种形式的职业安全卫生管理体系必将考虑成“标准”的极大限制。

德国职业安全卫生管理体系的构成如下：企业领导机关希望职工在高效的工作目标安排下进行有效的工作。为此企业机关委托系统管理部门制定相应的体系。随后企业机关对系统予以实施。职工按体系规定操作。系统规定部门受委托对体系实施监督。

### (三)强化实施职业安全卫生管理系统

职业安全卫生管理系统能够保证在岗的全体职工，明确各自在职业安全卫生领域中的职责、权限和义务。由职业安全卫生系统管理组织在企业内广泛宣传预防为主的思想，对某些重要环节进行风险分析，目的是防患于未然，取代事后承担责任。重要的是大力提倡预防措施，社会可节省巨额开支。企业只有工伤事故发生率低，职工才会有安全感，才会产生高效率的工作，形成良性生产环境，否则将危及企业自身的生存。有了健全的职业安全卫生组织，就能在企业内有目标地进行所需信息的交流，不论是横向对于某一阶层，如厂级领导，还是纵向对于各级领导，如负责安全的各级负责人。通过这些信息的交流使得职业安全卫生能够得到进一步提高，即从事故预防规定向管理系统和劳动安全的全面过渡。管理的“软件因素”对职业安全卫生的作用变得越来越重要，包括职业安全卫生管理自身责任的认识与相应权限的形成，员工接受安全教育与信息，职工或所有员工心理调节的变化等。

### (四)明确职业安全卫生系统负责人的职责

综观职业安全卫生裁决的案例多为赔偿或处以刑法，即案件涉及的多是违反指示、选择和监督的规定。这一结果令人震惊，因为企业的每一位领导都清楚由高等法院裁定的某些代理与组织原则，这些原则具有“法定性”。这就要求从企业机关做起，实行逐级委托制，上级及属下职工均负有相应的职责、权限和责任。由于是领导而不是负责劳动安全的专家对劳动安全负责，所以必须由董事会/企业的经营管理部门逐一指定，谁承担什么职责，哪些职责可以委托，哪些职责不能委托第三者。关于被委托的任务，要做出详细的规定，必须保证每个被委托人都根据相同的原则进行下一级委托。每一项被委托的任务须由委托人就其执行情况进行监督。通过这种链式委托方式就避免了处罚时责任的累加。此外，这种组织义务的委托并不仅仅存在于上下级组织中，在职业安全卫生法的范围内，对被委托人如负责劳动安全的专家委托任务时亦要明确任务，必要时要明确任务范围，并对其实施监督。最后还须保障上下级组织和被委托人组织间的合作关系，并对其合作给予协调。

出于对组织过失给予制裁的考虑，依据德国的公民法(BGB)第823，831，31条款的规定，每次由一级向另一级委托任务时都要明确指示、选择和监督。因此每个委托人都应明确，经委托参与的职工应如何进行工作。并根据这一规定选择职工，其技能资格必须符合具体任务。有外来企业参与时，委托人必须确信参与工作的职工均经过相应的技能培训，能承担相应的任务。

在此背景下，在职业安全卫生方面却不断发生涉及对职工的指示不清或监督不够的判决，“法定”组织的要求同现实相距甚远。为了做好这方面的工作，企业必须首先通过劳动安全专家为其负责的专业领域制定一份职业安全卫生“法定”的组织计划。把了解到的现有实际情况与当前法律和技术规定加以对照，并在计划中对参与者加以描述，注明企业内的职业安全卫生哪些组织的好，哪些还需做进一步的组织工作。然后将需要建立的措施与业已存在的组织措施合并形成职业安全卫生管理系统。可以将该职业安全卫生管理系统作为标准和法规看待，但必须注意“法定”组织的设计原则，高等法院对此提出的要求是使每个人都能像处理自己的事一样理解并立即执行。

计划制定完成后，各级领导明确了在职业安全卫生领导中各自的主要职责，负责劳动安全的安全工程师及专家对职业安全卫生措施并不承担任何贯彻的责任。经营管理部门和理事会作为企业机关，将在一定情况下成为制裁的承受者，所以一个好的职业安全卫生组织意义重大，认识到与己相关就会促使某些领导产生认真管理好职业安全卫生的动因。

### (五)发挥劳动安全专家的作用

劳动安全专家应是领导的“良知”。在预防为主思想的前提下，劳动安全专家对各级组织的负责人提供及时的咨询及建议，并敦促企业领导建立职业安全卫生管理系统。只有通过管理系统才能做到既符合法律规定，又有效地承担义务，从而进行高效率的生产活动。

### (六)重视未来发展研究

系统的思想得到越来越多人的认同，职业安全卫生也应作为系统加以管理。把环境保护、职业安全卫生和生产管理这些各自独立的管理系统加以合并的认识也越来越受到人们的承认。要使系统能够经济、有效地运作，人员配备尽可能少，但要符合法律规定，建议建立综合管理系统。根据目前的经验，同用于各系统的费用相比，综合管理系统的费用大约缩减到总体的 60%。这是一项真正的面向管理，并对所有参与者的工序合作和企业职业安全卫生事业的发展带有预见性的计划。

## 三、日本的安全生产管理

### (一)安全生产监督管理集中、统一、高效

日本安全生产监督管理由劳动省负责，机构分三级，第一级是劳动省劳动基准局，第二级是各都道府县劳动基准局(47 个)，第三级是厂(矿)区劳动基准监督署(340 多个)。安全监督机构垂直领导，实行安全生产监察官队伍管理制度，全国共有安全监察官 3000 多名。

安全监察官的主要职责包括：一是对企业的安全生产实施监督指导。二是对企业实施安全检查，有权调阅有关资料，发现事故隐患，有权提出整改意见，发现危险紧急情况时，有权命令企业停止生产撤离人员。三是对违法造成重大恶性事故的责任人，有权向司法机关起诉。四是根据群众举报开展调查和处理。五是对事故进行调查处理。六是负责事故统计分析工作。七是负责收缴工伤保险费和工伤鉴定与补偿。八是负责工伤保险费率核定和基本情况调查。

为了进一步加强安全生产的统一监督管理，据了解日本将于 2001 年实施政府机构改革，将厚生省与劳动省合并，减少政府机构数量，但不减少人员，安全生产将与职业病防治紧密结合起来，使安全生产的监督管理更加集中有力。

### (二)法规完善，注重服务

1947 年，日本颁布了《劳动基准法》，相当于我国的《劳动法》，其中对就业、劳动时间、工资和劳动安全卫生作了一系列规定。20

世纪 60 年代日本事故多、伤亡大，最高年份死亡人数达 6000 多人。为了加强职业安全卫生，降低伤亡事故，劳动省开始制订《劳动安全卫生法》，详细规定了企业应遵守的安全卫生标准，该法 1972 年正式颁布后，劳动省加大了执法力度，事故逐年下降。

为了保障劳动者劳动作业场所的安全卫生，使劳动者在安全舒适的劳动环境中工作，还制定了《作业环境测定法》和《尘肺法》，以及粉尘、噪声、电离放射线、震动危害防止等 9 个规则，并进一步修改补充完善了《劳动安全卫生法》，基本上实现了有法可依、有章可循。

日本安全生产法律法规完善，详细规定了企业安全生产标准和要求，监督官现场检查发现问题，不作经济处罚，主要是提出整改意见，注意引导企业主加强安全生产工作的主动性。同时注重指导与服务，发挥社团组织的作用，对中小企业在安全生产方面的困难，在政策和财政上明确给予帮助，为中小企业加强安全生产技术进步，提高科学管理水平创造了条件。

### （三）工伤保险与安全监督管理有机结合

日本安全监督管理机构负责工伤保险工作，主要职责是负责制订不同行业年度费率、收缴工伤保险费，并负责工伤鉴定和补偿。工伤保险适用于所有企业，包括个体私营业者和海外派遣人员等。工伤保险费主要用途：一是促进社会疗养康复事业；二是受伤害劳动者的援助事业；三是劳动灾害预防及促进安全卫生事业；四是保障安全生产，改善劳动条件。

工伤保险是一项社会公益性事业，不以赢利为目的，保险费用取之于民，用之于民。因此，日本劳动省每年从工伤保险费中提取一部分用于劳动灾害预防和促进安全卫生事业。据有关人士介绍，初略测算劳动省用于这方面的经费每年至少 500 亿日元。

### （四）充分发挥安全科学技术研究单位和社团中介机构的作用

对开展安全技术服务的社团组织中介机构，政府安全监督管理部门通过资格认可委托开展宣传、培训教育、特种设备检测检验和信息服务工作。如中央劳动灾害防止协会，在 9 个地区设立了安全卫生中心，2 个地区设立了安全卫生教育中心，内设了 9 个安全管理部门，其中安全卫生情报中心、劳动卫生检查中心、大阪劳动卫生综合服务中心、日本生物检测研究中心、国际安全卫生培训中心和安全展览馆等都是由劳动省投资援建委托经营的。中央劳动灾害防止协会有 1 号会员(劳动灾害防止协会)5 个，2 号会员(全国事业主团体)60 个，3 号会员(地区安全卫生推进团体)48 个，4 号会员(其他劳动灾害防止团体)15 个。他们根据劳动省劳动基准局每年的安全工作计划具体组织开展各项有关活动。如每年 10 月举办安全大会，参加人数高达近万人，是全国政府、专家学者、企业安全监督与管理人员的一次盛会。大会期间设各类专业安全技术研讨会、座谈会、信息交流发布会、安全产品展示会、安全产品洽谈会等，声势浩大，为推动社会全民安全生产意识起到了很大的作用。

### (五)有效的安全监督管理措施

日本劳动省劳动基准局制定的安全生产目标是“安全、健康、舒适”，坚持的原则是“安全第一”。为了有效地降低事故，减少伤亡，工作的重点放在预防性安全监督管理上，他们每年根据前一年度安全生产工作的实际情况，编制修订新一年度的安全目标计划和工作指南，有针对性地提出对策措施。

其中的基本做法是：宣传活动形式多样常抓不懈。劳动省每年定期开展安全宣传周和卫生宣传周两次活动，宣传周前有 1 个月的准备期。在宣传期间，大街、地铁站到处可见有关的宣传画和标语，声势很大。为了提高全民安全意识，社团组织、行业协会等中介机构平时开展形式多样的宣传活动，并把活动贯穿到全年，安全生产工作做到了年年讲、月月讲、天天讲，警钟长鸣。

依法开展安全培训教育，积极推行执业资格管理制度。安全培训教育分 3 个层次，一是企业自主培训教育，对象是企业新工人和转岗工人；二是院校安全知识普及教育，对象是在校学生和国外有关人士；三是由政府认可有资格的社团组织中介服务机构社会服务性的培训教育，对象是企业职长以上的管理层干部和执业资格制度管理规定人员，如安全管理人员、卫生管理人员、产业医生、安全培训教育人员、设备检测检验人员，以及援助发展中国家的安全管理人员等。实行执业资格证书制度管理规定的人员，必须通过执业资格培训考核，取得政府部门颁发的执业资格证书后方可持证上岗。强化劳动灾害统计分析工作，完善技术服务信息网络。

日本劳动省十分重视劳动灾害的统计分析工作，配备设备先进，统计数据齐全，分析方法科学。除对事故类别、原因、产业和行业的安全状况与产业和行业的事故类别、年龄段分布分析以外，还引入了事故度数率、强度率概念。通过事故分析，对重点产业和行业的主要事故类别、事故度数率和强度率一目了然，为指导事故预防，采取有针对性的对策措施，提供了决策依据。为加强国际交流和社会化公共服务，劳动省投资建造了国际安全卫生信息中心和日本安全卫生技术信息服务中心，信息查询方便快捷，技术服务领域逐步扩大，向社会和企业提供了良好的优质技术服务，高年龄劳动者和中小企业安全对策。日本安全生产工作中突出的问题，一是高年龄劳动者伤害比例高，占全年伤害事故的45%；二是中小企业事故多，伤亡大，占全年伤亡事故的80%。为解决高年龄劳动者的安全和中小企业的安全生产问题，政府分别制定了高年龄劳动者的安全对策和促进中小企业安全活动对策，指导高年龄劳动者安全作业和中小企业的安全生产。并大力发展安全卫生诊断事业，为中小企业防止劳动灾害实施技术指导与服务，帮助企业提高安全生产管理水平，促进企业安全生产与经济的协调发展。

**(六)职业安全卫生管理特点**

(1)有中央至地方的、健全的劳动行政管理体系。这一行政管理体系即中央及地方的劳动基准局的基准监督署，全国有 3300 名国家任命的劳动基准检察官，他们都是熟知劳动法律、专业、特种法规和劳动安全卫生的专家，负责对全国企业的劳动基准执法监督，权威极大。

(2)建立全国性及产业性的防灾团体及安全卫生团体，对全国企业安全卫生防灾工作实行有力的监督和指导。这些组织具有常设性和半官方性质，对企业执行劳动安全卫生防灾法律、法规起到极为重要监督指导作用，比我国的职业安全卫生科学学术性群众团体所起的作用更大些。

(3)劳动安全卫生法规的完整性和执法力度具有高度发达资本主义经济立法执法特色。法制的裁决具有法治的严肃性和非随意性，这是确保安全卫生法规全面实施的重要方面。

(4)以企业为中心的日本社会特点和员工以企业为家的向心力。每个企业经营者十分尊重人的价值，人的尊严和人与生产的协调关系。日本的企业经营者在劳动法制的约束下，把创造一个安全与卫生和优良舒适的工作环境作为企业建设发展的根本大事，把安全卫生活动与经济生产活动统一起来，把安全与健康管理当作生产经营的支柱，把防止劳动灾害作为企业的最重要的政策。

企业按劳动法律要求，把从管理和教育方面全面提高全体劳动者的安全意识放到十分重要的位置，作为落实企业的社会责任和法律责任的重要义务去履行，这在日本战后五十年中已经成为企业经营者(雇主、领导层、决策层和管理层)的自觉社会行动和责任。

(5)日本企业全国贯彻落实行之有效的防灾教育对策。安全周、卫生周、防灾周宣传教育、安全卫生培训等安全教育活动做得非常出色，持之以恒，有企业特色，并具有灵活性和群众性。

# 第五章 典型事故案例

前事不忘，后事之师。本章简单介绍一下事故案例的一般分析方法，使班组长掌握一定的案例分析技能。通过国内外重大事故，给我们一些警示和启迪，善于从事故中吸取教训，结合工作实际，防患于未然。

## 第一节 事故案例分析方法

对一起事故的原因分析，通常有两个层次，即直接原因和间接原因。我国事故调查分析原因时，主要依据国家标准《企业职工伤亡事故调查分析规则》(GB 6442—1986)，其中对如何确定直接原因和间接原因进行了明确的规定。下面介绍一下事故原因分析的基本步骤和原因分析的内容。

### 一、事故原因分析的基本步骤

在进行事故调查分析时，通常按以下步骤进行分析：

(1)整理和阅读调查材料。

(2)分析伤害方式。按以下七项内容进行分析：受伤部位；受伤性质；起因物；致害物；伤害方式；不安全状态；不安全行为。

(3)确定事故的直接原因。

(4)确定事故的间接原因。

(5)确定事故的责任者。

### 二、事故直接原因的分析

在《企业职工伤亡事故调查分析规则》(GB 6442—1986)中规定的事故直接原因有机械、物质或环境的不安全状态和人的不安全行为两大类。这两大类原因中又包括许多具体规定。

**(一)机械、物质或环境的不安全状态**

1. 防护、保险、信号等装置缺乏或有缺陷

(1)无防护：无防护罩；无安全保险装置；无报警装置；无安全标志；无护拦或护拦损坏；(电气)未接地；绝缘不良；局部通风机无消音系统、噪声大；危房内作业；未安装防止“跑车”的挡车器或挡车栏；其他。

(2)防护不当：防护罩未在适当位置；防护装置调整不当；坑道掘进、隧道开凿支撑不当；防爆装置不当；采伐、集材作业安全距离不够；放炮作业隐蔽所有缺陷；电气装置带电部分裸露；其他。

2. 设备、设施、工具、附件有缺陷

(1)设计不当，结构不合安全要求：通道门遮挡视线；制动装置有缺欠；安全间距不够；拦车网有缺欠；工件有锋利毛刺、毛边；设施上有锋利倒棱；其他。

(2)强度不够：机械强度不够；绝缘强度不够；起吊重物的绳索不合安全要求；其他。

(3)设备在非正常状态下运行：设备带“病”运转；超负荷运转；其他。

(4)维修、调整不良：设备失修；地面不平；保养不当、设备失灵；其他。

3. 个人防护用品用具缺少或有缺陷

无个人防护用品、用具；所用的防护用品、用具不符合安全要求。

4. 生产(施工)场地环境不良

(1)照明光线不良：照度不足；作业场地烟雾尘弥漫视物不清；光线过强。

(2)通风不良：无通风；通风系统效率低；风流短路；停电停风时爆破作业；瓦斯排放未达到安全浓度爆破作业；瓦斯超限；其他。

(3)作业场所狭窄。

(4)作业场地杂乱：工具、制品、材料堆放不安全；采伐时，未开“安全道”；迎门树、坐殿树、搭挂树未作处理；其他。

(5)交通线路的配置不安全。

(6)操作工序设计或配置不安全。

(7)地面滑：地面有油或其他液体；冰雪覆盖；地面有其他易滑物。

(8)储存方法不安全。

(9)环境温度、湿度不当。

**(二)人的不安全行为**

(1)操作错误、忽视安全，忽视警告：

未经许可开动、关停、移动机器；开动、关停机器时未给信号；开关未锁紧，造成意外转动、通电或泄漏等；忘记关闭设备；忽视警告标志、警告信号；操作错误(指按钮、阀门、扳手、把柄等的操作)；奔跑作业；供料或送料速度过快；机械超速运转；违章驾驶机动车；

酒后作业；客货混载；冲压机作业时，手伸进冲压模；工件紧固不牢；用压缩空气吹铁屑；其他。

(2)造成安全装置失效：拆除了安全装置；安全装置堵塞，失掉了作用；调整的错误造成安全装置失效；其他。

(3)使用不安全设备：临时使用不牢固的设施；使用无安全装置的设备；其他。

(4)手代替工具操作：用手代替手动工具；用手清除切屑；不用夹具固定、用手拿工件进行机加工。

(5)物体(指成品、半成品、材料、工具、切屑和生产用品等)存放不当。

(6)冒险进入危险场所：冒险进入涵洞；接近漏料处(无安全设施)；采伐、集材、运材、装车时，未离危险区；未经安全监察人员允许进入油罐或井中；未“敲帮问顶”便开始作业；冒进信号；调车场超速上下车；易燃易爆场所明火；私自搭乘矿车；在绞车道行走；

未及时瞭望。

（7）攀、坐不安全位置（如平台护拦、汽车挡板、吊车吊钩）。

（8）在起吊物下作业、停留。

（9）机器运转时加油、修理、检查、调整、焊接、清扫等工作。

（10）有分散注意力行为。

（11）在必须使用个人防护用品用具的作业或场合中，忽视其使用：未戴护目镜或面罩；未戴防护手套；未穿安全鞋；未戴安全帽；未佩戴呼吸护具；未佩戴安全带；未戴工作帽；其他。

（12）不安全装束：在有旋转零部件的设备旁作业穿过肥大服装；操纵带有旋转零部件的设备时戴手套；其他。

（13）对易燃、易爆等危险物品处理错误。

## 三、事故间接原因的分析

在国标《企业职工伤亡事故调查分析规则》（GB 6442—1986）中规定属于下列情况者为间接原因：

（1）技术和设计上有缺陷。如在工业构件、建筑物、机械设备、仪器仪表、工艺过程、操作方法、维修检验等的设计，施工和材料使用存在问题。

（2）教育培训不够，未经培训，缺乏或不懂安全操作技术知识。

（3）劳动组织不合理。

（4）对现场工作缺乏检查或指导错误。

（5）没有安全操作规程或不健全。

（6）没有或不认真实施事故防范措施；对事故隐患整改不力。

（7）其他。

通过事故直接原因和间接原因的分析，在进行案例分析或案例教育时，可以加深对事故的正确认识，更有针对性，提高班组事故案例教育的效果。

# 第二节 国外典型事故案例

本节选编了在国际有重大影响的事故案例，虽然有的事故已经过去了多年，但这些事故所带来的影响仍未消除，有的带来社会动荡，有的带来了管理体系的建立，有的带来体制的变革，发人深省，有的事故还在重复不断地发生，从中使我们可以吸取到许多教训和启示，在工作中予以防微杜渐，避免重特大事故的发生。

## 案例一 印度博帕尔毒气泄漏事故

### (一)事故经过

1984 年 12 月 3 日 0 时 56 分，印度中央邦首府博帕尔市一家杀虫剂工厂发生了一起震惊世界的由化学物质泄漏导致的事故。这是一起人类历史上最残酷、后果最严重的工业事故。这一事故是美国联合碳化物公司在印度博帕尔的杀虫剂工厂发生的异氰酸甲酯($CH_3NCO$，简称 MIC)毒气泄漏事故，这次事故使储气罐内 45t 剧毒气体泄漏殆尽，仅两天造成 2500 人死亡、200000 人受伤，其中 5 万人双目失明，另有 60 万人受毒气不同程度的伤害，到 2002 年死亡人数已达 2 万人，还有 2 万人濒临死亡，直到今天造成的严重后果仍未消除。

造成博帕尔事故的罪魁祸首甲基异氰酸甲酯是一种活动性极强的气体，剧毒，性质极不稳定，在 21℃时汽化，需要在低温下储存，遇水发生剧烈反应。1980 年以前，博帕尔市的农药厂依靠进口的甲基异氰酸盐生产杀虫剂。之后，该厂开始自行生产这种剧毒原料。事故泄漏的气体 MIC 与博帕尔农药厂的 MIC 储存在两个地下冷冻储槽中，第三个储槽储存不合格的 MIC。

事故前 1984 年 12 月停止生产 MIC，而且裁员 50%，许多有经验的员工离开了工厂。12 月 2 日，第二班负责人命令 MIC 装置的操作工用水清洗管道，在操作前应该进行隔离，但没有这样做，由于维修工人的这一失误导致了冲洗水突然流入到装有 MIC 气体的储藏罐内，生成了一种极其危险的不稳定的混合物。

12 月 2 日晚 23 时，1 名农药厂的工作人员发现一座储有 45t 异氰酸甲酯的储槽压力上升，但没有采取措施。23 时 30 分操作工发现污水从储槽的下游管道流出，0 时 15 分装有液态剧毒气体甲基异氰酸盐的储气罐内温度上升，压力过大，0 时 56 分钟，这种气体从一个有漏缝的安全阀中喷出，在将近一小时之内，混合气体以超过 200℃的温度，1. 24MPa 的压力释放到空气中，一股浓烈、酸辣的乳白色气体从储存罐内渗漏出来，在博帕尔市内外以浓雾状游移于地表附近，扩散到整个城市。

毒雾首先经过毗邻于工厂墙外的两个小镇——贾培卡希与霍拉，造成许多人在睡梦中立即死亡。随后毒气又扑向博帕尔火车站，使 10 多名无家可归的乞丐毙命，200 多人生命垂危。毒雾又迅速笼罩了方圆 40km 的市镇，并继续扩散。由于事故发生在深夜，人们毫无察觉，当人们察觉后惊恐异常，纷纷以各种方式争相逃命。整个城市陷入极度慌乱之中，许多人被毒气弄瞎了眼睛，许多人在逃命的途中倒在路旁死去，尸体成堆。

**(二)事故处理**

出事几小时后，博帕尔市的警察关闭了这家工厂，逮捕了该厂的经理穆卡及另外几名工作人员。

事故发生后，印美双方进行了长达 5 年的反复交涉，最后美国联合碳化物总公司接受了印度最高法院提出的赔偿 4.7 亿美元的要求。这些赔偿金对众多的受害者来讲是微不足道的，大多数的幸存者都注定要面临早逝的悲惨命运，他们的肺部损坏无法修复，失去了工作能力，只有最微薄的救济金。而这些遗留下来的有毒的化学物质还在影响着他们的后代的健康。

**(三)原因剖析**

造成这起事故的主要原因是由于杂质渗入罐内使异氰酸甲酯发生化学变化所致。工厂疏于管理和维护，安全系统失灵，没有电脑报警系统，操作工没有足够的技能和知识也是致灾的重要原因。

印度博帕尔“联合碳化杀虫剂”厂对生产工序中的安全防范疏于管理，员工大量变动的情况下没有技能培训和管理，未制订相应的应急救援预案，未开展厂区和相关社区的防灾教育，未配备专门的急救医疗人员和准备相关的救治资料也是此次事故的一大教训。

由于没有建立相应的应急管理措施，未向公众予以说明应急情况的处理措施是导致平民大量死亡的重要原因。发生事故时，在这种情况下工厂的负责人仍有足够的时间把所有的工人转移到了安全地带，没有一个从工厂逃出来的人死亡，原因之一就是他们都被告知要朝相反的方向跑，逃离城市，并且用蘸水的湿布保持眼睛的湿润，而公众对此一无所知，公司没有对当地居民做出任何警告，当致使气体包括异氰酸钾、氰化氢和其他毒气从储藏罐中泄漏出来的时候，他们没有给予博帕尔市民最基本的建议——不要惊慌，要待在家里并保持眼睛湿润，大量平民选择了错误的逃生方式而死亡。

更为恶劣的是公司为了掩盖真相，迅速决定把灾难的严重性和影响故意说得轻微些，想以此来挽回形象。灾难过后的几天，联合碳化公司的健康、安全和环境事务的负责人捷克森布朗宁仍旧把这种气体描述为“仅仅是一种强催泪瓦斯”。这些做法都直接导致大量平民的无辜伤亡。

另外，不少印度人因受该厂周围交通方便、水源充足的吸引，纷纷来此安家落户，缺乏必要的安全距离。印度政府为保障人身安全，曾数次打算迁移该厂，但终因牵涉的人力、财力太大而作罢，事故发生后追悔莫及。

**（四）吸取教训**

这起事故的起因于一个操作工的一个简单误操作，也就是不负责任，违反操作规程导致的，但这是表面的原因，还暴露出一个高危企业在安全管理方面的巨大漏洞，也包括在人员大量的裁减或变动的情况下的疏于管理。这一事故对我国的化工等高危企业有着很好的警示作用。

这起事故给我们最大的启示就是发展生产、发展经济绝对不能以降低安全标准为代价，同时，在工业化的城市中，加强公众的安全防护意识也是十分迫切的。

### 案例二 切尔诺贝利核电站爆炸事故

#### (一)事故经过

切尔诺贝利核电站位于前苏联基辅市北 130 公里的地方，是前苏联 1973 年开始修建，1977 年启动的最大的核电站。

1986 年 4 月 25 日，切尔诺贝利核电站的 4 号动力站开始按计划进行定期维修。然而由于连续的操作失误，4 号站反应堆状态十分不稳定。1986 年 4 月 26 日对于切尔诺贝利核电站来说是悲剧开始的日子。1986 年 4 月 26 日凌晨 1 点，切尔诺贝利核电站仍像往常一样，灯火通明，各部门正常运转。凌晨一点整，根据切尔诺贝利核电站站长 B · 布留哈诺夫的指示，工作人员开始准备在第四号发电机组上进行切断 RBMK－1000 型反应堆保护装置的试验。由于工作人员违章操作而使电源突然中断，主要冷却系统因此而停止了工作，反应堆失控了！堆芯温度迅速增高，进而被熔化。凌晨 1 点 23 分 4 秒，反应堆工艺管道内的载热体沸腾起来，水被强辐射立即分解成了氢和氧，浓度过高的氢和氧随即发生了大爆炸。两声沉闷的爆炸声打破了周围的宁静。中子流引起燃料核分裂，在 RBMK 型铀—石墨反应堆没有厚实安全壳保护的情况下，导致大量放射性物质外泄，反应堆燃起熊熊大火。当时火焰从炸飞了的建筑物顶部窜出，高达三十余米，黑夜被照得如同白昼。四号机组中的核魔挣出了核反应堆这一魔瓶的瓶口，核燃料碎块，高放射性石墨块被抛出，散落在堆体四周，而堆体和厂房已被完全毁坏。反应堆的防护结构和各种设备整个被掀起，摄氏二千度的高温和高达一万伦琴/每小时的放射剂量吞噬了现场的一切，翻滚的浓烟从反应堆中涌出，扶摇直上，笼罩了整个电站，又向四面八方蔓延。更要命的是，它和蒸发的核燃料迅速渗入到大气层中，在周围地区造成了强烈的核辐射，继而被风刮到更远的地方。

虽然事故发生 6 分钟后消防人员就赶到了现场，但强烈的热辐射使人难以靠近，只能靠直升飞机从空中向下投放含铅(Pb)和硼(B)的沙袋，以封住反应堆，阻止放射性物质的外泄。

这次事故带来的损失是惨重的，这次事故是世界上有史以来最严重的一次核事故。爆炸时泄漏的核燃料浓度高达60%，而且直至事故发生10昼夜后反应堆被封存，放射性元素一直超量释放。事故发生3天后，附近的居民才被匆匆撤走，但这3天的时间已使很多人饱受了放射性物质的污染。这次事故造成的放射性污染遍及前苏联15万平方公里的地区，那里居住着694.5万人。

由于这次事故，核电站周围30公里范围被划为隔离区，附近的居民被疏散，庄稼被全部掩埋，周围7公里内的树木都逐渐死亡。在日后长达半个世纪的时间里，10公里范围以内将不能耕作、放牧；10年内100公里范围内被禁止生产牛奶。不仅如此，由于放射性烟尘的扩散，整个欧洲也都被笼罩在核污染的阴影中，临近国家检测到超常的放射性尘埃，泄漏的放射性尘埃不断向北欧扩散，使瑞典放射性尘埃比平时高出5倍，丹麦的辐射程度比平常高出4倍，挪威首都奥斯陆的辐射程度比以往高50%，芬兰发现辐射程度比平常高出10倍以上。致使粮食、蔬菜、奶制品的生产都遭受了巨大的损失。核污染给人们带来的精神上、心理上的不安和恐惧更是无法统计。

在这场事故中当场死亡2人，事故后的7年中，有7000人死亡，其中1/3是自杀。参加医疗救援的工作人员中，有40%的人患了精神疾病或永久性记忆丧失。时至今日，参加救援工作的83.4万人中，已有5.5万人丧生，7万人成为残疾，30多万人受放射伤害死去。

**（二）事故处理**

大爆炸之后，火势迅猛地发展起来。虽然爆炸起火的只有第四号机组，然而各个机组之间的距离仅有150米，而且都修建在同一个机房内。如果第四号机组的局势得不到有效控制，蔓延殃及其他机组，引起紧邻的三个原子核反应堆的连锁爆炸，那后果是难以想象的。

此时，正在电站值班的专家和工作人员都赶到了现场，电站消防队和军队防化分队都很快到达了现场，在大量放射性物质仍在不断释放的情况下，工作人员冒着极大的危险关闭了有关阀门，消防队员冒着扑面而来的热浪攀上屋顶去压制几十米高的火焰。他们用手套排除爆炸碎片，靴子浸在熔化了的沥青中。为了防止更大的事故，唯一可行的措施是用沙子、黏土、硼、铅、白云石等物质，将反应堆严严实实地覆盖起来，以在释放放射性物质的堆芯上形成隔离层，阻绝空气，封固源顶。

政府为此征调了大批空军直升飞机。切尔诺贝利市郊外有一大块空地，是露天仓库兼机场，现在成群的直升飞机停在那里，满载着一袋袋沙子、硼、白云石和沉重的铅条，然后飞到四号机组上空对它进行轰炸，因为从地面是无法完成这些工作的。但是在切尔诺贝利飞行，飞行员不仅要注意速度和高度的仪表盘，还要注意放射性的剂量仪，因为在空中也是会遭到辐射的。有时飞机飞临的区域其放射性都不是以每小时毫伦琴计，而是以每小时几十伦琴计，这时就必须设法躲避高辐射。为了躲避高辐射，飞行员在空中往往要折腾几十分钟才能将炸弹投到目标上去。

这样经过半个月的奋战，直到五月十一日，五千多吨的沙石才将反应堆封堵住，经过前苏联方面的一番努力，反应堆引起大火在事故发生后的第五天基本被控制。　事故发生后，一个以部长会议主席雷日科夫为首的领导小组成立，同时组成了一个包括专家学者和有关部门官员在内的政府调查委员会，在竭力组织扑救、控制的同时，采取了一系列措施减轻危害程度。

事发当天，基辅市以及整个乌克兰加盟共和国尤如进入了战争时期的紧急状态。前苏联政府将以切尔诺贝利核电站为中心的方圆三十公里的所有居民，不论男女老少都必须撤离，牲畜也带走。鸡、鸭、鹅等家禽可以留下，狗或带走或打死，否则比较危险。第二天凌晨，对隔离区中的居民开始紧张疏散，乌克兰加盟共和国的汽车运输部门调集了大型公共汽车一千二百一十六辆，各种型号的卡车三百辆，组成的汽车车队达十五公里之长。警察和地方官员在隔离区中来回奔走，挨家挨户地催促人们立即上车，撤离家园。距核电站最近的三万多居民最先被疏散了出去，随后，又疏散了周围的十万多居民。整个基辅一带，各个中、小学校一律停课放假，学生们被全部远距离送往千里之外的黑海海滨。看来似乎只有这些孩子从这次事故中得到了一次绝好的游玩机会——但实际上他们中的一部分已受到了致命的辐射伤害，其可怕的症状将在不久显露出来。与此同时，各医疗救护队一千三百多名医护人员对撤离的居民作了严格的检查治疗，二百多名重伤员被直接北运莫斯科。

事故带来影响一直没有结束，出于对本国人民和国际社会最高利益的考虑，根据事故发生15年来的教训，乌克兰总统库奇马2000年12月15日当地时间13时15分在基辅的“乌克兰宫”通过直通电话下达了关闭切尔诺贝利核电站的命令。随后，工作人员执行了关闭切尔诺贝利核电站目前唯一还在运转的3号机组的操作程序。至此，切尔诺贝利核电站被永久关闭。切尔诺贝利核电站的关闭对乌克兰来讲具有重要意义。

**(三)事故原因**

这起事故的直接原因在于操作工的操作失误，违反了一系列的操作规定引起的。还有一些引起事故其他主要原因不容忽视，在管理上，没有周密的检修测试计划，随意性极强，缺乏应急训练，紧急情况下处理不当，职责分工不明，没有紧急情况的应对程序和资料，管理不严格；在操作上，操作工和工程师技能较差，不按程序操作的事情比比皆是，交接班不细和不清楚，却无人重视和加以规范；另外还有技术上的原因，限于经济条件，设施本质安全化程序较低，据掌握的技术资料表明，前苏联的切尔诺贝利核电站没有蒸气双冷却回路，反应堆也没有钢筋水泥密闭室，一旦发生意外，就造成严重的爆炸泄漏事故。

**(四)事故教训**

这次核事故给人类造成的损失是严重的，教训是沉痛的。据有关资料表明，切尔诺贝利核电站事故之前，就已经在其他核电站多次发生类似事故，政府出于政治考虑，没有公开，也没有在核电站之间公开，予以吸取教训，采取防范措施，最终导致重复发生类似的事故，造成更加严重的后果。

每个企业及时地吸取事故教训，举一反三，是防止事故重复发生的重要措施，切不可隐瞒，任何事物的价值都是无法和人的生命安全相比拟的。另外，要尤其注重设备检修测试时期的管理，对由此带来的一系列变化和变更应当事前作好充分准备。设备检修检测时期是易发生事故的时期，事前应制定周密详细的方案，并经过审批。注重每个岗位的交接班，交接要清楚，工作有连续性，防止因工作交接不清引起的误操作，一个简单的误操作可能将会带来无法弥补的损失。

**案例三　英国阿尔法平台爆炸事故**

**(一)事故经过**

英国北海海域帕玻尔·阿尔法(Piper　Alpha)平台爆炸事故是世界海洋石油工业史上最大的一次悲惨事故，它震惊了英国，震动了世界海洋石油界，造成巨大损失和人员伤亡。

1988 年 7 月 6 日约 22 点英国北海阿尔法平台天然气生产平台发生爆炸，约 22 点 20 分气体立管发生破裂再次发生大爆炸，其后又发生一系列爆炸，整个平台结构坍塌，倒入海中，当时平台上共 226 人，其中 165 人死亡，61 生还，造成巨大人员伤亡和经济损失。

**(二)事后处理**

英国 Piper Alpha 钻井平台爆炸的赔偿金额高达 30 亿美元。英国政府派出能源部大臣卡伦爵士组成政府调查组，历经两年进行了详细的调查，向政府提出许多完善的建议，后大部分被采纳，英国海上平台从此率先开始推行 HSE 管理体系，并从中受益。

**(三)事故原因**

事故原因是压缩机房内的凝析油注入泵 A 上的安全阀拆下检修，用一不标准的盲板法兰临时装上并且未上紧，工作交接班也没有交接清楚，下一班操作工人在工作中，凝析油注入泵 B 故障出现跳闸，在不清楚 A 泵状况，也未进行检查的情况下，便启动了 A 泵，造成大量凝析油冲破盲板法兰大量外溢，遇火花起火爆炸。这一事故暴露出许多管理不严格和不规范的地方。

**(四)吸取教训**

这次事故带来了海上安全管理体制的变革和创新，是 HSE 管理体系的发端，给世界海洋石油安全管理带来了深远影响，世界各国从中吸取教训，改进了安全管理。企业在工作中注重工作许可制度和交接班制度的落实，严格规范工作程序，并认真在每个岗位得到落实，否则工作就会杂乱无章，没有秩序，出现事故也就是迟早的事情。

**案例四　阿拉斯加“瓦尔迪兹号”石油漏油事故**

1989 年 3 月 24 日晚上 9 时，美国 21 万吨级油轮“埃克森·瓦尔迪兹号”满载原油从阿拉斯加启航。“埃克森·瓦尔迪兹号”下水才 3 年，配备有各种现代导航设备，船长很熟悉阿拉斯加水域。可是启航后仅 3h，3 月 24 日凌晨，油轮在阿拉斯加的威廉王子海峡突然触礁，造成 3.8 万吨原油漏出，严重污染了阿拉斯加海域，漏油覆盖海面达 1300km$^2$，并冲上了 1300 多千米长的海岸。在事故发生后几天内，有 3 万只海鸟以及海豹、其他哺乳动物和无数的鱼惨死。环境污染也破坏了成千上万只候鸟一年两次来阿拉斯加觅食的这块土地。

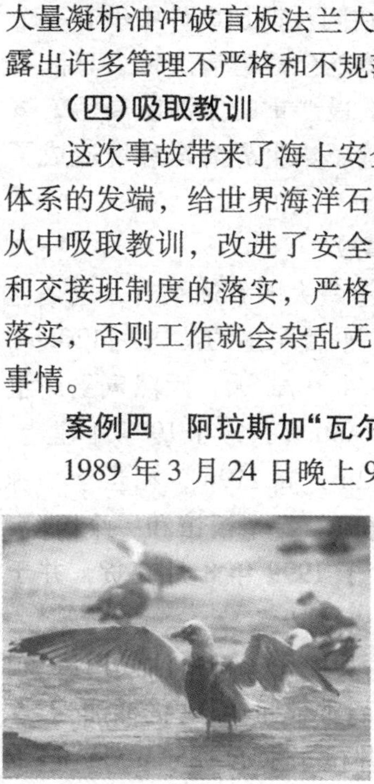

事发之后，人们使用铅制水栅控制油污，但无济于事。为处理原油污染事件，美国有关方面伤透了脑筋。他们耗用巨资，在海滩上喷射氮、磷肥混合物，以刺激食油细菌分解油污，拦网收集死亡的海鸟和水獭，运往火化场焚化。焚化遇难海洋动物尸体，竟花费半年时间。对威廉海湾的危害，据估计如果使大多数生物群落与生态系统恢复到漏油前的状态和结构特征，至少需要 5 ~ 25 年。

美孚石油公司迄今为止为 1989 年阿拉斯加瓦尔迪兹石油漏油事件支付了 50 亿美元惩罚性赔偿金。虽然在阿拉斯加事件中没有一个人死亡，但却造成了巨大的环境灾难，美孚公司为清洗每一只被石油污染的水獭花费 940 美元。这是世界上最严重的原油泄漏污染事故之一，带来的环境灾难多年来仍未消除，给世界海洋环境造成了恶劣影响。

**案例五　巴西 P－36 平台爆炸翻沉事故**

巴西 P－36 号平台是迄今为止世界上最大的石油平台，也是世界上最大的半浮动式海上油井平台之一。平台距里约热内卢 120km。目前，P－36 号平台的原油生产量约为 8.4 万桶/天，天然气生产量约为 $130m^3/d$。P－36 号平台由意大利 Ficantieri 公司于 1994 年建造，并将平台改造成半潜水平台，平台长 112m，高 119m，相当于一栋 40 层高的大楼，有 60 个房间、一个体育馆、一个饭馆和一个医院，重达 31400t，费用为 3.54 亿美元。平台于 1999 年 8 月交货，并于 2000 年 5 月开始生产油气。

该平台位于里约热内卢州坎普斯湾海上 Roncador 油气田区域。Roncador 油气田约有 $132km^2$ 大小，预计石油储量为 30 亿桶油当量。该气田拥有世界上最深的海上油井，油井位于水下 1853m 处，产油量为 20000 桶/天。

P－36 号平台于 2001 年 3 月 15 日凌晨发生了两次爆炸并引起大火，造成 2 人死亡，1 人严重烧伤，另有 9 人失踪。巴西石油公司展开了紧急救援，除从平台安全撤出 151 人外，还集中国内外有关专家商讨对策，并雇用潜水员向平台舱内灌注氮气和压缩空气，曾使平台停止下沉，倾斜度也从 25 度减小到 23 度，因气候条件不好，风大浪高，救援工作被迫中断。20 日凌晨，平台再次开始下沉，虽经奋力抢救，但最终未能遏止平台沉没。经救援无效，于 3 月 20 日沉没，P－36号平台上储存有150万L原油，随着平台坍塌下沉，原油迅速开始泄漏。至20日中午12时，出事地点方圆20km海面上漂浮的石油已达6000L左右。

P－36号平台爆炸下沉事故所造成的具体损失目前还无法估量。据专家预测，事故给巴西石油公司带来的直接经济损失至少将达10亿美元，仅停产一项每天就要损失300万美元。更为严重的是，此次事故将给整个巴西经济造成重大影响。巴西石油公司是1953年成立的国有企业。经过几十年的发展，尤其是近几年大力加快巴西海上油田的勘探和建设，不断提高开采技术，使石油日产量达150万桶。至2000年年底，巴西石油公司生产的石油已经达到全国总消费量的88%。现在，P－36号平台彻底损坏，该地区的油井难以在短时间内恢复生产，这将迫使巴西增加石油进口。

P－36号海上平台爆炸下沉事故引起了巴西全国的广泛关注。在15日平台发生爆炸的当天，股汇两市就率先作出反应。拉美最大的股市圣保罗股市为此下跌，美元对巴西货币雷亚尔的汇率迅即上升。20日平台彻底下沉的消息再次震动全国，圣保罗股市中的巴西石油公司优先股股价下跌0.91%，普通股股价下跌0.76%。

## 第三节　国内典型事故案例

近些年来，我国重特大事故频繁发生，造成大量人员伤亡和经济损失，本节选编了几个有代表性国内事故案例，从中吸取事故教训，反思安全工作的重要性，真正做到以人为本，关爱生命，切实在工作中提高安全意识，规范安全制度，防止事故发生。

**案例一 陕西某煤矿“11·28”特大瓦斯爆炸事故**

2004 年 12 月 28 日上午 7 时 10 分左右陕西省某煤矿发生特大瓦斯爆炸事故，从井口到出事的工作面有 8000 多米的距离，当时井下有 293 名矿工，事故造成 166 名矿工被困井下遇难。这起事故是我国自 1960 年 11 月 28 日平顶山龙山庙煤矿死亡 187 人的瓦斯煤尘爆炸事故之后，44 年来我国煤炭行业最大的一起安全事故，损失惨重，教训沉痛。

事故发生后，党中央、国务院高度重视，胡锦涛总书记立即做出重要指示，要求有关部门和地方采取有力措施，尽最大努力抢救井下被困人员。温家宝、黄菊等也做出指示，要求加强统一指挥，密切配合，全力以赴抢救，千方百计减少人员伤亡。以国务院副秘书长尤权为组长的国务院工作组赶赴事故现场，指导和协调人员抢救以及事故调查工作。

该煤矿是当地机械化程度较高的矿井，年设计能力 150 万吨，经技术改造，2003 年核定生产能力 230 万吨。2003 年生产原煤 165 万吨，截至事故前已产煤 215 万吨，年计划达到 240 万吨。该煤矿是煤、油、气共生，水、火、瓦斯并存的矿井，1993 年被认定为瓦斯突出矿井，同时具有煤炭易自燃、多煤尘的特点。该矿 2001 年 4 月曾发生过一起死亡 38 人的瓦斯爆炸事故，被认定为责任事故。

事故发生后，各方开展了积极的救援工作，但因煤层复杂，12 月 2 日，该煤矿发生四次瓦斯爆炸，无人员伤亡，井下通风系统完全遭到毁坏，救援工作被迫暂停。针对该矿难井下出现的新情况，事故救灾指挥部会同专家组，研究决定从地面向井下灌水灭火的抢险新方案，并组织实施。灌水灭火工作完成后，将马上实施排水，恢复通风系统，搜寻遇难者遗体。

针对这起事故，陕西省高瓦斯煤矿 11 月 29 日起全部停产整顿。在发生矿难的陕西某煤矿，将竖立一座遇难矿工纪念碑，镌刻一百六十六名遇难者姓名。让后人永远铭记这次矿难的深刻教训，记住为国家能源发展做出贡献的牺牲矿工，也便于遇难矿工家属凭吊、祭祀。

通过这起事故警示人们，在煤炭市场供求关系紧张的情况下，要严格按照矿井核定能力组织生产，严防国有煤矿超能力生产造成特大事故。瓦斯事故是有规律的，这种规律是可以认识和把握的。只要防治工作到位，事故是可以避免的。“先抽后采、监测监控、以风定产”十二字方针，概括了瓦斯治理的基本环节，应当认真贯彻到底。

为防止事故发生应当进一步加大煤矿安全整治力度，该关闭的矿井要坚决依法关闭，对无证非法生产和死灰复燃矿井要严肃予以查处。在加强对小煤矿安全整治的同时，要切实加强对国有大矿的安全监察，国有大矿井型大，系统复杂，用人多，一旦发生特大事故，损失巨大，对全国煤矿安全生产影响重大。近期国有煤矿特大事故多发，表明国有大矿的安全状况不容乐观，必须要加大国有大矿的安全监察力度。

这些年接连不断的煤矿重特大事故暴露出我国煤矿的安全形势还非常严峻，目前我国煤矿平均每人每年产煤 321 吨，全员效率仅为美国的2.2%、南非的8.1%，而每年死亡矿工6000 人左右，百万吨死亡率为 3 左右，是美国的 100 倍、南非的 30 倍。从 2001 年到 2004 年 10 月底，全国煤矿共发生一次死亡 10 人以上的特大事故 188 起，平均 7.4 天一起；其中一次死亡 30 人以上的特别重大事故 28 起，平均 50 天一起。

一些企业安全工作不落实，安全规程和规章制度形同虚设，是造成重特大事故的主要原因之一。国家煤矿安全监察局发布了修订的《煤矿安全规程》，这部被称为具有很强的针对性和可操作性的《规程》自 2005 年起施行。认真贯彻执行《规程》，是我国煤矿安全生产工作的重点，对于减少各类事故，遏制煤矿重、特大事故的发生，将发挥重大的作用。随着一系列安全措施的落实，煤矿事故近年来有了大幅度下降。

**案例二 广西某煤矿透水事故**

2001 年 7 月 17 日凌晨 3 时 30 分左右，广西某煤矿发生特大透水事故，造成拉甲坡矿、龙山矿、田角锌矿井下 81 名矿工死亡，人员伤亡重大，属特大重大事故。更为恶劣的是，出现事故后，当地政府隐瞒不报，影响极坏，是有代表性的后果性质严重的隐瞒不报事故。事故被曝光后，为了彻底查清广西某煤矿透水特大重大事故真相，国务院派出了调查组专门进行调查。

经调查查明，事故发生在拉甲坡矿井下 9 号井标高 –166 米平巷的 3 号作业面，由于实施违章爆破引发了事故。拉甲坡矿明知作业区域存在透水隐患，不但不采取防范措施，而且继续冒险组织作业，在 9 号井标高 –166 米平巷处的 3 号工作面，在不到 1 个小时内，两次实施爆破，使位于下方的恒源矿受淹老塘与上部的 3 号工作面之间 0. 3 ~0. 4 米厚的隔水岩体产生脆性破坏，积水在强大水压作用下，击穿隔水岩体，形成一个长径 3m、短径 1. 2m 的椭圆型透水口，高压水大量涌入 3 号工作面，并迅速流向连通的其他巷道，先后使拉甲坡矿 3 个工作面、龙山矿 2 个工作面、田角锌矿 1 个工作面被淹，许多来不及跑掉的矿工就遇难了，共造成 81 人遇难，给人民群众的生命造成了巨大的损失，给遇难者家属带来了巨大的痛苦。事故处理过程中，总容量达 34 万立方米的积水被全部排干，遇难者尸体才被发现。

这起事故就是因为乱采乱挖所致，乱采乱挖现象严重。发生事故的煤矿工作面不具备基本安全生产条件，拉甲坡矿没有开挖通风井，是口独眼井。该矿井空气特别浑浊，湿度达到 100%，内部温度接近 40 摄氏度。矿工们大多裸体在井内挖矿，身体吃不消时，就跳到井内排水沟里泡泡，休息一下，这种生产条件发生事故是必然的。井下巷道纵横交错，互相联通，造成一个矿井透水，殃及毗邻多个矿；一个矿井遭灾，多矿井都会死人。

一段时期内这一地区的矿井一直存在着多矿主、多井口、无秩序、无规划的开采，对矿井的管理没有规章制度，没有措施，造成的井下事故无人负责。并且，矿主为了追求高额利润、降低成本、互相攀比、求得最大的经济效益而不顾及矿山、矿工的安全，这些都成为酿成这次事故的原因。广西某煤矿的重特大事故的教训是极为沉重的。

发生事故前广西该煤矿的乱采乱挖已经到了极其严重的地步，许多矿工失去了宝贵的生命。国务院关于特大安全事故行政责任追究的规定明确要求，特大安全事故发生以后，有关各级人民政府及政府有关部门，应当按照国家的规定、程序和时限立即上报，并且按照国家有关规定迅速如实地发布事故消息，而当地政府却没有及时上报，严重违反了国家法律法规。

为了让后人铭记广西该地区“7·17”特大矿难的深刻教训，时时刻刻敲响安全生产的警钟，当地政府决定特别建立一个警示园，专门存放81位遇难矿工的骨灰，以示对逝者的纪念和对后人的教育。

**案例三 “11·24”海难**

1999年11月24日23点38分，一滚装船从烟台驶往大连途中在烟台附近海域倾覆，经历了近十个小时的燃烧和漂泊后，在离海岸约七海里的茫茫夜海中沉没，304名乘客和船员仅有22人生还，282人遇难，直接经济损失9000万元，发生了建国以来最大的一次海难事故，被称之为“中国的泰坦尼克号”。

“大舜号”轮船是客货混装船，即船的下部装载渡海的汽车和其他物品，上部是客舱；该船在日本已经服役5年，是烟大公司1998年购进的，专用于烟台至大连航线。

1999年11月24日13时30分，载有304人，汽车61辆的“大舜号”驶离烟台港；

16时20分，因风大浪急，停在“大舜”轮底舱的汽车挣断加固链，互相碰撞，轮船后甲板起火；

17时10分，“烟救”13号拖轮驶向出事水域，但因浪大，无法靠近；

19时30分，海军驻烟某部出动5艘舰艇出海营救，救起12名落水者；

20时15分，“大舜号”主舵失灵；

22 时 30 分，“大舜号”船舱进水；

23 时 38 分，“大舜号”左舷翻扣沉没……

海难发生时，有关方面进行了全力救援。北海舰队、济南军区、武警部队迅速派人员、船只驰援“大舜”轮。部队、武警和山东省市区出动数千人，大马力渔船、救捞船、海军舰只 17 艘，在出事海域援救落水人员，附近 16 个村庄的 5000 多名村民，沿海岸线设立望哨。牟平区 6 所医院的 100 多名医护人员参与抢救……

事故发生后，国务院成立了“11 · 24”特大海难事故调查处理领导小组。国务院副总理吴邦国专程赶赴烟台市，代表党中央、国务院慰问遇难者家属和生还者。领导小组在有关方面的大力支持下，千方百计组织抢救生还者，积极稳妥地处理有关事宜。

事故主要是由于在这种恶劣的天气下，“大舜号”没有作好充分的准备，没有作好车辆、货物的绑扎等应急措施引起的。其中车辆碰撞引发火灾是直接原因。

船上六十一辆车拉的货物确实存在紧固不好的情况，有的车用一两根链条加固，在船左右摇摆的过程中，车、货必然会产生碰撞。船上的车加固不牢，在船左右摇摆的情况下，燃油漏出，加固链拉断，车与车相撞产生火星，也不排除电缆漏电，遇油燃烧起火。这是发生火灾的直接原因。

另外，“大舜号”船长操作失误，施救手段落后，该公司对安全工作重视不够，安全管理存在漏洞等也是导致事故的重要原因。该公司的通信记录表明，“大舜号”船长在请示公司要将“大舜号”掉头未果后，主观地掉头返航途中遇风浪于 15 时 30 分返航。调整航向时船舶横风横浪行驶，船体大角度横摇。由于船载车辆系固不良，产生移位、碰撞，致使甲板起火，船机失灵，在灾难行将降临之时，船长也没有宣布弃船，更没把船舱里的人叫到甲板上，船翻沉使大多数人扣在了船舱里。而被救的二十二人，都是船翻沉时在甲板上被抛进了海里，被救援的船和岸边群众救起来的。

“大舜号”遇险后，该公司及时向当地海事部门、省市有关部门和交通部报告。但是，在那么恶劣的海况下，除了“烟救 13”能出海，其它救援船连港口都出不去，有的就是驶出了港口又被风顶了回来。在这种情况下，直升机应该是救援效果最好的。当地领导也已向有关方面请求给予支持，但在这种恶劣的条件下，直升飞机性能不行，无法起飞。“大舜号”在距离岸边不远，又是白天呼救，在大批救援船只已赶到现场的情况下，仍然沉没并造成大量人员死亡，暴露出了海上救援从管理到手段的落后。

该公司在安全与效益面前，显然对安全工作重视不够，在该公司的会议记录中，多次出现车货混装绑扎不良导致一些事故隐患，但都没引起公司的注意，就在这次海难之前四十天，该公司的另一艘同类型轮船“盛鲁”号在大连附近海域翻沉，这次事故仍没能引起公司的重视，最终导致同样的海难事故再次发生，后果更加严重。

事故调查结果最终认定，“11·24”特大海难事故是一起在恶劣的气象和海况条件下，船长决策和指挥失误，船舶操纵和操作不当，船载车辆超载、系固不良而导致的重大责任事故。该公司等有关单位的安全管理存在严重问题，对这起事故负有重要责任。根据调查结果，有关责任人员受到严肃处理。该公司总经理、副总经理等4名责任人员被开除党籍、开除公职，并依法追究刑事责任；时任山东省省长、交通部部长等13名领导干部和有关人员受到相应的纪律处分。

事故发生后，山东省吸取事故教训，颁布了《山东省水路运输安全管理办法》，为了以“11·24”特大海难事故为鉴，决定把每年的11月24日作为全省“安全生产工作的警示日”，以吸取这起海难事故刻骨铭心的教训。此后，国家对海上救援体制进行了改革和规范，对救援力量进行充实和完善，提高了海上救援的水平。

**案例四　重庆某化工厂“4·15”氯气泄漏爆炸事故**

重庆某化工厂成立于1940年，位于人口稠密的江北区腹心地带，是一家有着悠久历史和辉煌过去的国有企业。该厂发生事故的几年前开始亏损，职工流失现象严重，其主厂职工已由原来的两千多人减至现在的一千多人。据悉，这已是这个厂自2003年以来第三次发生氯气泄漏事故。重庆市已经计划把这个化工厂从城区迁出。

氯为黄绿色气体，有强烈的刺激性气味，高压下可呈液态。氯气被人吸入后，可迅速附着于呼吸道黏膜，之后可以导致人体支气管痉挛、支气管炎、支气管周围水肿、充血和坏死。人吸入浓度为2.5mg/$m^3$ 的氯气时，就会死亡。

重庆某化工厂2004年4月15日晚发生氯气泄漏事故。17时40分该厂氯氢分厂操作工开启2号氯冷凝器。19时发现该冷凝器液化异常，发现是2号氯冷凝器的列管出现穿孔，有氯气泄漏，厂里随即进行紧急处置。21时20分，冷冻系统停车后开始处理系统残余氯气。

4月16日凌晨2点左右，这一冷凝器发生局部的三氯化氮爆炸，氯气随即弥漫散去。7时许，消防总队接到该厂报警并出动200余名消防官兵赶到现场排险。8时左右，专家组在公安、消防和医疗人员的保护下进入现场进行调查。8时30分，200名民警赶到现场，负责疏散的民警向有关方面求援。11时，用3个小时疏散了3万人。为防氯气罐发生更大规模爆炸，对4、5、6号氯罐进行了排氯，这3个氯气罐通过4根铁管将氯气排到嘉陵江边的水池中，同时注入碱水，二者融合后，不再构成危害。然而，17时57分，在处理残氯的过程中，氯气泄露现场突然传来“嘭”的一声巨响，伴随着剧烈的爆炸声，一团黄烟腾空而起。4、5、6号氯气罐发生爆炸，9人死亡，3人受伤。消防队员迅速冲进场内，紧急组织灭火工作，并重新组织疏散。同时，医务人员也随即进入场内，迅速展开搜救工作。

19时30分左右，重庆市区化工厂周围一公里范围内的居民15万人已经紧急疏散。22时左右，爆炸现场厂房轰然倒塌，氯气继续泄漏。环保监测部门在现场设置了5个监测点，不间断地监测空气质量，消防队员不断地喷射水幕以稀释氯气。

为彻底消除事故隐患，事故处理指挥部动用了部队官兵和精良武器，4月18日5点35分，使用了高射机枪、火炮和坦克将3个储气罐彻底摧毁，危险源和污染源被销毁。随即解除禁令，撤离群众返家。

此次氯气泄漏事故的原因是氯罐及相关设备陈旧，处置时爆炸的原因是工作人员违规操作所致。事故调查组确认这是一起责任事故，并对相关责任人进行了处理。

这起事故是近年来化工事故引起人员疏散较多的一起事故，影响较大，在处理过程中造成了人员伤亡，值得反思。这起事故再一次向每一个城市敲响了警钟，在城市的中心区，不应有具有潜在重大安全隐患的企业，尤其是化工企业，应当远离市区，并且与居民区保持一定的安全距离。

**案例五　四川某钻探公司“12·23”井喷特大事故**

2003 年 12 月 23 日 21 点 57 分四川石油管理局某钻探公司第二钻井公司 12 钻井队在重庆开县罗家 16H 井施工中发生井喷失控事故，天然气冲天而起，冲高 30 米左右，24 时井队人员全部撤离现场，24 日 13 时 30 分用两条放喷管线放喷，16 时点火成功，27 日压井成功。整个事故过程中，造成特大人员伤亡，死亡人数 243 之多（职工 2 人，当地群众 241 人），直接经济损失 9262.71 万元，经济损失巨大，是钻探史之最，是影响极大的事故。

该井是一口国家重点工程科研项目水平井，富含硫化氢。事故发生后，国务院立即成立了调查组，进行了认真调查，认定为重大责任事故。

事故处理：该钻探公司六名直接责任人被追究刑事责任，负有领导责任的相关人员被追究行政责任。

事故原因：事故性质是一起责任事故，造成事故的直接原因分井喷的直接原因，井喷失控的直接原因和事故扩大的直接原因。

井喷的直接原因有：起钻前，泥浆循环时间严重不足；在起钻过程中，没有按规定灌注泥浆，且在长时间检修顶驱后，没有下钻充分循环，排出气侵泥浆，就直接起钻；未能及时发现溢流征兆。

井喷失控的直接原因是在钻柱中没有安装回压阀，致使起钻发生井喷时钻杆内无法控制，使井喷演变为井喷失控。

事故扩大的直接原因是井喷失控后，未能及时采取放喷管线点火措施，以致大量含有高浓度硫化氢的天然气喷出扩散，导致人员伤亡扩大。

引起事故的间接原因有现场管理不严，违章指挥；安全责任制不落实，监督检查不到位；事故应急预案不完善，抢险措施不力；设计不符合标准要求，审查把关不严；安全教育不到位，职工安全意识淡薄。另外，事故发生在夜晚，群众居住分散，交通通信条件差，当地为山区低洼地势，空气流通不畅也是导致大量人员伤亡的客观因素。

原因虽然很多，我们不能忽视的是井口出现溢流发现较晚，错过了抢接回压阀的时机，防喷器组中没有装剪切板防喷器，失控后没有及时点火等人为因素。

这起事故是发人深省的，它充分暴露出目前一些石油企业基层管理中许多好的做法没有坚持好，新的 HSE 管理体系也没有建成或有效地发挥作用。这种工作态度是事故发生的潜在隐患，是极其危险的，应当切实建立起有效的 HSE 管理体系，同时发扬石油行业许多好的传统做法，例如“三老四严”、“四个一样”的作风等，最大限度地保证安全生产，节约资源，提高效益。

**案例六　吉林某商厦“2・15”特大火灾事故**

2004 年 2 月 15 日 11 时 25 分，吉林市某商厦发生特大火灾事故，火灾发生后，吉林市出动六十余台消防车和三台云梯车扑救，仍造成死亡 54 人，70 人受伤，直接财产损失 426 万元。该商厦为四层建筑，每层面积一千平方米，一、二楼为商场，三楼为浴池，四楼为舞厅。

经调查认定，这起事故是一起责任事故。事故的直接原因是商厦后侧的一个临时简易仓库着火。该商厦员工于某在事发当日向 3 号库房送纸板时，将正在抽的香烟掉落在库房中，未予熄灭就离去，香烟引燃地面上的纸屑、纸板等可燃物，致使库房起火燃烧，并蔓延到商厦，造成特大事故。11 时左右锅炉工发现仓库冒烟开始自行救火，11 点 28 分消防部门接到第一个报警，从冒烟到报警相隔二三十分钟，贻误了最佳灭火时机。

事故间接原因有中百商厦没有严格执行《消防法》中有关规定；吉林市商业委员会对该商厦管理不力，对商厦的消防安全管理和超范围经营问题失察；吉林市消防等有关职能部门没有切实履行职责，对存在的火灾隐患、超范围经营等问题没有严格督促落实整改；吉林市人民政府有关负责人对安全生产责任制落实情况监督检查不力。

从中可以看出报警晚，未组织疏散，值班人员脱岗，消防隐患没有整改，消防通道不畅，消防救援技术落后都是造成严重伤亡的重要原因。

火灾的直接原因是由于雇员于某吸烟乱扔烟头引起的，同时商厦火灾隐患没有得到整改，消防安全没有落实，管理者有直接责任，值班人员保卫科副科长陈某及曹某离岗致使群众没有及时疏散也是造成重大伤亡的原因，死亡的人中全部为群众和顾客，火灾中商厦无一人死亡，也无一人组织人员疏散。相关责任人分别以失火罪、消防责任事故罪、重大责任事故罪追究了刑事责任。政府有关人员被追究行政责任。

对这起光天化日之下楼并不算高，火并不算大的火灾造成如此众多人员伤亡，值得深刻反思。这其中有四个不应该：发生在白天的4层小楼不应该大量人员死亡，发生在消防力量较好的繁华城市不应该救援如此不力，商厦没有组织有效疏散和应急预案不应该，面对火灾自救能力差，不应该跳楼造成伤亡。

从这起事故中反映出企业没有有效的安全管理体系，无应急预案和演练，没有有效的应急措施后果是非常严重的，一个企业的应急管理是非常重要的一个方面。

从个人角度讲，通过这一案例应认识到烟头的危害，提倡戒烟和规范自己的吸烟行为，不该吸烟的地方就不能吸，乱扔烟头号可能酿成大祸，也可能触犯刑律。全国每年发生由烟头引发的火灾数以千计，导致大量人员伤亡，经济损失巨大。烟头虽小，潜在的危险性却很大，乱扔烟头就是隐患，的确是“粒火可烧万重山”，这绝不是危言耸听。

**案例七 北京某县“2·5”踩踏特大伤亡事故**

2004 年 2 月 5 日晚 7 点 26 分左右，北京某县在密虹公园举办第二届迎春灯会，期间人员众多拥挤，在公园小桥上一游人跌倒，其身后游人向前发生拥挤踩踏，造成 37 人死亡，37 人受伤的恶性事故，这是近年来公共活动中发生事故死亡较多的事故之一。

该县县长引咨辞职，城关派出所所长和政委以玩忽职守罪被追究刑事责任，另外相关 8 名责任人受到处分。

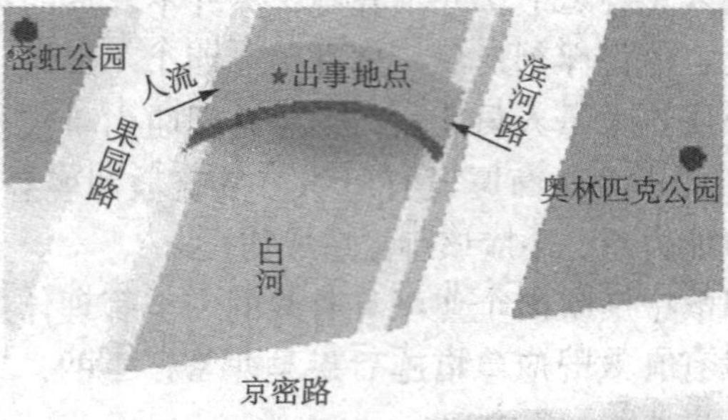


经调查认定，这起特大伤亡事故是一起责任事故。造成事故的直接原因是事发当晚在密虹公司观灯的群众增多，又有人传说桥西侧要放烟花，所以，短时间内通过云虹桥到白河西岸观灯的人员骤增，现场执勤人员没有到岗，无人对游人进行组织、控制和疏导，加之游人被桥面侧台阶破损上翘的金属压条绊倒，且桥的

坡度较陡，仍继续拥挤造成挤压，致使多人窒息，造成特大伤亡事故。

事故的间接原因有灯展的主办、承办单位参与组织管理和安全保卫人员违反规定，未认真履行职责，玩忽职守，疏于管理、检查和监督；负责云虹桥安全保卫工作的城关派出所对云虹桥未采取任何管理、疏导措施，该所主要负责人擅自决定将事发当晚公安执勤人员上岗时间向后推迟1小时；承办单位未认真履行安全管理职责；组织单位思想麻痹，安全责任不落实，公共活动无应急预案或组织不得力。另外，游人的安全意识差，缺乏道德和互助精神也是一个原因。

一个灯会，一座窄桥，一个瞬间，37人被踩死，好事变成了坏事，给喜庆的节日增添了无尽的悲伤。为各级政府和企业搞大规模的活动提出了警示，敲响了警钟，应当认真制定详细的应急预案，并落实应急措施。

**案例八 “1·26”特大交通事故**

2004年1月26日，云南省文山壮族苗族自治州某县发生一起特大交通事故，造成27人死亡，53人受伤，造成重大人员伤亡，也是一起特大农机事故。

正月初二至初八是滇南苗族一年一度的传统节日“踩花山”，这是一个青年人寻找知音、中老年人相互祝福的佳节。1月26日上午11时许，该县小塘子村的80个村民高兴地挤上同村村民刁某的农用车，前往离村20km处的著名风景区普者黑“踩花山”。在途中一个转弯处，与一辆摩托车追尾碰撞，失控驶离路面翻下山，造成27人死亡、53人受伤。

这起无证驾驶农用车并违章搭载村民的特大事故，事故原因是无证驾驶、严重超载等，道路质量差、交通管理不力也是事故发生的重要因素。同时，这起事故再一次暴露出农民出行难与道路交通安全的矛盾。云南省公路里程有$16\times10^4$km，其中$14\times10^4$km是通而不畅的农村公路，且路面硬化率低。由于山区交通工具缺乏，农村公共汽车线路少，许多地方每天只有一趟班车或不通车，很多住在偏远村寨里的村民只能坐拖拉机或农用车出行。有人说，在山路上口干舌燥地走几个小时，不管是什么车都愿坐，谁还考虑安全问题。

政府和企业针对交通事故继续加强安全教育和宣传，努力提高人们遵章守纪的意识。在人们的安全意识普遍还不高，偏远地区经济收入还不高的情况下，面对违章作何选择，每个人都有拒绝违章和监督纠正违章的权利，人的生命只有一次，我们在作出选择时应当首先想到珍惜生命，拒绝违章。

**案例九 “5·12”特大交通事故**

2004 年 5 月 12 日下午 2 点 30 分左右，杭州某运输公司陈某驾驶的一辆载客 33 人的大巴(牌号为 × ×74502)，在杭州开往昆山的途中，避让车辆时，车体左侧刮擦匝道口水泥挡墙前端后，再冲出匝道右侧护栏，翻坠桥下，在乍嘉苏高速公路嘉兴段 7 号桥冲出护栏，摔入十多米落差的桥底，车身倒扣，立即冒烟，经扑救未着火。事故造成 23 人死亡，10 人受伤，直接经济损失 40 余万元。这是我国高速公路上因交通事故死亡人数较多的一次。

事故的肇事车辆属于专业运输单位，暴露安全管理中存在的隐患，在交通安全管理方面没有形成有效的安全体系。针对驾驶员超速行驶、疲劳驾驶、严重超载等问题没有采取有效的措施，在当前交通安全形势不容乐观的情况下，更应当加强安全管理工作，建立长效机制，预防群死群伤特大道路交通事故的发生。

每年全国共发生道路交通事故几十万起，造成数万人死亡、几十万人受伤。据统计表明，我国每天有 300 人左右丧生车祸，我国的道路交通伤害死亡人数和死亡率均居世界前列，我国交通事故死亡人数已居世界第一位，且仍以一定的速度递增，道路条件和交通环境差、安全管理水平不高是影响我国道路交通伤害发生的主要因素。在总结分析道路交通事故原因中，人们的交通安全法规意识淡薄是个重要原因。由于不遵守交通法规，人们为此付出了惨痛的代价：一条条鲜活的生命转瞬离去，数以万计的家庭沉浸在亲人死亡的悲痛之中。为了遏制交通事故这一“第一杀手”对人们生命安全的威胁，减少生命财产损失，2003 年 10 月全国人大常委会通过了《中华人民共和国道路交通安全法》，并已于2004 年 5 月 1 号正式实施，并经数次修订，该法的有效实施对规范我国交通秩序发挥了重要作用。

**案例十 “6·3”特别重大火灾爆炸事故**

2013 年 6 月 3 日 6 时 10 分许，位于吉林省某市的某禽业有限公司部分员工发现一车间女更衣室及附近区域上部有烟、火，主厂房外面也有人发现主厂房南侧中间部位上层窗户最先冒出黑色浓烟。部分较早发现火情人员进行了初期扑救，但火势未得到有效控制。火势逐渐在吊顶内由南向北蔓延，同时向下蔓延到整个附属区，并由附属区向北面的主车间、速冻车间和冷库方向蔓延。燃烧产生的高温导致主厂房西北部的 1 号冷库和 1 号螺旋速冻机的液氨输送和氨气回收管线发生物理爆炸，致使该区域上方屋顶卷开，大量氨气泄漏，介入了燃烧，火势蔓延至主厂房的其余区域。该事故属于特别重大火灾爆炸事故，共造成 121 人死亡、76 人受伤，17234 平方米主厂房及主厂房内生产设备被损毁，直接经济损失 1.82 亿元。该禽业有限公司成立于2008 年5 月9 日，资产总额6227 万元，经营范围为肉鸡屠宰、分割、速冻、加工及销售，有员工 430 人，年生产肉鸡 36000 吨，年均销售收入约 3 亿元。

该事故直接原因是该公司主厂房一车间女更衣室西面和毗连的二车间配电室的上部电气线路短路，引燃周围可燃物。当火势蔓延到氨设备和氨管道区域，燃烧产生的高温导致氨设备和氨管道发生物理爆炸，大量氨气泄漏，介入了燃烧。

造成火势迅速蔓延的主要原因：一是主厂房内大量使用聚氨酯泡沫保温材料和聚苯乙烯夹芯板（聚氨酯泡沫燃点低、燃烧速度极快，聚苯乙烯夹芯板燃烧的滴落物具有引燃性）。二是一车间女更衣室等附属区房间内的衣柜、衣物、办公用具等可燃物较多，且与人员密集的主车间用聚苯乙烯夹芯板分隔。三是吊顶内的空间大部分连通，火灾发生后，火势由南向北迅速蔓延。四是当火势蔓延到氨设备和氨管道区域，燃烧产生的高温导致氨设备和氨管道发生物理爆炸，大量氨气泄漏介入了燃烧。

造成重大人员伤亡的主要原因：一是起火后，火势从起火部位迅速蔓延，聚氨酯泡沫塑料、聚苯乙烯泡沫塑料等材料大面积燃烧，产生高温有毒烟气，同时伴有泄漏的氨气等毒害物质。二是主厂房内逃生通道复杂，且南部主通道西侧安全出口和二车间西侧直通室外的安全出口被锁闭，火灾发生时人员无法及时逃生。三是主厂房内没有报警装置，部分人员对火灾知情晚，加之最先发现起火的人员没有来得及通知二车间等区域的人员疏散，使一些人丧失了最佳逃生时机。四是该公司未对员工进行安全培训，未组织应急疏散演练，员工缺乏逃生自救互救知识和能力。

事后该公司董事长及总经理等 19 人因没有认真履行《消防法》、《安全生产法》等规定的消防安全职责被追究刑事责任。这一事故告诫人们，工作一定要严格遵守安全法律法规，落实主体责任，特别要认真检查逃生通道是否畅通和符合规范。

## 第四节　班组案例教育

### 一、事故案例教育

#### （一）意义和作用

开展案例教育是提高员工安全意识的重要手段，也是提高班组安全管理水平的重要手段。通过事故案例教育，可以有效地提高安全意识，对员工形成正确的安全观念有着重要的作用。对一个班组来说，班组长应当定期组织开展案例教育，以此来促进员工安全意识的提高，时刻敲响警钟，吸取他人或自己的事故教训，举一反三，防止事故的重复发生。

前事不忘，后事之师，通过事故案例教育，切实从这些血的事故中认真吸取教训，避免事故的重复发生。不要只有亲自去经历一下才能吸取教训，那将是一种成本最高，最不明智的学习方式，而且往往已经没有机会再去吸取教训了。杜牧对不注重吸取教训的现象在《阿房赋》中曾说“秦人不暇自哀，而后人哀之；后人哀之而不鉴之，亦使后人而复哀后人也”。生活在21世纪的人们，应该学会思考，成为一个聪明人，从别人的悲惨经历中吸取教训，从而更好地改进我们的工作，这样对人们会大有裨益。

**（二）吸取的教训**

从事故中应当吸取的教训很多，具体到每个事故又各有不同。笼统地讲，作为班组应从事故中吸取的教训有：

(1)树立事故是可避免，可控制的观念。通过事故案例原因分析，没有一起不是责任事故，都是可以避免的，是人祸引起的，千里之堤，溃于蚁穴。工作生活中的任何一项微小疏忽可能酿成重大事故，后果不堪设想。

美国杜邦公司的研究表明：每30000起不安全行为，包含着3000起被忽视的隐患；每3000起被忽视的隐患，包含着300起记录在案的隐患；每300起可记录在案的隐患，包含着30起严重的违章操作；每30起严重的违章操作行为，酿成一起安全事故。96%的事故源于人的不安全行为，只有4%源于物的不安全状况，也就是可以看出，许多安全事故是完全可以避免的。

(2)树立控制风险、防范隐患的观念。工作生活中风险和危险是无处不在的，是绝对的，应该采取防范措施，把这些风险和危险控制在可接受的范围内。

(3)树立隐患就是事故，违章就是违法，事故就是犯罪的观念，对国家严格事故处理有一个清醒的认识，同时提高安全意识。国家实行的责任追究制度，对每个人、每个岗位都是适用的。当前的法律法规要求我们每个人应当认真履行安全职责，落实责任，遵章守纪，而不应有侥幸心理。如果违反这些应履行的义务，酿成严重后果，将会受到法律的严惩，也将给自己和他人带来终生的痛苦和无尽的遗憾。

(4)认真执行好各项制度，加强现场管理，把本班组辖区内标准化的要求进行管理，整洁、整齐、无跑、冒、滴、漏。各项操作按规程和程序进行，不擅自变更操作，需变更时要经过审批。

(5)工作中注重落实防范措施，完善应急预案，应熟悉应急突发事件如何处理的程序和方法，并定期组织演练。

(6)开展有效的安全教育，提高安全技能，掌握一定的逃生、救生知识。

(7)改进技术上的缺陷，对引起事故的有缺陷的工具、设备、设施、流程、工艺等进行改进，通过闭锁、联锁和自动化等技术，提高本质安全化水平，达到即使任何误操作也不可能发生事故的状态。

针对每个具体的事故还要进行具体分析，有针对性地更加明确地吸取教训采取措施。例如：有一个员工在建筑施工过程中保险带没系好从脚手架上坠落的事故，通过这个事故，相关人员就要培训如何正确检查保险带和系保险带，以避免坠落事故的隐患的发生。

## 二、事故案例教育形式

开展案例教育，吸取事故教训，也应当建立长效事故案例教育的机制，确立适合于自己行之有效的方式。开展事故安全教育，应当建立有效的制度，规定案例的收集和整理，开展教育的方式和时间，并不断改进教育方式，以收到实效，通过这一套程序的有效实施，从而建立事故案例教育长效机制，使员工能够长久地不断地提高安全意识，吸取事故教训，避免发生事故。

事故安全教育的形式有很多，企业和班组应当结合自己实际，采用有效的形式。例如：采用案例汇编组织培训学习的形式，采用多媒体动画再现事故案例的形式，建立事故纪念日或纪念碑的形式，利用文章、图片、仿真动画、黑板报，集体学习和张贴相关资料学习。学习的过程中应当注意结合身边的案例和本企业有关的案例，效果会更明显。

下面举一个巴西一家远洋运输公司为了吸取事故教训开展事故案例教育的例子。

在巴西的桑托斯海顺远洋运输公司门前立着一块高 5 米宽 2 米的石头，上面密密麻麻地刻满葡萄牙文，那是关于责任的，让人心情沉重的真实故事，下面就是石头上所刻的文字：

当巴西海顺远洋运输公司派出的救援船到达出事地点时，“环大西洋”号海轮消失了，21 名船员不见了，海面上只有一个救生电台有节奏地发着求救的摩氏码。救援人员看着平静的大海发呆，谁也想不明白在这个海况极好的地方到底发生了什么，从而导致这条最先进的船沉没。这时有人发现电台下面绑着一个密封的瓶子，打开瓶子，里面有一张纸条，21 种笔迹，上面这样写着：

一水理查德：3 月 21 日，我在奥克兰港私自买了一个台灯，想给妻子写信时照明用。

二副瑟曼：我看见理查德拿着台灯回船，说了句这个台灯底座轻，船晃时别让它倒下来，但没有干涉。

三副帕蒂：3 月 21 日下午船离港，我发现救生筏施放器有问题，就将救生夜绑在架子上。

二水戴维斯：离港检查时，发现水手区的闭门器损坏，用铁丝将门绑牢。

二管轮安特耳：我检查消防设施时，发现水手区的消防栓锈蚀，心想还有几天就到码头了，到时候再换。

船长麦凯姆：起航时，工作繁忙，没有看甲板部和轮机部的安全检查报告。

机匠丹厄尔：3 月 23 日上午理查德和苏勒的房间消防探头连续报警。我和瓦尔特进去后，未发现火苗，判定探头误报警，拆掉交给惠特曼，要求换新的。

机匠瓦尔特：我就是瓦尔特。

大管轮惠特曼：我说正忙着，等一会儿拿给你们。

服务生斯科尼：3 月 23 日 13 点到理查德房间找他，他不在，坐了一会儿，随手开了他的台灯。

大副克姆普：3 月 23 日 13 点半，带苏勒和罗伯特进行安全巡视，没有进理查德和苏勒的房间，说了句“你们的房间自己进去看看”。

一水苏勒：我笑了笑，也没有进房间，跟在克姆普后面。

一水罗伯特：我也没有进房间，跟在苏勒后面。

机电长科恩：3 月 23 日 14 点我发现跳闸了。

因为这是以前也出现过的现象，没多想，就将闸合上，没有查明原因。

三管轮马辛：感到空气不好，先打电话到厨房，证明没有问题后，又让机舱打开通风阀。

大厨史若：我接马辛电话时，开玩笑说，我们在这里有什么问题？你还不来帮我们做饭？然后问乌苏拉："我们这里都安全吧？"

二厨乌苏拉：我回答，我也感觉空气不好，但觉得我们这里很安全，就继续做饭。

机匠努波：我接到马辛电话后，打开通风阀。

管事戴思蒙：14 点半，我召集所有不在岗位的人到厨房帮忙做饭，晚上会餐。

医生莫里斯：我没有巡诊。

电工荷尔因：晚上我值班时跑进了餐厅。

最后是船长麦凯姆写的话：19 点半发现火灾时，理查德和苏勒房间已经烧穿，一切糟糕透了，我们没有办法控制火情，而且火越来越大，直到整条船上都是火。我们每个人都犯了一点儿错误，但酿成了船毁人亡的大错。

看完这张绝笔纸条，救援人员谁也没说话，海面上死一样的寂静，大家仿佛清晰地看到了整个事故的过程。

后记：巴西海顺远洋运输公司的警示方式很有效，此后的 40 年，这个公司再没有发生一起海难。

每个人都不经意犯了一点点小错误，最终聚合在一起就酿成了大祸，而且是致命的。勇于吸取事故教训和掌握吸取事故教训的技巧，才能防患于未然，警钟长鸣。

# 附　录

## 附录一　岗位作业指导书实例

## 岗位作业指导书

### 一、岗位描述

岗位：　　××企业班组输油岗

工作概述：在班长的领导下，负责原油加热及油气的初步处理，原油外输及计量工作，日常设备运行管理工作，保证输油系统正常运行。

岗位关系：横向：与变电运行岗、注水岗有协作关系。设备的启停需要与主控室变电运行岗进行联系。

纵向：1. 受班长的领导。

2. 向调度汇报生产资料，并服从调度室指令。

特殊要求：1. 身体健康，无传染性疾病，能够屈体运动、搬运30kg以上重物。

2. 能够在8小时户外活动中站立或行走6小时以上。

3. 听力、视力、嗅觉正常，反应灵敏。

4. 心理健康、乐观向上、关心团结他人、乐于助人。

工作权限：1. 紧急情况下的紧急处理权。

2. 外输泵排量调节权。

3. 日常工作建议权。

4. 事故隐患汇报权及整改建议权。

5. 对违章指挥有拒绝权。

职业资格：《集输工》职业资格

工作考核：考核关系　接受班长或队委会考核。

考核依据　1. 本岗位职责。

2.《双文明考核和职工管理考核规定》。

## 二、岗位工作目标和要求

1. 设备巡回检查

标准：按照巡回检查点，认真巡检各种设备，取油样，录取各项资料，严格执行操作规程要求，用仿宋字体填写资料，确保资料准确无误。

2. 外输电泵操作

标准：根据现场仪表数据反映和上级要求，对外输电泵进行启停、调压、调参数、排量的操作，操作严格按照安全操作规定和设备操作要求进行，操作完成后向班长及通信室汇报。

3. 设备维护保养

标准：严格按照“十字作业法”执行有关操作程序，管理所辖生产设备、工具、用具和各种设施，定期维护输油泵、污油泵、各种阀门、现场仪表、压力表等，现场管理符合规格化要求，达到“三清、四无、五不漏”。做好记录，发现隐患及时向班长反映。

4. 定期开展事故应急演练，对出现的违章行为及时参加讨论会，对发现的事故隐患及时处理；

标准：严格按照事故应急 HSE 方案开展事故演练，严格按照反“三违”要求开展事故讨论，对发现的隐患严格按照隐患治理方案进行整改。

5. 作业施工现场的监督

标准：按照施工管理规定，严格施工过程中的质量标准，现场监督检查。并对现场检查中的违规、违章现象进行制止。

6. 应急事件处理

标准：负责处理所辖设备突发性工作，做好事件的预警，发现异常情况按照突发性事故处理预案及时采取有效措施。

7. 安全生产

标准：工作中必须穿戴好劳动保护用品，采取安全措施，定期检查安全设施、设备的安全状况，能熟练操作使用消防器材，遵守操作规程，做到岗位无隐患，确保安全生产无事故。

8. 消防、救生设施检查维护

标准：所属消防、救生设施完好灵活好用。

## 三、安全职责

(1)熟悉掌握平台集输流程和集输设备，按时巡视流程设备，正确操作，独立排除一般故障。

(2)严格遵守各项安全操作规程，对本岗位的设备精心保养，发现事故隐患及时上报并进行处理。

(3)认真交接班，清楚本系统内的各项变更。

(4)熟练掌握上级部门制定的应急预案。

(5)对所负责的消防、逃生、救生设施及时检查保养。清楚个人的消防、逃生、救生职责和应急职责。

(6)积极参加各项安全生产活动，学习有关安全生产知识，努力提高自身安全技术素质，增强安全生产意识。

## 四、岗位职责

1. 按照巡回检查点，认真巡检各种设备，取油样，含油含水变化，录取各项资料，确保资料准确无误。

2. 根据现场仪表数据指示和上级要求，对外输泵设备进行启停、调压、调参、调排量的操作，严格按照安全操作规程进行，操作后向系长和通信室汇报。

3. 管理所辖生产设备、工具、用具和各种设施，严格按照“十字作业法”执行有关保养操作程序，定期保养输油泵、污油泵、各种阀门、现场仪表、压力表等，做好保养记录，现场规范。

4. 严格按照事故应急 HSE 方案开展事故演练，严格按照反“三违”要求开展事故讨论，对发现的隐患严格按照隐患治理方案进行整改。

5. 按照单位施工管理规定，严格施工过程中的质量标准，现场监督检查，并对现场检查中的违规、违章现象进行制止。

6. 负责处理所辖设备突发性工作，做好事件的预警，发现异常情况按照突发性事故处理预案及时采取有效措施。

7. 工作中必须穿戴好劳动保护用品，采取安全措施。定期检查安全设施、设备的安全状况，能熟练操作使用消防器材，遵守操作规程，做到岗位无隐患，确保安全生产无事故。

8. 负责消防、救生设施检查保养，做到灵活好用。

## 五、系统内工艺流程图(此处略)

## 六、巡回检查路线(图略)和检查点、检查标准、正常范围

1. 检查点：来油汇管

检查标准：温度　35～45℃

压力　0.3～0.4MPa

2. 检查点：三相分离器

检查标准：进油压力　0.2～0.4MPa

出油压力　0.02～0.1MPa

温度　52～56℃

分压　0.2～0.35MPa

液位：1.45～1.7m

浮子连杆机构：灵敏、无卡死、无损坏

3. 检查点：储油罐

检查标准：液位 1.5～7m，超出此范围必须报警，加密观察。

避雷针：完整、牢固、无锈蚀。

机械呼吸阀：阀体完整、无油污，阀内保持畅通，正负压板正常。

液压安全阀：阀体完整、无油污，液压油在阀内的 1/3 处，油质

合格。

阻火器：保持畅通、无油污。

量油孔：孔盖完整、处于关闭状态、无油污。

泡沫发生器：玻璃、滤网齐全完整，保持畅通、无杂物。

大罐水喷淋头：完整、无锈蚀、无堵塞。

4. 检查点：安全通道

检查标准：甲板　清洁、无油污和杂物

栈桥　流程清洁、道路畅通

舷梯　焊接处无开焊裂口、畅通

（其他略）

## 七、工作规范

1. 认真交接班，检查各项资料，交班后巡线一次；

2. 每一小时巡线一次，发现故障及时排除，加强对系统设备监控，保证设备正常运转，按时填写各种报表，能独立处理一般性事故；在巡线中发现跑、冒、滴、漏及时清洁；

3. 认真巡线，发现事故隐患及时上报处理；

4. 闭式罐液位检查，每日16：00闭式罐排污；并当洗涤器、分离器的污液高度超过30cm，按时排放；

5. 值班室卫生清洁；

6. 每天按时给备用泵盘泵，并做好盘泵记录；

7. 交接班前后卫生区卫生；

8. 认真仔细交接班，严格按照通信室通知的外输排量调节及进液量监控；

9. 交接班前后将外输泵污油倒入沉砂池；

10. 交班前后压力容器放空点放空排污；

11. 交接班前后外输泵现场三标，流程、罐顶卫生；

12. 辖区内边界灯的开关；

13. 每天负责的现场进行卫生清洁。

## 八、系统内设备操作规程和参数

(一)系统内设备明细表

JS150－400 外输泵 4 台

HKZ－130/130 双缸双作用往复泵 2 台

(二)操作规程

1. JS150－400 外输泵操作规程

(1)启泵前(略)

(2)启动(略)

(3)运行(略)

(4)停泵(略)

2. 设备规格参数

JS150－400 型离心式集输泵

生产厂家北京杂质泵厂

型号 JS150－400 轴功率 251kW

(其他略)

## 九、危害(隐患)分析及削减措施

I：日常工作行为类

A001：日常巡线

(一)准备工作

夜班巡线人员带好手电、劳动保护用品穿戴齐全。

(二)工作步骤

(1)按照巡回检查线路线图巡线。

(2)按照要求认真记录数据。

(3)发现问题及时整改，不能整改及时汇报

(三)危害(隐患)分析和削减措施

1. 人的不安全行为

①劳动保护用品穿戴不齐，在流程密集区域易被碰伤。

②检查外输泵温度及振动时易造成伤害。

③检查储罐液位时易坠落。

④上下舷梯易跌落。

削减措施：

①劳保用品穿戴齐全。

②检查外输泵时严禁用手触摸转动部位。

③上下外输换热器平台时要小心。

④上下舷梯精力集中，双手扶好舷梯扶手。

2. 设备、设施、机具缺陷

部分压力表读数不准确，异常情况不能及时发现，造成事故。

削减措施：

定期校验压力表，超出校验期的压力表及时更换。

3. 环境的影响

大风天气巡线不安全，易坠落。

削减措施：

大风天气巡线要双人。

4. 管理上的漏洞

①巡线不到位，造成系统运行不稳定。

②排量调节不当，外输任务不能按时完成。

削减措施：

①按照要求认真巡线。

②合理调节外输排量。

(四)工作要求

①巡线要按照要求检查到位。

②定期对大罐液位进行测量。

③资料填写要求标准规范。

(五)所用标准规范

《××生产管理规定》

(六)所用制度

《××个人劳动防护用品管理规定》

(其他略)

A002：储油罐量油

(一)准备工作

量油尺一把、棉纱少许。

(二)工作步骤

(1)登罐打开量油孔。

(2)下尺、收尺、计算液面高度。

(3)关闭量油孔。

(三)隐患分析和削减措施

1. 人的不安全行为：

①劳保用品穿戴不全或不符合要求产生静电，引起油罐火灾或爆炸。

②进入罐区未触摸静电去除器，静电引起危险。

③多人同时上罐不安全，易产生危险。

④量完油后量油孔不关闭，出气聚集易出现危险。

削减措施：

①劳保用品穿戴齐全，不穿化纤衣服。

②进入罐区前触摸静电去除器。

③登罐人员不能超过 2 人，更换或清洗阻火器、呼吸阀等大罐附件，不超过 4 人。

④量完油后及时关闭量油孔。

2. 设备、设施、机具缺陷

事故罐舷梯锈蚀严重，引起人员坠落受伤。

削减措施：

①登梯前注意检查有无开焊情况，班长每周检查一次舷梯结构情况，出现异常及时处理。

②不允许 3 人以上同时登舷梯。

3. 环境的影响

①大风天气上罐不安全，易产生人员坠落。

②量油孔不关闭，气体飘出，污染环境。

削减措施：

①6 级风以上严禁上罐。

②量完油后及时关闭量油孔，随身携带可燃气体测爆仪，站在上风口。

4. 管理上的漏洞

①上罐人员使用手机、对讲机，引起事故。

②夜间使用不防爆手电，易引起爆炸事故。

削减措施：

①上罐人员严禁开启手机、对讲机。

②使用防爆手电。

(四)工作要求

(1)严格按照量油操作规程操作。

(2)量完油后及时关闭量油孔，油污及时清理。

(五)所用标准规范

《生产管理规章制度》

(六)所用制度

(1)《××个人劳动防护用品管理规定》。

(2)×××管理规定。

Ⅱ. 设备流程类

B001、储油罐

(一)隐患分析

①储油罐易产生爆炸燃烧。

②储油罐溢油造成环境污染。

③储油罐避雷针接地不好，遭雷击易引起火灾爆炸。

④没有定期检查呼吸阀，出气不畅或液压安全阀失灵而引起事故。

⑤储油罐区域设非防爆设备，有爆炸燃烧危险。

⑥6级风以上量油，有人员坠落受伤危险。

⑦透光孔未封闭或量油孔未及时关闭。

⑧罐顶操作未使用防爆工具或未穿防静电服，夜间量油时未使用防爆手电。

⑨储油罐旋梯及顶部平台出现断裂，容易造成人员坠落。

⑩有油污，易从高处滑落

(二)削减措施

①巡线人员每小时量罐一次，并注意液位变化。

②油罐与管线用金属导线连接形成等电位体。

③油罐区域禁止设非防爆措施。

④油罐顶部的透光孔，检尺孔盖垫片必须保持完好，孔盖及时关闭并保持不漏冒油气。

⑤呼吸阀、液压安全阀每半月检查一次，阻火器每季检查一次、避雷针等应每年测一次接地电阻，检查记录详实。

⑥油罐必须在其规定安全范围内运行。

⑦储罐区应有醒目的“禁止烟火”的标志。

⑧罐顶操作使用防爆工具并穿好防静电服。

⑨定期检查旋梯和操作平台有无锈蚀断裂现象。

⑩发现油污，及时清理。

(三)安全要求

①油罐安装符合设计要求，竣工资料齐全。

②油罐的防静电接地，防雷接地应符合要求。

③油罐区域应设置移动式消防器材。

④油罐呼吸阀，液压式安全阀工作正常，阻火器不准有损坏变形，量油口必须有有色金属垫衬。

⑤机械呼吸阀每月检查不少于 2 次，气温低于 0 度每周不少于一次；液压安全阀每半月检查一次，并有详细记录。

⑥阻火器每季度检查一次，冬季每月检查 2 次，空气比例混合器泡沫室每月检查一次。

## 十、管理制度

1. 生产现场规范化管理规则

凡进入工作厂区的工作人员，必须穿工作服，在左胸处佩带标志牌，进入一次设备场所操作或巡视时，须带安全头盔。

（其他内容略）

2. 压力表使用管理规定

（内容略）

3. 交接班制度

①交接班时，必须对设备的技术状况、存在问题、设备工具、运转记录等逐项交接清楚，不得应付走过场，若因交接不清出现问题后果自负。

②交接班时双方必须到现场。

③交接班检查时，发现问题，若由客观原因引起，接班人应按时接班，若是由前班主观原因造成，有权拒不接班，前班不得下班，直到处理好问题后方可交接。责任落实以签字为根据。

注：其他管理制度详见《管理制度汇编》和《HSE 实施程序》中的规章制度部分。

## 十一、应急预案

（一）系统应急预案

1. 罐区发生火灾

（内容略）

2. 储油罐溢油

①事故原因：未及时掌握来液量。

②停泵后未及时倒流程。

事故处理程序：

①值班人员发现情况后，马上向调度室汇报，并准备导入越站流程；

②同时倒通三相分离器旁通阀，按照操作程序停运分离器，同时打开脱水换热器原油旁通阀，将热媒油连通阀打开，关闭热媒进出口阀；

③停运外输油泵，关闭泵出口阀，关闭储油罐进口阀；

④缓慢打开越站流程总阀；

⑤故障排除后应立即向通信室汇报。

（二）消防、逃生、救生应急预案

（内容略）

## 十二、常用标准目录及附录

1. 作业环境气体检测报警仪通用技术要求（职业安全卫生标准选编 GB 12358—90）

2. 原油管道输送安全规定（中华人民共和国石油天然气行业标准 SY 5737—1995）

3. 油气集输安全检查规范（企业标准 Q/SL1001—94）

4. 压力容器操作人员安全技术培训及考核（企业标准 Q/SL1006—94）

5. 安全阀检测及使用规定（企业标准 Q/SL1299—1997）

6. 临时用电安全规定（安全技术标准开发专业分册 Q/SL1140—95）

7. 输油系统常见工业技术英文名称

| | |
|---|---|
| 原油 | crude oil |
| 机械 | machine |
| 外输泵 | oil transport pump |
| 机械密封 | seal |
| 电机 | electromotor |

其他略。

# 附录二　职业健康安全管理体系要求(GB/T 28001—2011)

## 前　言

GB/T 28000《职业健康安全管理体系》系列国家标准体系结构如下：

——职业健康安全管理体系　要求；

——职业健康安全管理体系　实施指南。

本标准的制定考虑了与 GB/T 19001—2008《质量管理体系　要求》、GB/T 24001—2004《环境管理体系　要求及使用指南》标准间的兼容性，以便于满足组织整合质量、环境和职业健康安全管理体系的需求。此外，GB/T 28000 系列标准还考虑了与国际劳工组织(ILO)的 ILO - OSH：2001《职业健康安全管理体系指南》标准间的兼容性。为此，本标准在附录 A 中列出了 GB/T 28001—2011、GB/T 24001—2004 和 GB/T 19001—2008 之间的对应关系，在附录 B 中列出了 GB/T 28000 系列标准与 ILO - OSH：2001 之间的对应关系。

本标准代替 GB/T 28001—2001。与 GB/T 28001—2001 相比，主要变化如下：

——更加强调“健康”的重要性；

——对 PDCA(策划—实施—检查—改进)模式，仅在引言部分作全面介绍，在各主要条款中不再分别予以介绍；

——术语和定义部分作了较大调整和变动，包括：

a)新增 9 个术语。它们分别为：“可接受风险”、“纠正措施”、“文件”、“健康损害”、“职业健康安全方针”、“工作场所”、“预防措施”、“程序”、“记录”；

b)修改了 13 个术语的定义。它们分别为：“审核”、“持续改进”、“危险源”、“事件”、“相关方”、“不符合”、“职业健康安全”、“职业健康安全管理体系”、“职业健康安全目标”、“职业健康安全绩效”、“组织”、“风险”、“风险评价”；

c)用新术语“可接受风险”取代原有术语“可容许风险”(参见3.1);

d)原有术语“事故”和“事件”被合并到术语“事件”中(参见3.9);

e)术语“危险源”的定义不再涉及“财产损失”和“工作环境破坏”(参见3.6);考虑到这样的损失和破坏并不直接与职业健康安全管理相关,它们应包括在资产管理的范畴内;作为替代的一种方式,此方面对职业健康安全有影响的损失和破坏,其风险可以通过组织风险评价过程得到识别,并通过适当的风险控制措施得到控制;

——为了与 GB/T 19001—2008、GB/T 24001—2004 更加兼容,标准技术内容作了较大改进,例如:为了与 GB/T 24001—2004 相兼容,本标准将 2001 年版标准的 4.3.3 和 4.3.4 合并为本标准的 4.3.3;

——针对职业健康安全策划部分的控制措施的层级,提出了新的要求(参见 4.3.1);

——更加明确强调变更管理(参见 4.3.1 和 4.4.6);

——增加了 4.5.2“合规性评价”;

——对于参与和协商,提出了新的要求(参见 4.4.3.2);

——对于事件调查,提出了新的要求(参见 4.5.3.1)。

本标准使用翻译法,等同采用 OHSAS 18001:2007《职业健康安全管理体系要求》(英文版)。

本标准由中国标准化研究院提出并归口。

本标准起草单位:中国标准化研究院、国家认证认可监督管理委员会、中国认证认可协会、中国合格评定国家认可中心、方圆标志认证集团有限公司、华夏认证中心有限公司、北京中大华远认证中心、国家电网公司、中国中铁股份有限公司、中国铁建股份有限公司、四川省宜宾五粮液集团有限公司、南京造币有限公司。

本标准主要起草人:陈元桥、于帆、陈全、王琛、王顺祺、赵宗勃、林峰、姜铁白、李伟阳、邓安怀、刘江毅、范永贵、王峰、朱江涛、唐伯超、仇发。

本标准于 2001 年首次发布,本次为第一次修订。

# 引　言

目前，由于有关法律法规日趋严格，促进良好职业健康安全实践的经济政策和其他措施也日益强化，相关方越来越关注职业健康安全问题，因此，各类组织越来越重视依照其职业健康安全方针和目标控制职业健康安全风险，以实现并证实其良好职业健康安全绩效。

虽然许多组织为评价其职业健康安全绩效而推行职业健康安全“评审”或“审核”，但仅靠“评审”或“审核”本身可能仍不足以为组织提供保证，使组织确信其职业健康安全绩效不但现在而且将来都能一直持续满足法律法规和方针的要求。若要使得“评审”或“审核”行之有效，组织就必需将其纳入整合于组织中的结构化管理体系内实施。

本标准旨在为组织规定有效的职业健康安全管理体系所应具备的要素。这些要素可与其他管理要求相结合，并帮助组织实现其职业健康安全目标和经济目标。与其他标准一样，本标准无意被用于产生非关税贸易壁垒，或者增加或改变组织的法律义务。

本标准规定了对职业健康安全管理体系的要求，旨在使组织在制定和实施其方针和目标时能够考虑到法律法规要求和职业健康安全风险信息。本标准适用于任何类型和规模的组织，并与不同的地理、文化和社会条件相适应。图 1 给出了本标准所用的方法基础。体系的成功依赖于组织各层次和职能的承诺，特别是最高管理者的承诺。这种体系使组织能够制定其职业健康安全方针，建立实现方针承诺的目标和过程，为改进体系绩效并证实其符合本标准的要求而采取必要的措施。本标准的总目的在于支持和促进与社会经济需求相协调的良好职业健康安全实践。需注意的是，许多要求可同时或重复涉及。

本标准着重在以下几方面加以改进：

——改善与 GB/T 24001 和 GB/T 19001 的兼容性；

——寻求机会与其他职业健康安全管理体系标准（如 ILO - OSH：2001）兼容；

——反映职业健康安全实践的发展；

——基于应用经验对 2001 年版标准所述要求进一步加以澄清。

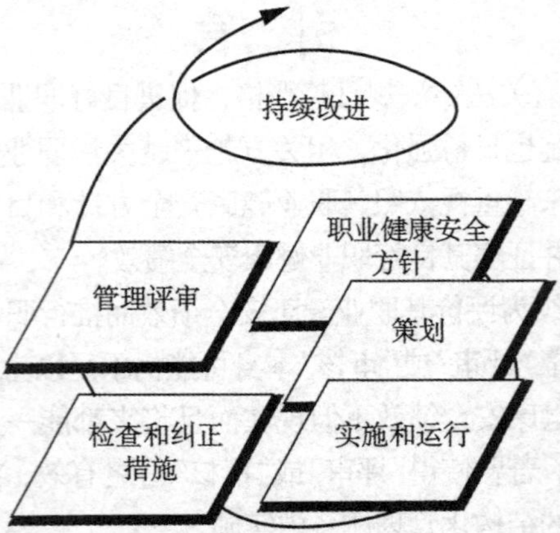


注：本标准基于被称为“策划—实施—检查—改进（PDCA）”的方法论。关于PDCA的含意，简要说明如下：

——策划：建立所需的目标和过程，以实现组织的职业健康安全方针所期望的结果。

——实施：对过程予以实施。

——检查：依据职业健康安全方针、目标、法律法规和其他要求，对过程进行监视和测量，并报告结果。

——改进：采取措施以持续改进职业健康安全绩效。

许多组织通过由过程组成的体系以及过程之间的相互作用对其运行进行管理，这种方式称为“过程方法”。

GB/T 19001倡导使用过程方法。由于PDCA可用于所有过程，因此，这两种方法可以看作是兼容的。

图1　职业健康安全管理体系运行模式

本标准与非认证性指南标准如 GB/T 28002—2011 之间的重要区别在于：本标准规定了组织的职业健康安全管理体系要求，并可用于组织职业健康安全管理体系的认证、注册和(或)自我声明；GB/T 28002—2011 作为非认证性指南标准旨在为组织建立、实施或改进职业健康安全管理体系提供基本帮助。职业健康安全管理涉及多方面内容，其中有些还具有战略与竞争意义。通过证实本标准已得到成功实施，组织可使相关方确信本组织已建立了适宜的职业健康安全管理体系。

有关更广泛的职业健康安全管理体系问题的通用指南，可参阅 GB/T 28002—2011。任何对其他标准的引用仅限于提供信息。

本标准包含了可进行客观审核的要求，但并未超出职业健康安全方针的承诺(有关遵守适用法律法规要求和组织应遵守的其他要求：防止人身伤害和健康损害以及持续改进的承诺)而提出绝对的职业健康安全绩效要求。因此，开展相似运行的两个组织，尽管其职业健康安全绩效不同，但都可能符合本标准的要求。

尽管本标准的要素可与其他管理体系要素进行协调或整合，但本标准并不包含其他管理体系特定的要求(如质量、环境、安全保卫或财务等管理体系的要求)。组织可通过修改现有管理体系来建立符合本标准要求的职业健康安全管理体系，但需指出的是，各类管理体系要素的应用可能因预期目的和所涉及相关方的不同而各异。

职业健康安全管理体系的详尽和复杂水平以及形成文件的程度和所投入的资源等，取决于多方面因素，例如：体系的范围；组织的规模及其活动、产品和服务的性质；组织的文化等。中小型企业尤为如此。

# 职业健康安全管理体系　要求

## 1　范围

本标准规定了对职业健康安全管理体系的要求，旨在使组织能够控制其职业健康安全风险，并改进其职业健康安全绩效。它既不规定具体的职业健康安全绩效准则，也不提供详细的管理体系设计规范。

本标准适用于任何有下列愿望的组织：

a)建立职业健康安全管理体系，以消除或尽可能降低可能暴露于与组织活动相关的职业健康安全危险源中的员工和其他相关方所面临的风险；

b)实施、保持和持续改进职业健康安全管理体系；

c)确保组织自身符合其所阐明的职业健康安全方针；

d)通过下列方式来证实符合本标准：

1)做出自我评价和自我声明；

2)寻求与组织有利益关系的一方(如顾客等)对其符合性的确认；

3)寻求组织外部一方对其自我声明的确认；

4)寻求外部组织对其职业健康安全管理体系的认证。

本标准中的所有要求旨在被纳入到任何职业健康安全管理体系中。其应用程度取决于组织的职业健康安全方针、活动性质、运行的风险与复杂性等因素。

本标准旨在针对职业健康安全，而非诸如员工健身或健康计划、产品安全、财产损失或环境影响等其他方面的健康和安全。

2 规范性引用文件

下列文件对于本文件的应用是必不可少的。凡是注日期的引用文件，仅注日期的版本适用于本文件。凡是不注日期的引用文件，其最新版本(包括所有的修改单)适用于本文件。

GB/T 19000—2008 质量管理体系 基础和术语(ISO 9000：2005，IDT)

GB/T 24001—2004 环境管理体系 要求及使用指南(ISO 14001：2004，IDT)

GB/T 28002—2011 职业健康安全管理体系 实施指南(OHSAS 18002：2008，Ocuppational health and safety management systems—Guidelines for the implementation of OHSAS 18001：2007，IDT)

3 术语和定义

下列术语和定义适用于本文件。

3.1

可接受风险 acceptable risk

根据组织法律义务和职业健康安全方针(3.16)已降至组织可容许程度的风险。

3.2

审核 audit

为获得“审核证据”并对其进行客观的评价，以确定满足“审核准则”的程度所进行的系统的、独立的并形成文件的过程。

[GB/T 19000—2008，3.9.1]

注1：“独立的”不意味着必须来自组织外部。很多情况下，特别是在小型组织，独立性可以通过与被审核活动之间无责任关系来证实。

注2：有关“审核证据”和“审核准则”的进一步指南见 GB/T 19011。

3.3

持续改进 continual improvement

为了实现对整体职业健康安全绩效(3.15)的改进，根据组织(3.17)的职业健康安全方针(3.16)，不断对职业健康安全管理体系(3.13)进行强化的过程。

注1：该过程不必同时发生于活动的所有方面。

注2：改编自 GB/T 24001—2004，3.2。

3.4

纠正措施 corrective action

为消除已发现的不符合(3.11)或其他不期望情况的原因所采取的措施。

[GB/T 19000—2008，3.6.5]

注1：一个不符合可以有若干个原因。

注2：采取纠正措施是为了防止再发生，而采取预防措施(3.18)是为了防止发生。

3.5

文件 document

信息及其承载媒体。

注：媒体可以是纸张，计算机磁盘、光盘或其他电子媒体，照片或标准样品，或它们的组合。

[GB/T 24001—2004，3.4]

3.6

危险源 hazard

可能导致人身伤害和(或)健康损害(3.8)的根源、状态或行为，或其组合。

3.7

危险源辨识 hazard identification

识别危险源(3.6)的存在并确定其特性的过程。

3.8

健康损害 ill health

可确认的、由工作活动和(或)工作相关状况引起或加重的身体或精神的不良状态。

3.9

事件 incident

发生或可能发生与工作相关的健康损害(3.8)或人身伤害(无论严重程

度)，或者死亡的情况。

注1：事故是一种发生人身伤害、健康损害或死亡的事件。

注2：未发生人身伤害、健康损害或死亡的事件通常称为“未遂事件”，在英文中也可称为“near - miss”、“near - hit”、“close call”或“dangerous occurrence”。

注3：紧急情况(参见4.4.7)是一种特殊类型的事件。

3.10

相关方 interested party

工作场所(3.23)内外与组织(3.17)职业健康安全绩效(3.15)有关或受其影响的个人或团体。

3.11

不符合 nonconformity

未满足要求。

[GB/T 19000—2008，3.6.2；GB/T 24001—2004，3.15]

注：不符合可以是对下述要求的任何偏离：

——有关的工作标准、惯例、程序、法律法规要求等；

——职业健康安全管理体系(3.13)要求。

3.12

职业健康安全(OH&S) occupational health and safety (OH&S)

影响或可能影响工作场所(3.23)内的员工或任何其他工作人员(包括临时工和承包方员工)、访问者或任何其他人员的健康安全的条件和因素。

注：组织应遵守关于工作场所附近或暴露于工作场所活动的人员的健康安全方面的法律法规要求。

3.13

职业健康安全管理体系 OH&S management system

组织(3.17)管理体系的一部分，用于制定和实施组织的职业健康安全方针(3.16)并管理其职业健康安全风险(3.21)。

注1：管理体系是用于制定方针和目标并实现这些目标的一组相互关联的要素。

注2：管理体系包括组织结构、策划活动(例如：包括风险评价、目标

建立等)、职责、惯例、程序(3.19)、过程和资源。

注3：改编自 GB/T 24001—2004，3.8。

3.14

职业健康安全目标 OH&S objective

组织(3.17)自我设定的在职业健康安全绩效(3.15)方面要达到的职业健康安全目的。

注1：只要可行，目标就宜量化。

注2：4.3.3 要求职业健康安全目标符合职业健康安全方针(3.16)。

3.15

职业健康安全绩效 OH&S performance

组织(3.17)对其职业健康安全风险(3.21)进行管理所取得的可测量的结果。

注1：职业健康安全绩效测量包括测量组织控制措施的有效性。

注2：在职业健康安全管理体系(3.13)背景下，结果也可根据组织(3.17)的职业健康安全方针(3.16)、职业健康安全目标(3.14)和其他职业健康安全绩效要求测量出来。

3.16

职业健康安全方针 OH&S policy

最高管理者就组织(3.17)的职业健康安全绩效(3.15)正式表述的总体意图和方向。

注1：职业健康安全方针为采取措施和设定职业健康安全目标(3.14)提供框架。

注2：改编自 GB/T 24001—2004，3.11。

3.17

组织 organization

具有自身职能和行政管理的公司、集团公司、商行、企事业单位、政府机构、社团或其结合体，或上述单位中具有自身职能和行政管理的一部分，无论其是否具有法人资格，公营或私营。

注：对于拥有一个以上运行单位的组织，可以把一个运行单位视为一个组织。

[GB/T 24001—2004, 3.16]

3.18

预防措施 preventive action

为消除潜在不符合(3.11)或其他不期望潜在情况的原因所采取的措施。

注 1：一个潜在不符合可以有若干个原因。

注 2：采取预防措施是为了防止发生，而采取纠正措施(3.4)是为了防止再发生。

[GB/T 19000—2008，3.6.4]

3.19

程序 procedure

为进行某项活动或过程所规定的途径。

注 1：程序可以形成文件，也可以不形成文件。

注 2：当程序形成文件时，通常称为“书面程序”或“形成文件的程序”。含有程序的文件(3.5)可称为“程序文件”。

[GB/T 19000—2008，3.4.5]

3.20

记录 record

阐明所取得的结果或提供所从事活动的证据的文件(3.5)。

[GB/T 24001—2004, 3.20]

3.21

风险 risk

发生危险事件或有害暴露的可能性，与随之引发的人身伤害或健康损害(3.8)的严重性的组合。

3.22

风险评价 risk assessment

对危险源导致的风险(3.21)进行评估、对现有控制措施的充分性加以考虑以及对风险是否可接受予以确定的过程。

3.23

工作场所 Workplace

在组织控制下实施与工作相关的活动的任何物理地点。

注：在考虑工作场所的构成时，组织(3.17)宜考虑对如下人员的职业健康安全影响，例如：差旅或运输中(如驾驶、乘机、乘船或乘火车等)、在客户或顾客处所工作或在家工作的人员。

## 4 职业健康安全管理体系要求

### 4.1 总要求

组织应根据本标准的要求建立、实施、保持和持续改进职业健康安全管理体系，确定如何满足这些要求，并形成文件。

组织应界定其职业健康安全管理体系的范围，并形成文件。

### 4.2 职业健康安全方针

最高管理者应确定和批准本组织的职业健康安全方针，并确保职业健康安全方针在界定的职业健康安全管理体系范围内：

a)适合于组织职业健康安全风险的性质和规模；

b)包括防止人身伤害与健康损害和持续改进职业健康安全管理与职业健康安全绩效的承诺；

c)包括至少遵守与其职业健康安全危险源有关的适用法律法规要求及组织应遵守的其他要求的承诺；

d)为制定和评审职业健康安全目标提供框架；

e)形成文件，付诸实施，并予以保持；

f)传达到所有在组织控制下工作的人员，旨在使其认识到各自的职业健康安全义务；

g)可为相关方所获取；

h)定期评审，以确保其与组织保持相关和适宜。

### 4.3 策划

#### 4.3.1 危险源辨识、风险评价和控制措施的确定

组织应建立、实施并保持程序，以便持续进行危险源辨识、风险评价和必要控制措施的确定。

危险源辨识和风险评价的程序应考虑：

——常规和非常规活动；

——所有进入工作场所的人员(包括承包方人员和访问者)的活动；

——人的行为、能力和其他人为因素；

——已识别的源于工作场所外，能够对工作场所内组织控制下的人员的健康安全产生不利影响的危险源；

——在工作场所附近，由组织控制下的工作相关活动所产生的危险源；

注 1：按环境因素对此类危险源进行评价可能更为合适。

——由本组织或外界所提供的工作场所的基础设施、设备和材料；

——组织及其活动、材料的变更，或计划的变更；

——职业健康安全管理体系的更改包括临时性变更等，及其对运行、过程和活动的影响；

——任何与风险评价和实施必要控制措施相关的适用法律义务(也可参见 3.12 的注)；

——对工作区域、过程、装置、机器和(或)设备、操作程序和工作组织的设计，包括其对人的能力的适应性。

组织用于危险源辨识和风险评价的方法应：

——在范围、性质和时机方面进行界定，以确保其是主动的而非被动的；

——提供风险的确认、风险优先次序的区分和风险文件的形成以及适当时控制措施的运用。

对于变更管理，组织应在变更前，识别在组织内、职业健康安全管理体系中或组织活动中与该变更相关的职业健康安全危险源和职业健康安全风险。

组织应确保在确定控制措施时考虑这些评价的结果。

在确定控制措施或考虑变更现有控制措施时，应按如下顺序考虑降低风险：

——消除；

——替代；

——工程控制措施；

——标志、警告和(或)管理控制措施;

——个体防护装备。

组织应将危险源辨识、风险评价和控制措施的确定的结果形成文件并及时更新。

在建立、实施和保持职业健康安全管理体系时，组织应确保职业健康安全风险和确定的控制措施能够得到考虑。

注2：关于危险源辨识、风险评价和控制措施的确定的进一步指南见GB/T 28002—2011。

4.3.2 法律法规和其他要求

组织应建立、实施并保持程序，以识别和获取适用于本组织的法律法规和其他职业健康安全要求。

在建立、实施和保持职业健康安全管理体系时，组织应确保对适用法律法规要求和组织应遵守的其他要求得到考虑。

组织应使这方面的信息处于最新状态。

组织应向在其控制下工作的人员和其他有关的相关方传达相关法律法规和其他要求的信息。

4.3.3 目标和方案

组织应在其内部相关职能和层次建立、实施和保持形成文件的职业健康安全目标。

可行时，目标应可测量。目标应符合职业健康安全方针，包括对防止人身伤害与健康损害，符合适用法律法规要求与组织应遵守的其他要求，以及持续改进的承诺。

在建立和评审目标时，组织应考虑法律法规要求和应遵守的其他要求及其职业健康安全风险。组织还应考虑其可选技术方案，财务、运行和经营要求，以及有关的相关方的观点。

组织应建立、实施和保持实现其目标的方案。方案至少应包括：

a)为实现目标而对组织相关职能和层次的职责和权限的指定;

b)实现目标的方法和时间表。

应定期和按计划的时间间隔对方案进行评审，必要时进行调整，以确保目标得以实现。

4.4 实施和运行

4.4.1 资源、作用、职责、责任和权限

最高管理者应对职业健康安全和职业健康安全管理体系承担最终责任。

最高管理者应通过以下方式证实其承诺：

——确保为建立、实施、保持和改进职业健康安全管理体系提供必要的资源。

注1：资源包括人力资源和专项技能、组织基础设施、技术和财力资源。

——明确作用、分配职责和责任、授予权力以提供有效的职业健康安全管理；作用、职责、责任和权限应形成文件和予以沟通。

组织应任命最高管理者中的成员，承担特定的职业健康安全职责，无论他(他们)是否还负有其他方面的职责，都应明确界定如下作用和权限：

——确保按本标准建立、实施和保持职业健康安全管理体系；

——确保向最高管理者提交职业健康安全管理体系绩效报告，以供评审，并为改进职业健康安全管理体系提供依据。

注2：最高管理者中的被任命者(比如大型组织中的董事会或执委会成员)，在仍然保留责任的同时，可将他们的一些任务委派给下属的管理者代表。

最高管理者中的被任命者的身份应对所有在本组织控制下工作的人员公开。

所有承担管理职责的人员，均应证实其对职业健康安全绩效持续改进的承诺。

组织应确保工作场所的人员在其能控制的领域承担职业健康安全方面的责任，包括遵守组织适用的职业健康安全要求。

4.4.2 能力、培训和意识

组织应确保任何在其控制下完成对职业健康安全有影响的任务的人员都具有相应的能力，该能力应依据适当的教育、培训或经历来确定。组织应保存相关的记录。

组织应确定与职业健康安全风险及职业健康安全管理体系相关的培训需求。组织应提供培训或采取其他措施来满足这些需求，评价培训或所采取措施的有效性，并保存相关记录。

组织应当建立、实施并保持程序，使在本组织控制下工作的人员意识到：

——他们的工作活动和行为的实际或潜在的职业健康安全后果，以及改进个人表现的职业健康安全益处；

——他们在实现符合职业健康安全方针、程序和职业健康安全管理体系要求，包括应急准备和响应要求（参见 4.4.7）方面的作用、职责和重要性；

——偏离规定程序的潜在后果。

培训程序应当考虑不同层次的：

——职责、能力、语言技能和文化程度；

——风险。

4.4.3　沟通、参与和协商

4.4.3.1　沟通

针对其职业健康安全危险源和职业健康安全管理体系，组织应建立、实施和保持程序，用于：

——在组织内不同层次和职能进行内部沟通；

——与进入工作场所的承包方和其他访问者进行沟通；

——接收、记录和回应来自外部相关方的相关沟通。

4.4.3.2　参与和协商

组织应建立、实施并保持程序，用于：

a）工作人员：

——适当参与危险源辨识、风险评价和控制措施的确定；

——适当参与事件调查；

——参与职业健康安全方针和目标的制定和评审；

——对影响他们职业健康安全的任何变更进行协商；

——对职业健康安全事务发表意见。

应告知工作人员关于他们的参与安排，包括谁是他们的职业健康安全事务代表。

b)与承包方就影响他们的职业健康安全的变更进行协商。

适当时，组织应确保与相关的外部相关方就有关的职业健康安全事务进行协商。

4.4.4 文件

职业健康安全管理体系文件应包括：

a)职业健康安全方针和目标；

b)对职业健康安全管理体系覆盖范围的描述；

c)对职业健康安全管理体系的主要要素及其相互作用的描述，以及相关文件的查询途径；

d)本标准所要求的文件，包括记录；

e)组织为确保对涉及其职业健康安全风险管理过程进行有效策划、运行和控制所需的文件，包括记录。

注：重要的是，文件要与组织的复杂程度、相关的危险源和风险相匹配，按有效性和效率的要求使文件数量尽可能少。

4.4.5 文件控制

应对本标准和职业健康安全管理体系所要求的文件进行控制。记录是一种特殊类型的文件，应依据 4.5.4 的要求进行控制。

组织应建立、实施并保持程序，以规定：

a)在文件发布前进行审批，确保其充分性和适宜性；

b)必要时对文件进行评审和更新，并重新审批；

c)确保对文件的更改和现行修订状态作出标识；

d)确保在使用处能得到适用文件的有关版本；

e)确保文件字迹清楚，易于识别；

f)确保对策划和运行职业健康安全管理体系所需的外来文件作出标识，并对其发放予以控制；

g)防止对过期文件的非预期使用。若须保留，则应作出适当的标识。

4.4.6 运行控制

组织应确定那些与已辨识的、需实施必要控制措施的危险源相关的运行和活动，以管理职业健康安全风险。这应包括变更管理(参见4.3.1)。

对于这些运行和活动，组织应实施并保持：

a)适合组织及其活动的运行控制措施；组织应把这些运行控制措施纳入其总体的职业健康安全管理体系之中。

b)与采购的货物、设备和服务相关的控制措施；

c)与进入工作场所的承包方和访问者相关的控制措施；

d)形成文件的程序，以避免因其缺乏而可能偏离职业健康安全方针和目标；

e)规定的运行准则，以避免因其缺乏而可能偏离职业健康安全方针和目标。

4.4.7 应急准备和响应

组织应建立、实施并保持程序，用于：

a)识别潜在的紧急情况；

b)对此紧急情况作出响应。

组织应对实际的紧急情况作出响应，防止和减少相关的职业健康安全不良后果。

组织在策划应急响应时，应考虑有关相关方的需求，如应急服务机构、相邻组织或居民。

可行时，组织也应定期测试其响应紧急情况的程序，并让有关的相关方适当参与其中。

组织应定期评审其应急准备和响应程序，必要时对其进行修订，特别是在定期测试和紧急情况发生后(参见4.5.3)。

4.5 检查

4.5.1 绩效测量和监视

组织应建立、实施并保持程序，对职业健康安全绩效进行例行监视和测量。程序应规定：

a)适合组织需要的定性和定量测量；

b)对组织职业健康安全目标满足程度的监视；

c)对控制措施有效性(既针对健康也针对安全)的监视；

d)主动性绩效测量，即监视是否符合职业健康安全方案、控制措施和运行准则；

e)被动性绩效测量，即监视健康损害、事件(包括事故、未遂事件等)和其他不良职业健康安全绩效的历史证据；

f)对监视和测量的数据和结果的记录，以便于其后续的纠正措施和预防措施的分析。

如果测量或监视绩效需要设备，适当时，组织应建立并保持程序，对此类设备进行校准和维护。应保存校准和维护活动及其结果的记录。

4.5.2　合规性评价

4.5.2.1　为了履行遵守法律法规要求的承诺[参见 4.2c)]，组织应建立、实施并保持程序，以定期评价对适用法律法规的遵守情况(参见 4.3.2)。

组织应保存定期评价结果的记录。

注：对不同法律法规要求的定期评价的频次可以有所不同。

4.5.2.2　组织应评价对应遵守的其他要求的遵守情况(参见 4.3.2)。这可以和 4.5.2.1 中所要求的评价一起进行，也可另外制定程序，分别进行评价。

组织应保存定期评价结果的记录。

注：对于不同的、组织应遵守的其他要求，定期评价的频次可以有所不同。

4.5.3　事件调查、不符合、纠正措施和预防措施

4.5.3.1　事件调查

组织应建立、实施并保持程序，记录、调查和分析事件，以便：

a)确定内在的、可能导致或有助于事件发生的职业健康安全缺陷和其他因素；

b)识别对采取纠正措施的需求；

c)识别采取预防措施的可能性；

d)识别持续改进的可能性；

e)沟通调查结果。

调查应及时开展。

对任何已识别的纠正措施的需求或预防措施的机会，应依据4.5.3.2相关要求进行处理。事件调查的结果应形成文件并予以保持。

4.5.3.2　不符合、纠正措施和预防措施

组织应建立、实施并保持程序，以处理实际和潜在的不符合，并采取纠正措施和预防措施。程序应明确下述要求：

a)识别和纠正不符合，采取措施以减轻其职业健康安全后果；

b)调查不符合，确定其原因，并采取措施以避免其再度发生；

c)评价预防不符合的措施需求，并采取适当措施，以避免不符合的发生；

d)记录和沟通所采取的纠正措施和预防措施的结果；

e)评审所采取的纠正措施和预防措施的有效性。

如果在纠正措施或预防措施中识别出新的或变化的危险源，或者对新的或变化的控制措施的需求，则程序应要求对拟定的措施在其实施前先进行风险评价。

为消除实际和潜在不符合的原因而采取的任何纠正或预防措施，应与问题的严重性相适应，并与面临的职业健康安全风险相匹配。

对因纠正措施和预防措施而引起的任何必要变化，组织应确保其体现在职业健康安全管理体系文件中。

4.5.4　记录控制

组织应建立并保持必要的记录，用于证实符合职业健康安全管理体系要求和本标准要求，以及所实现的结果。

组织应建立、实施并保持程序，用于记录的标识、贮存、保护、检索、保留和处置。

记录应保持字迹清楚，标识明确，并可追溯。

4.5.5　内部审核

组织应确保按照计划的时间间隔对职业健康安全管理体系进行内部审核。目的是：

——确定职业健康安全管理体系是否：

• 符合组织对职业健康安全管理的策划安排，包括本标准的要求；

• 得到了正确的实施和保持；

• 有效满足组织的方针和目标。

——向管理者报告审核结果的信息。

组织应基于组织活动的风险评价结果和以前的审核结果，策划、制定、实施和保持审核方案。

应建立、实施和保持审核程序，以明确：

——关于策划和实施审核、报告审核结果和保存相关记录的职责、能力和要求；

——审核准则、范围、频次和方法的确定。

审核员的选择和审核的实施均应确保审核过程的客观性和公正性。

4.6 管理评审

最高管理者应按计划的时间间隔，对组织的职业健康安全管理体系进行评审，以确保其持续适宜性、充分性和有效性。评审应包括评价改进的可能性和对职业健康安全管理体系进行修改的需求，包括对职业健康安全方针和职业健康安全目标的修改需求。应保存管理评审记录。

管理评审的输入应包括：

——内部审核和合规性评价的结果；

——参与和协商的结果(参见 4.4.3)；

——来自外部相关方的相关沟通信息，包括投诉；

——组织的职业健康安全绩效；

——目标的实现程度；

——事件调查、纠正措施和预防措施的状况；

——以前管理评审的后续措施；

——客观环境的变化，包括与职业健康安全有关的法律法规和其他要求的发展；

——改进建议。

管理评审的输出应符合组织持续改进的承诺，并应包括与如下方面可能的更改有关的任何决策和措施：

——职业健康安全绩效；

——职业健康安全方针和目标；

——资源；

——其他职业健康安全管理体系要素。

管理评审的相关输出应可用于沟通和协商（参见4.4.3）。

# 附录三 常用部分名词解释

• 三违：违章作业、违章指挥、违反劳动纪律。

• 三基：基础工作、基层建设、基本功训练。

• 三标：标准化岗位、标准化班组、标准化现场。

• 三不伤害：不伤害自己、不伤害他人、不被他人伤害。

• 三同时：新建、改建、扩建的建设项目，从可行性研究至竣工验收、投入生产和使用，都必须严格按照建设项目安全生产设施与主体工程同时设计、同时施工、同时投入生产和使用。

• 三不动火：没有经审批的火票不动火，防火措施不落实不动火，监火人不在场不动火。

• 三级安全教育：厂级安全教育，车间级安全教育，班组安全教育。

• 三个十大禁令：人身安全十大禁令，防火防爆十大禁令，车辆安全十大禁令。

• “三个结合”：一是把专项整治与落实安全生产保障制度结合起来，督促企业建立预防为主、持续改进的安全生产自我约束机制。二是把专项整治与日常监督管理结合起来，不断完善安全生产监管机制。三是把专项整治与全面做好安全生产工作结合起来，致力于建立安全生产的长效机制。

• 一通三防：通风、防瓦斯、防火、防尘。

• “三件大事”：一是加强安全监管、监察体系和工作机制的建设。二是加强安全生产法制建设。三是加强队伍建设，努力建设一支“政治坚定、业务精通、作风过硬”的特别能战斗的安全监管和监察队伍，为履行职责提供可靠的组织保证。

• 四不放过：事故原因未查清不放过、责任人员未处理不放过、整改措施未落实不放过、有关人员未受到教育不放过。

• 四懂三会：四懂是懂性能、懂构造、懂原理、懂故障处理；三会是会使用、会维护保养、会排除故障。

• 一讲，三做到：一讲是班前会要讲安全工作，三做到是班前做到劳保着装符合规定，班长发现安全问题及时处理，班后对好的做法进行总结。

• 四种安全色：红色表示禁止、停止或防火；蓝色表示指令和必须遵守安全规定；
黄色表示警告、注意和谨慎；绿色表示安全状态、通行。

• 五项落实：落实整改的项目、措施、部门和负责人、时间、督察验收负责人。

• 五项创新：一是安全生产思想观念的创新。二是安全生产监管体制和机制的创新。三是安全生产监管手段的创新。四是安全科技创新。五是安全文化的创新。

• 五个转变：一要推进安全生产工作从人治向法治转变，依法规范，依法监管，建立和完善安全生产法制秩序。二要推进安全生产工作从被动防范向源头管理转变，建立安全生产行政许可制度，严格市场准入，管住源头，防止不具备安全生产条件的单位进入生产领域。三要推进安全生产工作从集中开展安全生产专项整治向规范化、经常化、制度化管理转变，建立安全生产长效管理机制。四要推进安全生产工作从事后查处向强化基础转变，在各类企业普遍开展安全质量标准化活动，夯实安全生产工作基础。五要推进安全生产工作从以控制伤亡事故为主向全面做好职业安全健康工作转变，把职工安全健康放在第一位。

• 六个支撑体系：安全生产法律法规体系、安全信息工程体系、安全技术保障体系、宣传教育体系、安全培训体系、矿山应急救援体系。

• 瓦斯治理“十二字方针”：“先抽后采、以风定产、监测监控”。

• 高处作业：凡在距离基准面 2 米以上（含 2 米）有可能发生坠落危险的作业，称为高处作业。

• 化学品：指各种元素组成的化合物及其混合物，包括天然的或者人造的。

• 危险化学品：指具有易燃、易爆、有毒、毒害及有腐蚀特性，会对人员、设施、环境造成伤害或损害的化学品，均属危险化学品。

• 危险化学品事故：指由危险化学品造成人员伤亡、财产损失或环境污染的事故。

# 附录四　安全警语集萃

- 安全是企业的核心竞争力。
- 安全是员工的最大福利。
- 安全是人类生存发展的需要。
- 安全是跌倒后又站立的一种醒悟。
- 安全是流泪后的祈祷。
- 安全是沉思中的祝福。
- 安全是生活中扬起的风帆。
- 安全是人生永不熄灭的光明。
- 安全是人类永恒的主题。
- 安全需要理解和支持。
- 安全生产是效益之本、幸福之源。
- 安全就是效益，就是青春，就是幸福，就是生命。
- 安全是职工的生命线，职工是安全的负责人。
- 警钟，生活的惊叹号。安全，幸福的守护神。
- 人人遵章守纪，事事注意安全。
- 安全责任重于泰山。
- 安全第一，预防为主。勿忘安全，珍惜生命。治理隐患，保障安全。
- 百治不如一防。
- 高高兴兴上班，平平安安回家。
- 注意安全，一生幸福。清除隐患，每日平安。祸在一时，防在平日。一时违章。痛苦一世。
- 安全防范，贵在坚持。一人违章，众人遭殃。步步小心，平安是金。
- 查隐患、堵漏倜、保安全。
- 抓安全，促生产，促效益。
- 生产大发展，安全是起点。

• 安不忘危，乐不忘忧。生产越忙，安全不忘。防范不严，祸从天降。

• 愿安全驻进千家万户。

• 抓管理有步骤，保安全尝甜头。安不可忘危，冶不可忘乱。心中有规章，遇事不惊慌。

• 安全靠规章，严守不能忘。不怕平日紧，就怕一时松。要想无事故，须下苦功夫。

• 人人讲安全，安全为人人。扳紧一只螺钉，消除一个隐患。安全抛脑后，事故便冒头。隐患猛如虎，不治遭惩处。

• 警惕加经验，危险靠边站。

• 安全无“小事”，操作别大意。素质不过硬，安全无保证。

• 操作走了神，事故敲你门。

• 事故不难防，重在守规章。

• 消防安全从幼儿教育做起。

• 安全为生产经营保驾护航。

• 安全保健康，千金及不上。

• 只有抓好安全，才能增加效益。不配灭火器，小火成大灾。

• 查隐患，添措施，杜绝事故发生。

• 平时勤报忧，及时敲警钟。拒绝违章指挥，制止违章作业。避免短期行为，督促隐患整改。好钢靠锻打，安全要严抓。

• 只要善于抓，不怕基础差。技术不过硬，安全无保证。要想无事故，须下苦功夫。

• 安全两大敌，违章和麻痹。

• 工作一扯皮，事故难逃避。提高自觉性，增强安全性。

• 人人讲安全，事事要安全。人人需要安全，全民共建安全。

• 敬业才能安全，敬业才能创业。

• 操作规程是把尺，安全刻在分毫里。

• 抓好安全如“磨刀”，“砍柴”之工误不了。

• 安全第一要牢记，莫把生命当儿戏。

• 人人有常备，无患可平安。每个人的安全都掌握在自己手里。

民以食为天，企业以安全生产为天。

- 安全为您的家庭扬起欢乐的风帆。宁为安全操碎心，不让事故害人民。
- 事故牵动千万家，安全要靠你我他。安全生产勿侥幸，违章蛮干要人命。
- 想要富，灭事故，要想甜，保安全。
- 安全一脉不和，生产周身不遂。唠唠叨叨为你好，千叮万嘱事故少。
- 今日放过事故苗，明日事故就来找。
- 落实一项措施，胜过十句口号。
- 严格要求安全在，松松垮垮事故来。违章违纪不狠抓，害人害己害国家。
- 事故教训是镜子，安全经验是路子。
- 秤陀不大压千斤，安全帽子能救人。不补细小的漏洞，难堵事故的洪流。
- 隐患不除祸上门，用火不慎灾降临。
- 众人抬柴火焰高，群防群治安全保。众人警惕保安全，一人麻痹招大祸。
- 万千产品堆如山，一星火源毁于旦。
- 镜子不擦拭不明，事故不分析不清。
- 劳动创造社会财富，安全带来人类幸福。
- 违章操作等于自杀，违章指挥等于杀人。
- 牢树安全第一思想，才能确保身心健康。
- 麻痹是最大的隐患，失职是最大的祸根。
- 骄傲是失败的起点，疏忽是丧身的根源。
- 重预防，抓落实，求实效，促发展。
- 安全教育走在前，防范措施定在先。
- 提防留意安全在，漫不经心事故来。
- 上了高空莫心慌，谨慎操作处处防。
- 安全生产挂嘴上，不如现场跑几趟。

- 说一千，道一万，不如照着规程干。
- 操作规程就是法，谁不守法受惩罚。
- 眼快手勤差错少，毛手毛脚事故多。
- 兴娱乐不忘安全，须治理方能平安。
- 坚持每天重点检查，严格控制明天作业。
- 社会稳定和人民幸福离不开安全。
- 管理基础打得牢，安全大厦层层高。
- 专管成线，群管成网，上下结合，事故难藏。
- 好人主义实害人，专给事故开绿灯。
- 大事化小，教训难找；小事化了，后患不少。
- 安全要下及时雨，教育不放马后炮。
- 争当行家和能手，事故永世难出头。
- 思想重视是提高安全生产的关键。
- 凭侥幸，耍大胆，出了事故后悔晚。
- 宁让工人骂着走，不让家属哭着来。
- 安全法规血写成，违章害已害亲人。
- 宝剑锋从磨砺出，安全好从严中来。
- 造高楼靠打基础，保安全靠抓班组。
- 制度严格漏洞少，措施得力安全好。
- 提高安全工作的科学管理水平。
- 千方百计把安全工作的基础打牢。
- 对自己负责就是对他人负责。
- 认真学习安全法规，自觉遵守安全法规。
- 时时注意就安全，马虎大意就危险。
- 自认为很安全本身就是危险。
- 传播安全信息，促进经济发展。
- 普及安全文化知识，提高人民安康水平。
- 为了幸福的生活，请遵守安全规章吧！
- 查隐患，反违章，添措施，保安全。
- 持久的安全意识，才能换得持久的平安幸福。

- 事故似虎狼，常在暗中藏，你要不小心，它就把你伤。
- 洞不补，大洞难堵，隐患潜伏，事故难除。
- 捅马蜂窝的人，总要被马蜂蜇，违章作业的人，总要发生事故。
- 只知道同情事故受害者而不吸取教训，下一次事故的受害者可能就是你自己。
- 病树的医生是啄木鸟。隐患的医生是安全员。
- 下棋不走马后炮，防患且于未然时。
- 若因小懒出了大事故，到时后悔来不及。
- 生产不注意安全，迟早遭殃。
- 僵蛇没咬人不是本性和善，隐患未伤身绝非已经安全。
- 放任不管不如剪枝除蔓，严厉制止胜过甜言敷衍。
- 事故的血流进智者心里，流在愚者的嘴上。
- 潮水没过礁石终究要暴露，麻痹掩盖隐患早晚得伤人。
- 预防预防，关键是防；防字当头，祸不临头。
- 防患宜早，除险宜了；不除隐患，必有后患。
- 薄处先漏，细处先断；思想麻痹，事故来临。
- 小洞不堵，大洞叫苦；火险不除，大火常有。
- 侥幸一次，麻痹百回；麻痹百回，悔恨终生。
- 一时疏忽，一世痛苦；一朝不慎，终生遗恨。
- 行车千里，安全第一；任务再重，安全不忘。
- 安全中求高产一顺百顺，隐患里冒进一挫再挫。
- 豺狼不会因吞食人畜而自己死去；隐患不会因伤害工人而自行消除。
- 即使行车直路上，也须紧握方向盘；即使从没出事故，也须防患于未然。
- 能过大江大海的人，有时也会在小河里翻船；能取得优异成绩的人，有时也因忽略安全工作而酿成灾祸。
- 过去的教训就是今天的警钟，清醒的回忆过去才能避免失误。
- 色盲，分辨不清色彩；麻痹者，看不见存在的危险。

• 安全，你中有我，我中有你，保护自己，保护他人，保护国家财产不受损失。

提高全民安全意识增强自我保护能力。

• 安全，人人都要重视！安全，人人都要把关！安全，人人都有责任！安全，人人都要来管！

• 没有安全就没有稳定的人心，没有团结战斗的队伍。

• 为了千家万户的安宁和幸福，只要上岗 1 分钟，就要确保安全 60 秒！

• 让成千上万个家庭美满幸福，让老人和孩子们欢笑，让明天的生活更加绚丽多彩，这，就是安全工作者的憧憬和追求！

• 安全在向人类挑战，我们在大声疾呼，千万注意安全，减少人类灾难。

• 为你，为他，为自己的人身安全。消除一切人为的不安全行为，努力消除一切物的不安全隐患。

• 让安全在我心中，在大家心中，在每一个人心中长驻。

• 注意安全吧，它是我们企业生存的基础；重视安全吧，让我们企业的基础像磐石一样坚固！

• 成绩只是新的起点，安全一时一刻都不能放松，不断发生的事故时刻敲响我们的警钟。

• 安全在我心中，必须居安思危，安全在我心中，就必须狠抓不松劲。

• 忽视安全令人可叹，遭遇不测令人可怜。

• 不讲科学盲目蛮干，只求速度造成祸端。

• 小心谨慎转危为安，骄傲自满招来祸患。

• 违章操作其祸无穷，遭遇大难丧失前程。

• 忽视安全后果真惨，终身残废实在可叹。

• 冒险操作不应该，严厉惩罚即刻来。

• 年纪轻轻身先亡，令人常常痛断肠。

• 血的教训足可鉴，处处小心方无恙。

• 违章操作祸无穷，事故出在鲁莽中。

- 劳保用品穿戴好，遇险可把平安保。
- 粗心未挂保险带，遭受意外坠尘埃。
- 麻痹大意违章程，祸根出在这当中。
- 安全帽未曾戴，遭铁砸苦难挨。
- 质量差留下隐患，出事故令人胆寒。
- 逞英雄盲目蛮干，似哑巴吃了黄连。
- 绷绳跨路应设标记，切切不可疏忽大意。
- 作风散漫忙中偷懒，无视禁令点火吸烟。
- 引起大火造成祸端，经济损失不计其数。
- 你对违章讲人情，事故对你不留情。
- 水没礁石终暴露，患被掩盖定害人。
- 绳子常在磨处断，事故常从薄弱起。
- 寒霜偏打无根草，灾难专找麻痹人。
- 劳动创造社会财富，安全带来人类幸福。
- 侥幸一次，麻痹百回；麻痹百回，悔恨终生。
- 事故不难防，重在守规章。
- 道路千万条，安全第一条。
- 安全似彩带，幸福系三代。
- 班前讲安全，脑中添安全。班中查安全，操作不危险，班后比安全，警钟响耳边。
- 宁愿按章重复千遍，不图违章一时方便。
- 安全防范，贵在坚持。
- 一切事故都能从管理上找到原因。
- 安全两大乱，违章和麻痹。
- 经历是最痛苦的学习方法；模拟是最容易的学习方法；沉思是最聪明的学习方法。
- 人生最大的财富是健康。
- 居安思危，思则有备，有备无患。
- 最大的节约是安全。
- 最大的浪费是事故。

- 最大的隐患是麻痹。
- 最大的祸根是失职。
- 最关键的保障是领导。
- 最有效的方法是教育。
- 最可靠的措施是检查。
- 最根本的途径是落实。
- 培训不到位是最大的安全隐患。

# 参 考 文 献

1 周国银，张少标. SA8000 社会责任标准理解及实施指南. 北京：中国计量出版社，2004.
2 吴宗之. 职业安全卫生管理体系试行标准应用指南. 北京：气象出版社，2000.
3 中国石油天然气集团公司 HSE 指导委员会. 健康、安全与环境管理体系风险评价. 北京：石油工业出版社，2001.
4 胜利油田 HSE 管理委员会办公室. 健康安全与环境管理体系. 北京：中国石化出版社，2004.